CASIODORO DE REINA

SU VIDA, BIBLIA Y TEOLOGÍA

Ensayos en honor del 500 aniversario

de su nacimiento

Editor

Andrés Messmer

Editorial CLIE
www.clie.es

EDITORIAL CLIE
C/ Ferrocarril, 8
08232 VILADECAVALLS
(Barcelona) ESPAÑA
E-mail: clie@clie.es
http://www.clie.es

CASIODORO DE REINA
ISBN: 978-84-19055-18-7
Depósito Legal: B 23293-2022
Iglesia cristiana
Historia
REL108020

ÍNDICE

PARTE I: VIDA Y OBRA

Capítulo 1. Casiodoro de Reina: los trabajos y los días (por Doris Moreno) 7
1. Sevilla 10
2. Los disidentes 15
3. El mundo de los conversos sefarditas pasados al calvinismo. Marcus Pérez 19
4. Los eruditos 21
5. Los políticos 23

Capítulo 2. Casiodoro de Reina: el pastor y maestro (por Frank W. R. Benoit) 31
Introducción 31
1. El tiempo de comienzo en Sevilla (a mediados de 1540-1557) 34
2. El tiempo en Ginebra (1557-1558) 36
3. El tiempo en Londres (1558/9-1563) 37
4. El tiempo revuelto (1564-1567) 41
5. El tiempo en Basilea (1567-1570) 43
6. El tiempo en Fráncfort (1570-1578) 44
7. El tiempo en Amberes (1578-1584/5). 46
8. El tiempo final en Fráncfort (1585-1594). 50
Conclusión 51

Capítulo 3. Casiodoro de Reina: empresario (por Manuel Díaz Pineda) 55
Introducción 55
1. Sevilla 56
2. Ginebra 57
3. Fráncfort 58
4. Londres 58
5. Amberes 60
6. Fráncfort 60
7. Orleans, Bergerac y Montargis 60

8. Fráncfort 61
9. Estrasburgo 61
10. Basilea 62
11. Fráncfort 64
12. Londres 71
13. Amberes 71
14. Fráncfort 72
Conclusión 73

Capítulo 4. Algunas obras en busca de autor en el ámbito de Casiodoro de Reina (por Ignacio J. García Pinilla) 75
1. *Inquisitionis Hispanicae artes aliquot* 76
2. Suplicación e información que fue presentada a la reina de Francia 78
3. Editor de *Bibliotheca sancta* de Sisto da Siena 86
4. Editor del diálogo de Corro sobre la *Carta a los romanos* 88
5. El Talmud babilónico y otras atribuciones 89
Conclusión 89

PARTE II: LA BIBLIA DEL OSO

Capítulo 5. Las influencias en la Biblia del Oso: el Antiguo Testamento (por Frances Luttikhuizen) 91
Introducción 91
1. La Segunda Biblia Rabínica (TM) 94
2. La Septuaginta (LXX) 95
3. La *Vulgata* de Jerónimo 97
4. La Biblia de Ferrara (1553) 98
5. La nueva edición latina de Pagnini 99
Conclusión 102

Capítulo 6. Las influencias en la Biblia del Oso: el Nuevo Testamento (por Jonathan L. Nelson) 103
1. Las fuentes que Reina tuvo a su alcance 104
2. Las fuentes que se detectan en el texto de Reina 112
Conclusión 127

Capítulo 7. El material no bíblico de la Biblia del OSo (por José Luis Fortes Gutiérrez) 129
1. Material extrabíblico de la Biblia del Oso. 130
2. El aparato paratextual de Reina. 143
Conclusión 146

Capítulo 8. La recepción de la Biblia del Oso (por Constantino Bada)....147
Introducción..147
  1. La recepción de la Biblia del Oso en el ámbito católico.................148
    a. La recepción de la Biblia del Oso en España en el siglo XVI.........148
    b. La Biblia del Oso y la traducción de Felipe Scío de San Miguel....153
    c. La Biblia del Oso en la obra de Antonio Pellicer y Saforcada........155
    d. La Biblia del Oso en la traducción de Félix Torres Amat.............157
    e. La Biblia del Oso y Marcelino Menéndez Pelayo.......................159
  2. La recepción de la Biblia del Oso en el ámbito protestante..........161
  3. La primera revisión de la Biblia del Oso, por Cipriano de Valera....164

PARTE III: TEMAS TEOLÓGICOS

**Capítulo 9. Los 'instrumentos externos de justificación' y
la reforma de la identidad eclesial en la *Declaración de fe* de
Casiodoro de Reina (por Steven Griffin)** 171
Introducción..171
  1. La justificación y el triple oficio de Cristo 173
  2. Justificación por la fe: doble y triple.......................................176
  3. Los instrumentos externos de justificación............................179
Conclusión...183

**Capítulo 10. La Doctrina de la Cena del Señor de
Casiodoro de Reina (por Andrew Hollingsworth y Andrés
Messmer)**..187
  1. El contexto del s. XVI 187
  2. Reina y la Cena del Señor: debates y doctrinas 196
  3. Reina: una evaluación de su doctrina sobre la Santa Cena...........213

**Capítulo 11. Casiodoro de Reina ¿protestante?
(por Manuel Díaz Pineda)**...215
Introducción..215
  1. Sola escritura 218
  2. Sola fe...224
  3. Sola gracia...229
Conclusión...234

Índice de nombres y lugares 237

CAPÍTULO 1

Casiodoro de Reina: los trabajos y los días

Dra. Doris Moreno, Universidad Autónoma de Barcelona

Casiodoro de Reina nació alrededor de 1520 en Montemolín, actual Extremadura, entonces perteneciente a la diócesis de Sevilla.[1] Así se firmó: *Casiodoro, hispalensis.* No sabemos cuáles fueron sus antecedentes familiares. El embajador español en Londres, en 1563, lo creía morisco de Granada; estudiosos de la Biblia del Oso han visto indicios de una ascendencia judía. Es posible. Tampoco sabemos con seguridad dónde estudió, si

---

[1] Edward Boehmer, *Bibliotheca wiffeniana. Spanish Reformers of two centuries from 1520* (Pamplona: Analecta Editorial, 2007), 2:163–320. La obra seminal para conocer la vida y obra de Casiodoro de Reina ya en el siglo XX es la de Arthur Gordon Kinder, *Casiodoro de Reina: Spanish Reformer of the sixteenth century* (London: Tamesis, 1975), recientemente traducida al castellano: *Casiodoro de Reina. Reformador español del siglo XVI*, trad. J. P. D. S. (Madrid: Sociedad Bíblica, 2019). Gordon Kinder hizo una investigación impresionante sobre Reina y tras la biografía fue publicando un gran número de artículos sobre aspectos específicos de su vida, que pueden localizarse en sus dos bibliografías: Arthur Gordon Kinder, *Spanish Protestants and Reformers in the sixteenth century: a bibliography* (Londres: Grant & Cutler, 1993) y *Spanish Protestants and Reformers in the sixteenth century: Supplement I* (Londres: Grant & Cutler, 1994). Posteriormente, otros autores han aportado nuevos datos o nuevas perspectivas de análisis. Por razones de espacio solo señalamos algunas obras de referencia: Paul J. Hauben, *Del monasterio al ministerio: tres herejes españoles y la Reforma, Antonio del Corro, Casiodoro de Reina, Cipriano de Valera* (Madrid: Editora Nacional, 1978); José C. Nieto, *El Renacimiento y la otra España* (Genève: Librairie Droz, 1977); Rady Roldán-Figueroa, *Casiodoro de Reina as Biblical Exegete: Studies on the 1569 Spanish Translation of the Bible* (tesis doctoral, Boston University), 2005; Carlos Gilly, voz "Casiodoro de Reyna", en el *Dizionario Storico dell'Inquisizione*, dir. Adriano Prosperi (Pisa: Edizioni della Normale, 2010), 3:1314-1317. Las numerosas contribuciones de este autor al estudio de los exiliados protestantes

bien él mismo afirmó posteriormente que había realizado estudios universitarios en Sevilla.[2] Aparece por primera vez en los registros del monasterio de San Isidoro del Campo en Santiponce, Sevilla, en 1546.[3] Se trataba de un monasterio de jerónimos observantes que admitían candidatos sin exigir limpieza de sangre. Casiodoro tendría unos 26 años en ese momento y ya era un hombre formado en letras y teología. Permaneció en el monasterio, parece que, con destacado protagonismo, hasta su huida, junto a otros monjes, entre enero y abril de 1557. Huía de la Inquisición, que hirió de muerte a las comunidades filoprotestantes sevillanas.

Cuando Casiodoro de Reina llegó a Ginebra en 1557 se inició un itinerario vital que le llevó a vivir en varias ciudades europeas: Fráncfort, Londres, Amberes, Bergerac, Montargis, Basilea, Estrasburgo... Una trayectoria marcada por la necesidad de ponerse a salvo del Santo Oficio, de huir de los espías de Felipe II —que puso precio a su cabeza—, de buscar los medios económicos para la subsistencia de su familia, de las disensiones y luchas entre las diferentes ramas doctrinales del protestantismo, de su deseo de traducir al castellano y publicar la Biblia, de cumplir con su vocación pastoral. Fue autor de la *Declaración o Confesión de fe hecha por ciertos fieles españoles, que huyendo de los abusos de la Iglesia Romana y la crueldad de la Inquisición en España hicieron a la iglesia de los fieles para ser en ella recibidos*, escrita en latín en 1560 y publicada en castellano muchos

españoles son muy significativas. Puede verse una relación de sus publicaciones con posibilidad de descarga en la Biblioteca Saavedra Fajardo: https://saavedrafajardo.org/authors/gilly-ortiz-carlos/works?page=2. Finalmente, es necesario mencionar aquí la importante contribución a la investigación de estos temas que ha realizado Tomás López Muñoz al publicar una enorme cantidad de documentos dispersos en varios archivos relativos a los grupos protestantes sevillanos: *La Reforma en la Sevilla del XVI*, 2 vols. (Sevilla, Cimpe-Eduforma, 2011). Una bibliografía útil es la preparada por Frances Luttikhuizen, *La Reforma en España, Italia y Portugal, siglos XVI y XVII* (Sevilla: Eduforma, 2009) actualizada (12/12/2014) y descargable en https://www.academia.edu/10531424/La_reforma_en_España_Italia_y_Portugal_siglos_XVI_y_XVII_Bibliograf%C3%ADa_actualizada_Colección_Eduforma_Sevilla_MAD_2009.

[2] Kinder, *Casiodoro de Reina*, 18; José Antonio Ollero Pina, "Clérigos, universitarios y herejes. La Universidad de Sevilla y la formación académica del cabildo eclesiástico", en Luis Enrique Rodríguez San Pedro Bezares y Juan Luis Polo Rodríguez (eds.), *Universidades hispánicas: modelos territoriales en la Edad Moderna*, vol. 2, 2007 (Valencia, Valladolid, Oñate, Oviedo y Granada), 123.

[3] Debo esta valiosa información a la generosidad de José Antonio Ollero y Francisco Núñez Roldán, profesores de la Universidad de Sevilla que en este momento preparan una monografía sobre el monasterio de San Isidoro del Campo.

años más tarde (Fráncfort, 1577); de algunos comentarios bíblicos publicados en 1573 sobre el Evangelio de Juan y sobre la primera parte del capítulo cuarto de Mateo; y de un *Catecismo* (1580), publicado en latín, francés, alemán* y holandés. También redactó unos *Estatutos* para una sociedad de ayuda a los pobres y perseguidos, en Fráncfort, y se especula sobre su autoría en otros textos que buscan autor.[4] Fue también editor, por ejemplo, de su amigo Antonio del Corro y su *Dialogus in Epistolam ad Romanos* (Fráncfort, 1587). Sin duda, su fama le viene como traductor de la conocida *Biblia del Oso* (Basilea, 1569), la primera Biblia completa impresa en lengua castellana.[5] Residía en Fráncfort cuando le llegó la muerte, el 15 de marzo de 1594, aunque treinta y dos años antes, ya había sufrido una muerte simbólica cuando su estatua fue quemada en la hoguera, el 26 de abril de 1562: "Fray Casiodoro, fraile del dicho monasterio [San Isidoro del Campo], natural de Montemolín. Ausente condenado, relajada su estatua por hereje luterano dogmatizador".[6]

La historia del cristianismo y de Europa vivió un momento decisivo entre 1520 y 1594. Se fracturó el catolicismo romano, se extendió el protestantismo. Los hechos, ideas y figuras a uno y otro extremo de esa horquilla cronológica muestran ese cambio. Algo pasó entre el saco de Roma (1527) y la batalla de Lepanto (1571), entre la llegada de Carlos V a España (1516) y la muerte de su hijo Felipe II (1598), entre la edad del papa Julio II Médici (1503–1513), que fue el tiempo de Rafael, Maquiavelo o

---

* Nota del editor: el privilegio que se encuentra en la última página de la edición holandesa de 1580 dice que el catecismo también podía ser publicado en alemán ("Hoochduyts").

[4] La *Exposición de la primera parte del capítulo cuarto de San Mateo sobre las tentaciones de Cristo* fue trad. del latín por María Araujo Fernández y se publicó con introducción y notas de Carlos López Lozano en Madrid, en 1988. La *Confesión de fe* fue editada por Arthur Gordon Kinder, *Confession de fe christiana: the Spanish Protestant confession of faith: London, 1560/61* (University of Exeter, 1988). El Comentario al Evangelio de Juan, se publicó en castellano en Sevilla (editorial MAD) en 2009, con traducción de Francisco Ruiz de Pablos. La Confesión dispone de una edición crítica reciente: Andrés Messmer, "Declaración o Confesión de Fe de Casiodoro de Reina. Edición crítica". *Alétheia* 52, n. 2 (2017): 11–73.

[5] Roldán-Figueroa, *Casiodoro de Reina*. Constantino Bada Prendes, *La Biblia del Oso de Casiodoro de Reina. Primera Traducción completa de la Biblia al castellano* (Salamanca: Servicio de Publicaciones de la Universidad Pontificia de Salamanca, 2018).

[6] Archivo Histórico Nacional (AHN), Inquisición, legajo 2075, doc. 2. Relación del auto de fe celebrado en Sevilla el 26 de abril de 1562, citado en López Muñoz, *La Reforma*, 2:270–278.

Miguel Ángel, y la de Pío V (1566–1572), el primer papa posterior a la finalización del Concilio de Trento. Asimismo, el descubrimiento y colonización de América y la proyección misionera global plantearon nuevos retos frente a culturas diversas. Era el tiempo de la gran crisis religiosa europea con proyección global. El tiempo de los sueños de una Europa cristiana bajo el cetro del emperador Carlos y una visión erasmiana, con el papa sometido y la Iglesia católica reformada... Y el tiempo del desencanto, de la consagración de la división de la Iglesia de occidente tras el Concilio de Trento, el tiempo de las guerras político-religiosas.

En las páginas que siguen vamos a tratar de esbozar de manera sencilla la peripecia vital de Casiodoro atendiendo especialmente a los contextos relacionales que fue construyendo, buscando dar profundidad a su figura. Porque él no fue, jamás, una personalidad aislada. No responde al perfil del erudito aislado. Toda la vida de Casiodoro estuvo marcada por un conjunto de redes de relaciones que fueron al mismo tiempo malla de protección y de estímulo, de activismo intelectual y político-religioso. Esta red de relaciones nos permite apreciar la dimensión europea de Casiodoro. Les propongo abordar la vida de Casiodoro desde la reconstrucción de cinco círculos de relación.

1. Sevilla

El primer círculo de relación que conocemos es el sevillano. Sevilla era en aquella primera mitad del siglo XVI una ciudad cosmopolita y populosa, la puerta de entrada y salida de Europa a América y viceversa. Nobles, eclesiásticos, frailes y monjas, mercaderes de todas las naciones, funcionarios, comerciantes, artesanos, truhanes y pícaros, esclavos, prostitutas... conformaban un abigarrado paisaje social.[7] Aquella ciudad gozaba de un gran dinamismo económico al que no eran ajenas algunas familias conversas del judaísmo.[8] También se vivía un gran dinamismo religioso y espiritual. Aquel tejido social y las influencias en movimiento del mundo estimulaban los interrogantes y la curiosidad, los corrillos y la predicación ambulante, las novedades y la lectura comunitaria, las tertulias de intelectuales, literatos y curiosos. En Sevilla se leyeron con pasión las obras de Erasmo de Rotterdam que, si por un lado criticaban los abusos

---

[7] Carlos Martínez Shaw (coord.), *Sevilla, siglo XVI. El corazón de las riquezas del mundo*, (Madrid: Alianza Editorial, 1992).

[8] Sobre los antecedentes conversos de buena parte de los procesados por luteranismo en Sevilla a mediados del siglo XVI y sus redes, ver Juan Gil, *Los conversos y la Inquisición sevillana* (Sevilla: Universidad de Sevilla, 2000), vol. 1.

y corrupción de la Iglesia, por otro proponían una piedad de raíz bajomedieval pasada por el humanismo, una vuelta a las Escrituras, una imitación de Cristo en su vida y su pasión, un rearme del cristiano en las virtudes de Cristo, una espiritualidad abierta a los laicos. Al mismo tiempo, se dieron corrientes espirituales franciscanas afectivas y experiencias alumbradas donde el papel del Espíritu Santo, alumbrando mentes y corazones, se ponía a la par de la autoridad de las Escrituras. El énfasis en el amor y la misericordia de un Cristo muerto y resucitado por los pecadores, en la fe y la caridad, en la experiencia de una fe viva, encontró feliz y calurosa acogida entre los oyentes de predicadores, laicos como el cerrajero Rodrigo de Valer, en las casas y las calles, o de religiosos, como el canónigo Juan Gil (el Dr. Egidio) en la catedral o las parroquias.[9]

[9]   Marcel Bataillon, *Erasmo y España* (Madrid: Fondo de Cultura Económica, 1983); Michel Boeglin, "Evangelismo y sensibilidad religiosa en la Sevilla del Quinientos: consideraciones acerca de la represión de los luteranos sevillanos", *Studia historica. Historia moderna* 27 (2005): 163–189; id., *Réforme et dissidence religieuse en Castille au temps de Charles Quint. L'affaire Constantino de la Fuente (1505-1559)* (París: Honoré Champion, 2016). Rafael M. Pérez García, "Pensamiento teológico y movimientos espirituales en el siglo XVI", en Antonio Luis Cortés Peña (coord.), *Historia del Cristianismo. III. El mundo moderno* (Granada: Editorial Trotta y Universidad de Granada, 2006), 51–90. Las recientes investigaciones sobre Rodrigo de Valer han subrayado la singularidad de este personaje: Juan Gil, "Nuevos documentos sobre Rodrigo de Valer", en *Dejar hablar a los textos: homenaje a Francisco Villanueva* (Sevilla: Universidad de Sevilla, 2005), 739–773; Michel Boeglin, "Valer, Camacho y los 'cautivos de la Inquisición'", *Cuadernos de Historia Moderna* 32 (2007): 113–134; Antonio González Polvillo, "Apocalipticismo profético y luteranismo en la Sevilla del Quinientos. Gómez Camacho y Rodrigo de Valer en el origen de la congregación de la Granada", en Juan José Iglesias Rodríguez, José Jaime García Bernal, Isabel María Melero Muñoz (coord.), *Ciudades atlánticas del sur de España: la construcción de un mundo nuevo (siglos XVI-XVIII)* (Sevilla: Universidad de Sevilla, 2021), 243–258. Sobre el doctor Egidio, véase: Arthur G. Kinder, "Reformadores sevillanos del siglo XVI", *Archivo Hispalense* 65 (1982): 87–105; Robert Spach, "Juan Gil and Sixteenth-Century Spanish Protestantism", *Sixteenth Century Journal* 26, n. 4 (1995): 857–879; Agustín Redondo, "El doctor Egidio y la predicación evangelista en Sevilla durante los años 1535-1549", en *Carlos V. Europeísmo y universalidad*, vol. V, (Madrid: Sociedad Estatal para la Conmemoración de los Centenarios de Felipe II y Carlos V, 2001), 577–598; Michel Boeglin, "El doctor Egidio y la Reforma en Sevilla: redes y proselitismo religioso", en Michel Boeglin, Ignasi Fernández Terricabras, David Kahn, José Luis Villacañas Berlanga (coords.), *Reforma religiosa y disidencia religiosa: la recepción de las doctrinas reformadas en la Península Ibérica en el siglo XVI* (Madrid: Mélanges de la Casa de Velázquez, 2018), 199–212.

Mientras tanto, en Santiponce, a escasos ocho km de Sevilla, en el monasterio jerónimo de San Isidoro del Campo, se leían libros prohibidos y, sobre todo, se estudiaban las Escrituras. Este monasterio fue sede de la congregación de los jerónimos observantes desde 1431. Se trataba de una rama escindida de la orden de los jerónimos, que pretendía una vuelta al rigor de la primitiva regla. Su impulsor, fray Lope de Olmedo, impuso una regla rígida en las devociones y en la austeridad de la vida monacal.[10] Se ponía el acento en la contemplación, el aislamiento y el misticismo, prohibiendo expresamente comer carne o frecuentar cursos universitarios. Parece que desde finales del siglo xv estas imposiciones se fueron relajando. La espiritualidad de los jerónimos se basaba en una profunda devoción por las Escrituras, haciendo de su lectura y estudio eje nuclear, y en el llamamiento a la humildad. Al mismo tiempo, se daba mucha importancia al trabajo manual como forma de sostenimiento. Nunca impusieron los estatutos de limpieza de sangre como requisito de acceso.[11]

La congregación de la observancia de San Jerónimo, bajo la presidencia de fray Lope de Olmedo, logró extenderse bastante por Italia, donde llegó a tener diez casas. En España, la congregación solo tuvo siete casas, todas en Andalucía: Santa Ana de Tendilla; Santa María de Barrameda, junto a Medina Sidonia; San Miguel de los Ángeles, junto al Pedrín (Sevilla); Santa Quiteria de Jaén (una ermita); Nuestra Señora de Gracia, de Carmona; y Nuestra Señora del Valle, de Écija. El monasterio de San Isidoro del Campo tenía autoridad sobre estas seis casas y, además, destacó por una relativa prosperidad frente a la pobreza de las demás. Del nombre del monasterio, la voz popular tomó el apelativo para calificar a aquellos monjes: los *isidros*. En general, fue una institución rica y protegida por el generoso patronazgo de los duques de Medina Sidonia, que lo habían elegido panteón familiar. Antonio Domínguez Ortiz ya hizo notar su singularidad cuando afirmó que San Isidoro del Campo "fue un islote señorial y aún diríamos casi feudal, frecuente en Castilla, pero muy raro en Andalucía".[12]

---

[10] Lorenzo Alcina, "Fray Lope de Olmedo y su discutida obra monástica", *Yermo* 2 (1964): 29–57.

[11] José Sánchez Herrero, "Los Jerónimos. Desde su fundación hacia 1366 a la Congregación de la Observancia de la Orden de los Jerónimos 'Isidros' andaluces de Fray Lope de Olmedo, hacia 1428", en *Actas Simposio "San Isidoro del Campo 1301-2002"* (Sevilla: Junta de Andalucía, 2004), 43–59.

[12] Antonio Domínguez Ortiz: "Santiponce y el monasterio de San Isidoro del Campo", *Archivo Hispalense: revista histórica, literaria y artística* 60 n 183 (1977): 72; Miguel Ángel Ladero, "Mecenazgo real y nobiliario en monasterios españoles: los jerónimos (siglos XV y XVI)", *Príncipe de Viana. Anejo*, 2-3 (1986): 409–439.

En el siglo XVI, San Isidoro del Campo no era un monasterio cerrado. Al contrario, disponía de una muy frecuentada hospedería para peregrinos de todas clases, sus monjes se ocupaban de las tareas pastorales del territorio anexo y mantenían estrecha relación con su señor jurisdiccional, el poderoso Duque de Medina Sidonia.[13] En la cripta del duque, en la iglesia del monasterio, fue enterrado el 4 de diciembre de 1547, Hernán Cortés. Las noticias del mundo fluían entre aquellas paredes y la vecina Sevilla.[14]

En este entorno sevillano Casiodoro de Reina estableció lazos de amistad duraderos capaces de superar las dificultades más extremas. Su amistad con Antonio del Corro y el resto de los monjes sevillanos con los que huyó a Ginebra y después a Londres es un buen testimonio. También en Sevilla Casiodoro desarrolló las aptitudes de la predicación y el cuidado pastoral, una vocación que mantuvo toda su vida.[15] Según las fuentes inquisitoriales, fue su intervención decisiva la que determinó la conversión de Don Juan Ponce de León, hijo del conde de Bailén.[16] Asimismo, en una relación del auto de fe de 1559 en Sevilla se dice que el arrepentido don Juan Ponce de León exhortaba a María Bohórquez "a que se convirtiese a la fe católica y que se tornase a la obediencia de la Santa Iglesia de Roma, dándole a entender que se dejase de aquellas predicaciones que fray Casiodoro, fraile de San Isidoro, le había hecho en ciertas partes y por ciertas reuniones".[17] Las relaciones de Casiodoro con los predicadores

---

[13] Sobre las dependencias dedicadas a la hospedería ver: Pedro José Respaldiza Lama, "La conformación del monasterio de San Isidoro del Campo", en *Actas Simposio "San Isidoro del Campo 1301-2002"* (Sevilla: Junta de Andalucía, 2004), 181–182. No tengo conocimiento de que nadie haya explorado el importantísimo Archivo General de la Fundación Casa de Medina Sidonia, en Sanlúcar de Barrameda, buscando las huellas de Casiodoro. Sin embargo, sería una tarea a realizar. Doña Luisa Isabel Álvarez de Toledo, XXI duquesa de Medina Sidonia, que conocía muy bien el archivo, solía decir que Casiodoro había mantenido muchas y largas conversaciones con el VI duque de Medina Sidonia, don Juan Alonso Pérez de Guzmán, según me comentó personalmente su viuda, Liliane Dahlmann, a quien agradezco su gentileza.

[14] Domínguez Ortiz, "Santiponce y el monasterio" y las diferentes colaboraciones publicadas en las *Actas Simposio «San Isidoro del Campo 1301-2002»* (Sevilla: Junta de Andalucía, Consejería de Cultura, 2004).

[15] Para más información sobre su vocación pastoral, véase el cap. que Frank Benoit dedica a esta cuestión en este mismo volumen.

[16] *AHN*, Inquisición, leg. 1822, citado en López Muñoz, *La Reforma*, 2:534.

[17] BNE, ms. 6176, f. 312r., citado en López Muñoz, *La Reforma*, 1:171. Sobre el papel de Don Juan Ponce de León en los grupos sevillanos, López Muñoz, *La Reforma*, 2:210–217 y José Ignacio García Pinilla, "Lectores y lectura clandestina

de la catedral, Constantino de la Fuente y Juan Gil, son conocidas, así como con el círculo que se formó alrededor del Colegio de la Doctrina Cristiana. Ahí vemos a fray Casiodoro conversando, predicando y enseñando "en ciertas partes y por ciertas reuniones".[18]

También es en este tiempo cuando Casiodoro experimentó una creciente pasión por las Escrituras, por la reflexión del mensaje evangélico, por el deseo de encarnarlo, por la voluntad de servir a Dios y a los españoles con una traducción de la Biblia al romance castellano.[19] Seguidores del Jerónimo peregrino, penitente y, a la vez, biblista, para los jerónimos la lectura y estudio de las Escrituras, junto con la práctica ascética, eran la base de su religiosidad. La exégesis de los textos bíblicos debía hacerse, siguiendo a Gregorio Magno, con el método de la «ruminatio», el rumiar la Palabra conforme a los sentidos interiores: se trataba de volver sobre el texto una y otra vez, meditar en las palabras, reencontrar el mensaje central. San Jerónimo había afirmado "si rezas eres tú el que hablas al Esposo; si lees, es el Esposo el que te habla".[20] El estudio de la Biblia era la forma de salir al encuentro de Dios mismo, escuchar su mensaje y dotarlo de pleno sentido. Porque, como decía Gregorio Magno, la Escritura crece con quien la lee. Para ayudarse en el estudio, los monjes de San Isidoro contaban muy probablemente con una no mal nutrida biblioteca. Además, el convento se convirtió en secreta puerta de entrada de impresos, manuscritos y cartas de los reformadores del norte de Europa, textos que luego se repartían clandestinamente entre los diversos cenáculos heterodoxos sevillanos.[21]

---

en el grupo protestante sevillano del siglo XVI", en María José Vega e Iveta Nakládalová (eds.), *Lectura y culpa en el siglo XVI. Reading and Guilt in the 16th Century* (Barcelona: Universidad Autónoma, 2012), 45–62.

[18] La bibliografía sobre los grupos sevillanos es abundante. Ver, para una visión de conjunto actualizada, p. ej., Michel Boeglin, "Evangelismo y sensibilidad religiosa en la Sevilla del Quinientos: consideraciones acerca de la represión de los luteranos sevillanos", *Studia historica. Historia moderna* 27 (2005): 163–189 y, López Muñoz, *La reforma*, vol. 1.

[19] Cf. Bada, *La Biblia del Oso.*

[20] Fray Ignacio de Madrid, "Los jerónimos en San Isidoro del Campo", en *Actas Simposio "San Isidoro del Campo 1301-2002"* (Sevilla: Junta de Andalucía, 2004), 115–120; Stefania Pastore establece el nexo entre esta espiritualidad jerónima de profundo acento bíblico, con la reforma de fray Lope de Olmedo y, finalmente, la pasión por la traducción de la Biblia de Casiodoro de Reina o Cipriano de Valera en *Una herejía española. Conversos, alumbrados e Inquisición (1449-1559)* (Madrid: Marcial Pons, 2010), 54–56.

[21] García Pinilla, "Lectores y lectura clandestina", 45–62.

La presión inquisitorial, como sabemos, hizo que Casiodoro, junto a otros monjes de San Isidro, huyesen a Ginebra en la primavera de 1557.[22] Esto salvó su vida. Su imagen fue quemada en la hoguera en el *auto de fe* del 26 de abril de 1562. De este mundo de relaciones y de este sustrato socio-espiritual sevillano quisiera señalar que en Casiodoro ya estaban presentes al menos dos de los hilos ejes que tejieron la trama de su vida, el pastoral y el bíblico.

2. Los disidentes

Cuando Casiodoro llegó a Ginebra, lo hizo como tantos otros exiliados de Italia, Francia o la propia España: con la ilusión de llegar a un territorio más libre, donde se viviese de manera auténtica la fe. Su expectativa seguramente había estado alimentada por las cartas de Juan Pérez de Pineda, otro sevillano huido de Sevilla hacia 1552. Casiodoro pronto sufrió una profunda decepción. Ni él ni Corro encajaron en el rígido sistema ginebrino ni pudieron superar los prejuicios de las autoridades religiosas ginebrinas. A la llegada a la ciudad la mayoría de los españoles se integraron en la iglesia italiana. Las autoridades ginebrinas veían a españoles e italianos con recelo por varias razones. Los consideraban intrínsecamente sospechosos al atribuirles raíces judías, y conectaban ese prejuicio con, por ejemplo, el antitrinitarismo del español Miguel Servet, o los italianos Mateo Gribaldi o Lelio y Fausto Sozzini, tío y sobrino respectivamente. Además de otras cuestiones, los tópicos sobre italianos y españoles operaron en la mala opinión que Calvino y Beza tenían sobre ellos. Decía Calvino en 1552, en una expresión que era extensible a los españoles, que los italianos eran "propensos a sutilezas vacías, intelectos que, impulsados por la curiosidad ociosa, acabaron alimentándose de viento, y peor aún, absorbiendo las inspiraciones mortales de Satanás".[23]

Casiodoro expresó en público opiniones políticamente poco correctas.[24] Defendió que los anabaptistas debían ser considerados como

---

[22] Según documentos recientemente descubiertos por José Antonio Ollero Pina y Francisco Núñez Roldán, los monjes huyeron entre enero y marzo de 1557; cf. Marcos Herraiz Pareja, Ignacio García Pinilla y Jonathan Nelson, *Inquisitionis Hispanicae Artes: The Arts of the Spanish Inquisition* (Leiden: Brill, 2018), 336, n. 84.

[23] Michela Valente, "Calvino e gli italiani: un rapporto difficile (de Valentino Gentile a Benedetto Croce)", *Dimensioni e problemi di ricerca storica* 2 (2010): 99–110 (la cita en p. 101).

[24] Kinder, *Casiodoro de Reina*, 103.

hermanos y no ser excluidos de la iglesia, afirmó que Miguel Servet fue quemado injustamente y publicitó favorablemente entre los refugiados españoles en la ciudad el libro de Sebastián de Castellion, *Que no se debían castigar herejes* (*De haerectis an sint persequendi*). Son conocidas las palabras de Castellion, en un texto en el que se enfrentaba a Calvino por la muerte de Servet: "Yo no defiendo la doctrina de Servet; lo que ataco es la mala doctrina de Calvino... Servet no te combatió [Calvino] con las armas, sino con la pluma. Y tú has contestado a sus escritos con la violencia. Pero matar a un hombre para defender una doctrina no es defender una doctrina: es matar a un hombre".[25] Parece que la impronta del pensamiento de Castellion sobre Casiodoro en temas fundamentales en aquella época de conflictos como la libertad de conciencia fue muy profunda.[26] Según algunos como Angelus Victorius Sardres y Balthasar Sánchez, Reina también mostró su desacuerdo con el ritual de la Cena y con una predicación más centrada en la controversia y la polémica que en la edificación cristiana.[27] Todo ello contribuyó a que Casiodoro se trasladase a Londres para fundar una comunidad española, aprovechando el advenimiento al trono inglés de Isabel I, tras el paréntesis de María Tudor y su restauración católica. Como princesa, Isabel había nutrido su espiritualidad de las corrientes de renovación centradas en la exaltación del amor y la misericordia de Dios,

---

[25] Esta conocida cita es de un texto escrito por Castellion en 1554, *Contra Libellum Calvini*, que corrió manuscrito y solo se publicó en 1612 en Ámsterdam. Tenemos una reciente traducción al castellano: Sebastián Castellion, *Contra el libelo de Calvino*, trad. y notas de Joaquín Fernández Cacho (Huesca: Instituto de Estudios Sijenenses. Instituto de Estudios Altoaragoneses, 2009). Sobre la influencia de Castellion en los exiliados protestantes españoles, es imprescindible: Carlos Gilly, "Erasmo, la reforma radical y los heterodoxos radicales españoles", en Tomàs Martínez Romero (ed.), *Les lletres hispàniques als segles XVI, XVII i XVIII* (Castelló de la Plana: Publicacions de la Universitat Jaume I, 2005), 225–376 y recientemente: Carlos Gilly, "La cara humana del protestantismo español del siglo XVI" en José Luis Ocasar Ariza y Consolación Baranda Leturio (dirs.), *Duelos textuales en tiempos de reforma* (Toulouse: Presses universitaires du Midi, 2019), 119–135, donde se sintetiza el pensamiento de, entre otros, Casiodoro de Reina respecto a temas cruciales como la libertad de conciencia, subrayando su influencia en algunas corrientes de pensamiento europeas posteriores.

[26] Carlos Gilly, "El influjo de Sebastián Castellion sobre los heterodoxos españoles del siglo XVI", en Michel Boeglin, Ignasi Fernández Terricabras y David Kahn (eds.), *Reforma y disidencia religiosa. La recepción de las doctrinas reformadas en la península ibérica en el siglo XVI* (Madrid: Casa de Velázquez, 2018), 305–350; y Antonio Rivera García, "El eclecticismo de la Reforma española (1529-1567): el debate sobre la justificación por la fe y la concordia", *Revista de Hispanismo Filosófico*, 22 (2017): 11–35.

[27] Ver al respecto sus declaraciones en Kinder, *Casiodoro de Reina*, Apéndice III.

el beneficio de Cristo ganado para los hombres por su cruz. La llegada de Isabel al trono de Inglaterra en 1558 insufló nuevas ilusiones entre los refugiados religiosos de media Europa que afluyeron esperanzados a Inglaterra. Es el caso de Casiodoro.[28]

Instalado en la ciudad del Támesis a finales de 1558 o 1559, Casiodoro formó una comunidad de refugiados españoles a la que se añadieron artesanos y sobre todo mercaderes españoles instalados en la ciudad. Casiodoro dialogó con las autoridades londinenses y las iglesias calvinistas de refugiados, holandesa y francesa, para que la iglesia española fuese reconocida oficialmente, manteniendo culto público. En este contexto escribió la *Confesión de fe* (1560), la primera confesión de fe del protestantismo español.[29]

Esta *Confesión* era poco precisa en la cuestión de la Trinidad y el bautismo, según sus detractores, ambigua en la cuestión de la Cena, pero muy explícita respecto a las marcas del amor que debían identificar, y por las que debían ser identificados, los auténticos cristianos.[30] Todo ello sirvió para que los líderes de las iglesias holandesa y francesa de Londres, previamente advertidos desde Ginebra, lanzaran acusaciones de servetismo y anabaptismo sobre Casiodoro, además de poner reparos a sus argumentos sobre la autoridad secular.[31] Desde la embajada se organizó una red de infiltrados en la iglesia y en el entorno de Casiodoro para vigilar sus pasos, mientras al mismo tiempo el embajador español posiblemente le ofrecía volver a España y se mostraba amable. El ambiente se hizo irrespirable cuando en una auténtica conspiración para desacreditarle y lograr, quizá, su muerte la embajada española orquestó una acusación de fornicación y homosexualidad. Falsa, como demostró Gordon Kinder.[32] Casiodoro temió

---

[28] Anne Overell, *Italian Reform and English Reformations, c.1535-c.1585* (Aldeshort: Ashgate, 2008).

[29] Paul J. Hauben, "A Spanish Calvinist Church in Elizabethan London, 1559-65", *Church History* 34, n. 1 (1965): 50–56. Desconocemos si Juan Pérez de Pineda escribió una confesión de fe para fundar la iglesia de habla hispana en Ginebra.

[30] Sobre el pensamiento teológico de Casiodoro y la Confesión de fe, ver: Arthur Gordon Kinder, "The Spanish Confession of Faith of London, 1560/1561", *Bibliothèque d'Humanisme et Renaissance* 56 (1994): 745–750; Gilly, "Erasmo", 360–363; Jorge Ruiz, "La confesión de fe de Casiodoro de Reina ¿una confesión reformada?", *Alétheia* 24 n. 2 (2003): 47–68; y en perspectiva comparada Andrés Messmer, "Hablando el lenguaje protestante con acento español: la "Declaración, o confesión de fe" de Casiodoro de Reina entre otras confesiones reformadas durante 1523-1561", *Cuadernos de reflexión teológica*, 1, n. 4 (2020): 73–100.

[31] Kinder, *Casiodoro de Reina*, 53; Nieto, *El Renacimiento y la otra España*, 470.

[32] Las variadas acusaciones contra Casiodoro en Kinder, *Casiodoro de Reina*, 60–71,

por su vida y la pérdida de su trabajo de traducción de la Biblia, iniciado ya en Ginebra. Huyó a los Países Bajos en 1563, dejando en Londres a sus padres y su hermana. Su esposa, Anna de León, hija de Abraham de León de Nivelles, de una familia de mercaderes sefarditas conversos, lo siguió poco después disfrazada de marinero para eludir a los espías que el embajador distribuyó en los puertos. Felipe II puso precio a su cabeza.[33]

Es en este periodo, sobre todo el londinense, cuando Casiodoro cultivó fuertes lazos de amistad con el mundo de los exiliados religiosos y, especialmente, con algunas personas que eran a su vez disidentes del propio protestantismo dogmático que se estaba construyendo, individuos que se vieron perseguidos y condenados por sus opiniones, respecto a los dogmas que en buena medida se estaban haciendo más rígidos, más puntillistas, más atomizados en las discusiones y controversias de todos contra todos, en el marco de un calvinismo y un luteranismo en proceso de afirmación dogmática. Recordemos que en 1563 ya había concluido la tercera etapa de Trento y el catolicismo arrancaba su propia renovación mientras Felipe II aparecía como el campeón del catolicismo. Mientras, en las fronteras con los protestantes, se desarrollaban estrategias de persuasión y propaganda de las manos de los jesuitas y su proyecto pedagógico concretado en colegios y universidades que pronto ganaron prestigio entre las élites, tanto católicas como protestantes. Asimismo, se iniciaban las guerras civiles religiosas en Francia (1562-1598) que asolaron el país durante cuarenta años y en los Países Bajos se gestaba una rebelión contra Felipe II en la que la religión era factor clave en la definición de los bandos. España, Inglaterra, Francia, los principados alemanes e italianos, el Papado... movían sus piezas directamente o entre bastidores, movidos por intereses dinásticos, económicos y religiosos, en un complejo tablero internacional en el que la religión jugaba un papel esencial.

Destacaron en este contexto los contactos con los italianos disidentes en Ginebra que se prolongaron en Londres.[34] Quisiera destacar a Jaco-

---

169–195, 209–211. La declaración de Reina sobre la acusación de sodomía en Fráncfort, el 23 de noviembre de 1571 en Boehmer, *Bibliothea Wiffeniana*, 2:220–221.

[33] Carlos Carnicer y Javier Marcos, *Espías de Felipe II. Los servicios secretos del Imperio español* (Madrid: La Esfera de los Libros, 2005). Ronald W. Truman y Arthur Gordon Kinder, "The Pursuit of Spanish Heretics in the Low Countries: the activities of Alonso del Canto. 1561–1564", *Journal of Ecclesiastical History* 30 (1979): 65–93.

[34] Luigi Firpo, "La Chiesa italiana di Londra nel Cinquecento e i suoi rapporti con Ginevra", en D. Cantimori, *et al.*, *Ginevra e L'Italia* (Florencia: 1959), 309-412.

po Aconcio, ingeniero italiano al servicio de la reina de Inglaterra, bien conocido por un texto en el que esencialmente afirmaba que los conflictos entre los cristianos no eran una derivación de la defensa de la ortodoxia, entendida por cada facción o individuo, como la "sana doctrina" o la "verdadera fe". No, para Aconcio, esos conflictos eran la obra del diablo, que amenazaba con destruir el potencial bien que la reforma había traído. Fue excomulgado.[35]

Otro italiano influyente en la corte de la reina Isabel fue Giovanni Battista Castiglione, tutor italiano de la princesa y luego reina Isabel, y miembro de su Consejo Privado hasta su muerte en 1598.[36] Castiglione y Aconcio frecuentaron a Casiodoro y su iglesia y los tres dieron apoyo firme al desgraciado pastor calvinista holandés Adrián Haemstede, de fervorosa predicación, que sufrió la excomunión y el exilio de Londres por su defensa de los anabaptistas como integrantes de la iglesia cristiana. Casiodoro es claramente miembro de este círculo disidente, defensores de una tolerancia que se pagaba con la excomunión y el exilio. Y a través de ellos, tuvo acceso al círculo político más cercano a la propia reina Isabel.[37] Casiodoro contó con el apoyo de Guillermo Cecil, secretario de Estado, del duque de Bedford y del obispo de Londres, Edmund Grindal, supervisor de las iglesias de refugiados de Londres.

3. El mundo de los conversos sefarditas pasados al calvinismo. Marcus Pérez

Entre 1564 y 1570 Casiodoro llevó una vida relativamente itinerante, aunque mantuvo su base familiar, primero en Amberes y después en Estrasburgo y Basilea, donde publicó la Biblia del Oso, en 1569. Visitó también Francia (varios lugares) y Fráncfort. Casiodoro estaba protegido por

---

Giorgio Caravale, "La Chiesa italiana di Londra nella seconda metà del '500. Note su Alberico Gentili e altri esuli italiani religionis causa", en *Alberico Gentili. "Responsability to Protect". Nuevi orientamenti su intervento umanitario e ordine internazionale*, ed. V. Lavenia (Macerata: Eum, 2015), 175–194.

[35] Renato Giacomelli, *Eresi e tolleranza. Jacopo Aconcio e gli stratagemni di Satana* (tesis doctoral, Università di Trento, 2014). Arthur Gordon Kinder, *Alumbrados of the kingdom of Toledo: Jacobus Acontius*, en *Bibliotheca Dissidentium*, tomo XVI (Baden-Baden y Bouxwller: Edition Valentin Koemer, 1994).

[36] Massimo Firpo "Giovannin Battista Castiglione", en *Dizionario biografico degli italiani* (disponible online: http://www.treccani.it/; última consulta: 18-10-2015).

[37] Sobre el entorno cortesano de la reina Isabel I y la presencia e influencia de los italianos, ver Michael Wyatt, *The Italian Encounter with Tudor England: Cultural Politics of Translation* (Cambridge: Cambridge University Press, 2012), 125–133.

la imponente figura de Marcus Pérez, el mercader español judeoconverso pasado a las filas del calvinismo. De enorme riqueza y poder, este mercader líder de las redes comerciales sefarditas europeas de aquellos años, puso todos sus recursos al servicio de la causa protestante con una visión política y religiosa militante. Fue el banquero de los rebeldes holandeses frente a la monarquía de Felipe II. Firmó un acuerdo con Guillermo de Orange y los representantes luteranos de Amberes en 1566 buscando la unión del protestantismo frente a los católicos de Bruselas. Intentó organizar coloquios calvinistas-luteranos y un católico-protestante, siempre buscando la concordia. Ofreció a la gobernadora Margarita de Parma, una importante cantidad de dinero para lograr la libertad de conciencia en los Países Bajos, proposición rechazada.[38] Pérez apoyó muy especialmente a los exiliados españoles, como Corro o Casiodoro. Entre Marcus Pérez y Casiodoro hubo una comunión de experiencias y de orientaciones intelectuales, religiosas y políticas que permaneció viva toda su vida. De Marcus Pérez recibió seguramente el nombre el hijo mayor de Casiodoro, Marcus, de quien fue su padrino. Del posicionamiento político religioso de Pérez es buen testimonio lo que escribió en esta carta (1570) en la que afirmaba que el gran problema de la iglesia de Dios no eran las diferencias doctrinales plasmadas en la multitud de confesiones de fe, sino la intolerancia y el empecinamiento con el que los líderes de las diferentes iglesias imponían sus convicciones como dogmas infalibles e imprescindibles para la salvación, subrayando también la doble moral de aquellos líderes, que en lo público y las grandes palabras parecían defender la paz, pero eran incapaces de concretar ese discurso en el día a día, donde realmente había que ceder y dialogar:

> Me parece que una opinión que veo arraigada en las mentes de todos los ministros de la Iglesia, ya sea romana, luterana o reformada, ha sido y será siempre causa de los grandes males en la Iglesia de Dios. A saber, que quienes gobiernan la Iglesia no se pueden equivocar. Y de aquí viene la obstinación que los unos y los otros quieren mantener una vez que la fe ha sido recibida, sin querer ceder ni unos ni otros en cualquier punto por nada del mundo. En cuanto a mí, no sé si pecaría mucho al creer que en tanto que los Gobernadores de la Iglesia son hombres no pueden dejar de equivocarse y que sería mucho más necesario intentar siempre aprender y corregirse, con tendencia a la perfección. ¡Pero qué! Algunos ya confiesan que su Iglesia no es del todo pura y que hay faltas, pero esto no son más que comentarios generales,

---

[38]   Paul J. Hauben, "Marcus Pérez and Marrano Calvinism in the Dutch Revolt and the Reformation", *Bibliothèque d'Humanisme et Renaissance* 29 (1967): 121–132.

y cuando nos centramos en casos particulares se expresan de forma bien contraria […]. Creo que la buena gente tiene miedo de su propia sombra.[39]

La amistad de Casiodoro con Pérez sitúa al exmonje jerónimo en un mismo universo de relaciones religiosas y confesionales, pero también políticas y culturales del más alto nivel. Marcus Pérez, financiero del calvinismo antiespañol, era nódulo principal de una red que cubría buena parte de Francia y los Países Bajos, para horror de Felipe II, que era conocedor de ella. Era un entramado por el que viajaban capitales y bienes, pero también libros, cartas, ideas, información y personas, una red eficiente y útil en aquellos tiempos convulsos.

4. Los eruditos

En Estrasburgo, Casiodoro contó con el apoyo incondicional del reformador de la ciudad Johannes Sturm, discípulo de Martín Bucero y seguidor de Felipe Melanchthon, a quien Casiodoro calificó de patrono de su inocencia, consuelo de sus aflicciones y refugio en la tempestad.[40] El luterano Sturm tuvo un papel fundamental en la ciudad y, siguiendo a su maestro, sostuvo una tendencia bíblica y humanista hacia un cristianismo no dogmático. El refugio en Estrasburgo dio a Casiodoro y su familia unos años de tranquilidad, trabajando con su mujer como tejedores y comerciantes de seda, y continuando su traducción de la Biblia y, probablemente, preparando la publicación en latín del *Artes de la Inquisición española* en Heidelberg en 1567, un libro que según la propuesta de Carlos Gilly e Ignacio García Pinilla se habría escrito a tres manos: Casiodoro de Reina, Antonio del Corro y Juan Pérez de Pineda.[41] Insertado en el círculo más cercano a Sturm, Casiodoro trabó amistad con otro discípulo de Bucero, Konrad Huber, un culto predicador y bibliófilo, amigo del impresor de Casiodoro, Oporino, y en la misma línea teológica de Sturm. Y también algunos italianos, como Girolamo Zanchi, que se enfrentó al sector luterano ultraortodoxo de la ciudad al negarse a reducir su teología a los estrictos límites que le marcaban.

---

[39] Carlos Gilly, "El influjo de Sebastián Castellion", 272.

[40] M. Llenhard, "La liberté de conscience à Strasbourg au XVIe siècle", en Hans R. Guggisberg, Frank Lestrigant y Jean-Claude Margolin, (comp.), *La liberté de conscience (XVI-XVII siècles)* (Ginebra: Droz, 1991), 39–63.

[41] Se han realizado varias ediciones de este libro: Nicolás Castrillo, *El «Reginaldo Montano»: primer libro polémico contra la inquisición española* (Madrid: CSIC, 1991); Francisco Ruiz de Pablos, *Artes de la santa inquisición española*, 2ª ed. (Cimpe, 2019). Para una edición crítica reciente, con traducción al inglés, cf. Pareja, Pinilla y Nelson, *Inquisitionis* (para las hipótesis sobre la autoría, ver 21–31).

En Basilea, donde estuvo unos tres años, entre 1567 y 1570, Casiodoro encontró entre los profesores, refugiados y teólogos un ambiente adecuado para madurar su propio pensamiento y acabar el trabajo de traducción que tantos problemas y urgencias económicas y técnicas tuvo. La ciudad era un cruce importantísimo del comercio internacional y sus autoridades comprendieron pronto que la fortuna de sus intereses económicos estaba unida, en buena medida, a que mantuvieran la paz y cierta tolerancia religiosa. Sus prensas eran un foco cultural de primer orden y a ellas acudían intelectuales de todas las confesiones. Basilea acogió en las décadas de los 50 y 60 a muchos de los seguidores de Servet y a italianos exiliados partidarios de la concordia entre los cristianos, como Celio Secondo Curione, Castellion y su estrecho amigo, el impresor Pietro Perna, entre otros. En la ciudad había muerto, en 1562, Bonifacius Amerbach, un humanista que no había querido acogerse a ninguna confesión y se lamentaba del enorme coste en conflictos y vidas que la reforma protestante había tenido para la comunidad cristiana universal, para la Iglesia de Dios universal; y un año más tarde fallecía Castellion.[42]

Fue también en Basilea, acogido de nuevo por Marcus Pérez, donde Casiodoro pudo encontrarse con otros biblistas preocupados por la traducción de la Biblia a las lenguas vulgares, como el humanista flamenco Jan Utenhove, conocido por su traducción del Nuevo Testamento al neerlandés, con quien ya había coincidido en Londres. También conoció al humanista Petrus Ramus, profesor de griego en Basilea entre 1565 y 1569, que ya era considerado por la Inquisición como un protector de los disidentes españoles que había conocido durante su estancia previa en París. En la misma ciudad conoció a Theodor Zwinger y Hugo Blotius, maestro y discípulo. Zwinger fue una de las personalidades más fascinantes de la época. Sobrino del impresor Oporino, naturalista, sucesor de Castellion en la cátedra de griego y profesor también de ética y medicina. Es conocido, entre su enorme producción científica, por su *Theatro Humanae Vitae*, una monumental enciclopedia universal de todo lo conocido, aparecida en Basilea en 1565, que tuvo una enorme importancia como obra de referencia científica en los siglos siguientes. También de estas fechas data la amistad de Casiodoro con el pastor luterano Simon Sulzer y Huldrich Kochlein (Coccius), de posiciones moderadas, y con Matías Ritter, el Joven, el superintendente de las iglesias extranjeras en Fráncfort, amistades que le acompañaron a lo largo de su vida.

---

[42] Hans R. Guggisberg, "Tolerance and intolerance in sixteenth-century Basle", en Ole Peter Grell y Robert Scribner, *Tolerance and intolerance in the European Reformation* (Cambridge: Cambridge University Press, 1996), 145–163.

Casiodoro era nominalmente calvinista en ese periodo, pero con su actitud poco dogmática y pacifista estaba en sintonía con un universo de teólogos e intelectuales protestantes de amplio espectro en el corazón de Europa y su amistad con personalidades destacadas del mundo luterano más abierto a la concordia lo situaban en un espacio fronterizo. El magisterio y la protección de Sturm lo sitúan en posiciones moderadas muy poco dogmáticas.

5. Los políticos

En 1570 Casiodoro tenía aproximadamente 50 años. Estaba casado y ya tenía un hijo. La *Biblia del Oso* se había impreso en Basilea un año antes, después de múltiples penalidades y dificultades económicas. Su propia familia había sufrido esas penalidades y, como ya hemos dicho, solo con el apoyo de personas como Marcus Pérez o Johannes Sturm, había podido superarlas. También se había publicado el *Artes de la Inquisición española*, en Heidelberg, en 1567. Había huido dos veces de peligros mortales, de Sevilla y Londres; se había puesto precio a su cabeza, los espías españoles habían vigilados sus idas y venidas. Había dejado Ginebra profundamente decepcionado.

En 1570 se instaló en Fráncfort donde residió hasta 1578, probablemente buscando la cobertura de la familia de su mujer, establecida en esta ciudad. En este tiempo nacieron sus otros hijos: Agustinus, Margareta, Servas y Joannes. Luego volvió a Amberes, pastoreando la iglesia luterana de habla francesa de la ciudad. En 1585, volvió a Fráncfort, ahora acompañado por toda su iglesia, donde residió y acabó sus días, el 15 de marzo de 1594.

Fráncfort y la ciudad de Kassel eran las capitales, cultural y política respectivamente, de un condado independiente, gobernado en aquel momento por el conde o landgrave Guillermo IV. En aquellos años, Guillermo IV había ganado un notable protagonismo en el panorama internacional porque se había convertido en mediador entre Isabel de Inglaterra y los príncipes protestantes alemanes en la búsqueda de una alianza que hiciera frente al poder político de Felipe II, que era visto como el líder de una liga católica internacional frente a los países protestantes. En este panorama de bloques había dos escenarios críticos: Francia, en plenas guerras de religión, y los Países Bajos y su revuelta contra Felipe II. Dos escenarios en los que presionaban y participaban otras potencias. De hecho, el mismo Guillermo IV apoyaba decididamente a los holandeses y a los hugonotes franceses, acogiendo generosamente a todos los refugiados.

Aunque esta propuesta de alianza entre los protestantes ya había merecido iniciativas anteriores fue ahora, a finales de la década de los 60 y principios de los 70, cuando se renovaron los intentos de alianza. En esas discusiones participaban como embajadores especiales Robert Beale, calvinista inglés del consejo privado de la Reina y, de nuevo Hubert Languet.[43]

Para un hombre como Casiodoro, Fráncfort debió ser un destino interesante. Su feria del libro era la más importante de Europa y a ella acudían autores, impresores, editores y libreros. Esta etapa en la vida de Casiodoro (1570–1578), fue calificada por Hauben como la etapa de "una tranquila oscuridad".[44] Sus críticos calvinistas en Ginebra y Londres se negaron a extender cualquier tipo de recomendación que le permitiese entrar oficialmente en el pastorado. En esos años su familia sobrevivió, no sin dificultades, gracias a una multitud de trabajos: dando clases de castellano a importantes familias judías, probablemente de origen sefardí, trabajando como colaborador del impresor Nicolaus Bassée, actuando como comprador de libros para la biblioteca del landgrave Guillermo IV y como informador político, y ayudando a su esposa en el taller de tejidos de seda. Compró la biblioteca del impresor Oporino, aporte extraordinario para la biblioteca de Kassel y Heidelberg. Hubo otros logros como la publicación de la segunda edición de la *Bibliotheca Sancta* del dominico fray Sixto de Siena (1575), cuyo apéndice él financió personalmente. Considerado uno de los grandes eruditos de su generación, en esta obra fray Sixto de Siena, judío convertido al catolicismo, realizó una completa introducción a los estudios bíblicos abordando el análisis de los autores sagrados y sus obras, el canon de las Escrituras y los principios de interpretación bíblica, recogiendo las instrucciones del Concilio de Trento. Casiodoro también se ofreció como editor de la impresión en Basilea del Talmud en varios volúmenes, aunque desconocemos qué papel desarrolló finalmente en este tema.

Con todo, quizá Casiodoro esperaba más de esta etapa. Nos lo indica que, a la altura de 1575, Sturm lo recomendara al landgrave subrayando su triple potencial como mediador político internacional, como profesor universitario o como predicador de corte. Parece que nada de eso ocurrió. Sin embargo, parece que esta etapa fue muy fructífera para Casiodoro

---

[43] Patrick Collinson, "Servants and citizens: Robert Beale and other Elizabethans", *Historical Research* 79, n. 206 (2006): 488–511; Béatrice Nicollier-De Weck, *Hubert Languet (1518-1581). Un réseau Politique International de Melanchton à Guillaume d'Orange* (Ginebra: Droz, 1995).

[44] Hauben, *Del monasterio al ministerio*, 152.

a nivel intelectual, teológico y político. Solo hay que recordar que es en este periodo cuando Casiodoro publicó los dos comentarios al evangelio de Juan y la primera parte del capítulo cuarto del Evangelio de Mateo (1573), y la Confesión de fe (1577).[45] Todavía no se ha explicado convincentemente el sentido de la impresión de la confesión de fe en castellano en Fráncfort. Quizá tenga que ver con el contexto inmediato.

Las relaciones políticas de Casiodoro en este periodo debieron intensificarse en la medida en que los alineamientos político-religiosos del protestantismo buscaban fórmulas de consenso. Esa búsqueda ponía en evidencia, también, sus profundas fracturas internas. El luteranismo, tras la muerte de Lutero en 1546, se había dividido entre los luteranos ortodoxos, que se atribuían la legitimidad única no ya para interpretar las Escrituras, sino las comas y puntos de los escritos de Lutero, y los discípulos de Felipe Melanchthon o felipistas, mucho más flexibles, etiquetados a veces como criptocalvinistas. Johannes Sturm, el valedor de Casiodoro, se encontraba entre los felipistas. Tras agrias disputas, se llegó a un acuerdo en la *Fórmula de Concordia* o *Libro de Concordia*, redactada en 1577 y publicada en 1580. Se delimitaba en este texto nuclear del luteranismo la frontera frente al calvinismo, dejando por el camino en los márgenes de la ortodoxia estricta a felipistas como el propio Melanchthon.

En este contexto, los calvinistas de los principados alemanes, con el apoyo beligerante de la reina Isabel de Inglaterra, organizaron un encuentro internacional de todas las iglesias calvinistas, el 27 y 28 de septiembre de 1577, en Fráncfort. Era una reacción a la unidad del luteranismo expresada en la *Fórmula de Concordia*. No fue un encuentro fácil porque el calvinismo también tenía sus propias corrientes internas. Estuvieron representadas casi todas las asambleas europeas de las iglesias calvinistas: teólogos y consejeros del Palatinado, teólogos y consejeros laicos de Francia, Hungría, Polonia y las iglesias holandesas, Inglaterra y Navarra. Fue una especie de sínodo general europeo del calvinismo. El primero. La conferencia decidió componer una obra que armonizase las distintas confesiones de fe representadas en el encuentro, una especie de confesión de fe que pudiera ser asumida por todas las iglesias reformadas y dialogar con los luteranos. Se tituló *Harmonia confessionum fidei* (1581). Y todo con un propósito de armonía que, a la postre, no funcionó. ¿Tuvo algo que ver la

---

[45]   Gilly, "Erasmo". Los textos de presentación de la edición de 1577 de la Confesión de fe son analizados por Steven Richard Griffin, "Participants in the Sufferings of Christ (1ª Pet. 4:13): 16th-Century Spanish Protestant Ecclesiology" (tesis doctoral, McGill University, 2011), 250–260.

impresión de la Confesión de Fe con el objetivo de este encuentro internacional precisamente en el mismo lugar y año en el que se publicó?

En este nivel político, los círculos de relación fueron variados. El primero fue el de la red de informantes políticos de los líderes protestantes, que se dan cita en la ciudad de Fráncfort en esos años. Ya hemos mencionado a Konrad Huber, que mantenía al mismo tiempo una red de comercio y espionaje. Pierre Le Clair, pastor francés refugiado en Fráncfort, también actuaba como informante de temas franceses. Y Casiodoro, además de informar de temas relacionados con España se ocupó de traducir textos del castellano al francés para su difusión.[46]

En segundo lugar, hay que hablar de los mediadores. El luterano Johannes Ficardus, jurista y diplomático de enorme prestigio en Alemania, ejerció como mediador en las disputas religiosas entre príncipes alemanes y fue amigo de Casiodoro. Líderes y mediadores del encuentro en Fráncfort fueron, el *landgrave* al que servía Casiodoro, pero también Robert Beale y Hubert Languet.

Discípulo estrechísimo del reformador Melanchthon, Languet fue un diplomático y viajero que se distinguió por la búsqueda de puentes entre los protestantes para lograr una unidad de mínimos que les permitiese un frente unido ante los esfuerzos de conquista católica. Asumió pronto que los consensos no vendrían de los teólogos, enzarzados en discusiones puntillistas elevadas a dogmas. Solo un dirigente político con visión y carisma podría reunir a su alrededor los diversos movimientos evangélicos. Dedicó toda su vida a buscar a ese príncipe. Fue embajador del Palatinado desde 1559, y después del emperador. Políglota, viajó por toda Europa, incluida España. En Francia conoció a Casiodoro, en 1561, de manera que su relación tenía ya una trayectoria. Languet residió en Viena como informador del emperador Maximiliano y luego se instaló en Fráncfort, retomando el contacto con Casiodoro. Languet no fue un calvinista ortodoxo en la medida en que primaba sobre las divisiones teológicas los intereses políticos y estratégicos del protestantismo global, criterio que era a su juicio el único válido para asegurar la supervivencia de los protestantismos y sus logros. Entre su red de conocidos encontramos, de nuevo, al impresor de Basilea, Oporino y a Castellion y su círculo de discípulos franceses.

---

[46] Arthur Gordon Kinder, "The Protestant pastor as intelligencer: Casiodoro de Reina's letters to Wilhelm IV, landgrave of Hesse-Cassel (1577-1582)", *Bibliothèque d'Humanisme et Renaissance* 58 (1996): 105–118.

Era, para los círculos ginebrinos, un castellionista peligroso. Casiodoro fue apoyado sistemáticamente por Languet.[47]

Robert Beale, por su parte, era un puritano inglés, un feroz anticatólico, que vivió la experiencia del exilio durante el reinado de María Tudor. Jurista de formación, viajero, político, fue buen amigo de Languet manteniendo una correspondencia regular por lo menos entre 1569 y 1587. Instalado en Londres, en 1566 se casó con la hermana de Sir Francis Walsingham, el secretario de estado inglés que controlaba la red de espionaje de Isabel I. Beale pasó a trabajar para él, incorporándose al consejo privado de la reina. Su conocimiento de idiomas (hablaba seis lenguas), su erudición y su agenda de relaciones lo convirtieron en un hombre extremadamente útil para los intereses de la monarquía inglesa. Como Languet, Beale estaba convencido de que el catolicismo era una atrocidad religiosa y una amenaza para el Estado. Beale ejerció funciones políticas, diplomáticas y de espionaje toda su vida. Por mediación de Languet, Beale apoyó a Casiodoro.[48]

En 1578, Casiodoro recibió una invitación para dirigir la comunidad luterana de lengua francesa en Amberes. La pacificación de Gante, firmada dos años antes, había abierto la puerta a una tímida y restrictiva tolerancia religiosa, pero tolerancia al fin. Antes de aceptar, Casiodoro que tenía ya casi 60 años, viajó a Londres y se presentó ante Grindal, ahora arzobispo de Canterbury, buscando una sentencia absolutoria de las infamias que contra él se habían vertido más de quince años antes. Se formó tribunal, se reunieron las pruebas, fue exculpado.[49] La influencia y amistad de Languet, Grindal y Beale, facilitaron el proceso.[50] La proclamación de su inocencia, sin embargo, no lo reconcilió con el calvinismo más beligerante.

Su aceptación del pastorado de la comunidad luterana de Amberes tras ser exculpado en Londres entrañó para Casiodoro volver a ponerse en el punto de mira: fue calificado de traidor por los calvinistas ortodoxos; sospechoso de criptocalvinismo, para los ortodoxos luteranos. Fueron tiempos de duro trabajo, más allá de las críticas. En 1579 Reina empezó a predicar en el Claustro de los Carmelitas, uno de los lugares de culto luterano de la ciudad, y poco después compuso el *Catecismo de Amberes*,

---

[47] Nicollier-De Weck, *Hubert Languet*.
[48] Collinson, "Servants and citizens".
[49] Hauben, *Del monasterio al ministerio*, 158–159.
[50] Nicollier-De Weck, *Hubert Languet*, 423.

que fue publicado en 1580 en francés, holandés, alemán y latín y que tuvo sucesivas impresiones. Los frentes que tuvo que asumir fueron, a nivel interno, una iglesia en crecimiento, pero con escasos recursos pastorales; en la esfera de las iglesias, las críticas de unos y otros; a nivel político, la protección de su comunidad luterana en un entorno calvinista cada vez más exacerbado y, al mismo tiempo, la presión de las tropas españolas tras la revuelta abierta de los Países Bajos contra Felipe II, al cual habían depuesto como soberano en 1581. Ante la previsible ocupación de la ciudad de Amberes por los tercios españoles, que se produjo en agosto de 1585, Casiodoro decidió volver a Fráncfort con toda su iglesia.

En Fráncfort, Casiodoro se encontró en una situación un poco similar a la vivida en Londres veinte años atrás: los refugiados no estaban reconocidos como iglesia oficial y aunque él era el líder espiritual de la comunidad emigrada y podía predicar, no podía ejercer oficialmente cargo eclesiástico si no era autorizado por el Colegio de Ministros de Fráncfort. Solicitó el reconocimiento oficial, pero el consistorio de ministros alemanes no se lo concedió. Solo siete años antes Casiodoro había dejado Fráncfort como calvinista, y ahora volvía como luterano pretendiendo ser pastor de una iglesia. Quizá lo que se escondía tras esa negación era la incomprensión ante este cambio. No por ello dejó de trabajar. Reina y su comunidad organizaron una obra social de socorro mutuo para los refugiados provenientes de los Países Bajos y los pobres que perduró en la ciudad durante trescientos años.

Finalmente surgió la posibilidad de ser nombrado pastor adjunto de su propia iglesia cediendo el rol principal a un pastor francés. Para acceder al cargo debía firmar (como era obligado para cualquier pastor luterano desde 1579) la famosa *Fórmula de Concordia* en la que se condenaban explícitamente los errores y herejías de católicos, anabaptistas, zuinglianos, schwenkfeldianos y calvinistas. Casiodoro suscribió la *Fórmula* con una abjuración en toda regla de cualquier elemento calvinista que hubiera aparecido en cualquiera de sus confesiones anteriores, proclamó su adhesión a las diferentes confesiones luteranas y justificó sus declaraciones de Londres, en 1579, de signo calvinista afirmando que eran la respuesta a unas acusaciones muy concretas. Y concluía diciendo: "he actuado con toda buena fe, ante todo, no he sido calvinista"[51] y exhortó a que le juzgaran por su vida desde 1579. En julio de 1593, Reina era recibido como ministro luterano de la congregación valona en Fráncfort. Casiodoro residió en Fráncfort hasta su muerte el 15 de marzo de 1594. Al morir le sucedió en

---

[51] Hauben, *Del monasterio al ministerio*, 163.

el pastorado de la comunidad luterana de habla francesa en Fráncfort uno de sus hijos, Marcos. Su esposa le sobrevivió dieciocho años. Kinder rastreó su descendencia en Fráncfort hasta el siglo XVIII y una de las líneas de su familia dejó rastro en Dinamarca hasta el siglo XIX.

La figura de Casiodoro no está exenta de polémica. ¿Cómo podía decir Casiodoro que no había sido calvinista? ¿Era un cobarde estructural desde los tiempos de su huida de Sevilla como parecen sugerir algunos autores? No lo creo. Pienso, como Gilly, que suscribir la *Fórmula de Concordia* fue para Casiodoro de Reina un acto puramente formal guiado por la prudencia. Si nos atenemos a su propio pensamiento, aquel juramento no repugnó a su conciencia. Bajo las rígidas etiquetas de ortodoxia y heterodoxia, o las etiquetas dogmático-confesionales, aparecen con frecuencia realidades mucho más fluidas y cambiantes en el tiempo que los modelos abstractos fijados. Asimismo, todavía hay zonas oscuras en su vida que podrían ser iluminadas: sus orígenes, su formación, los años en el convento de San Isidoro, su papel en relación a los exiliados españoles en la Europa protestante, su relación con los conversos españoles pasados al protestantismo más allá de Marcus Pérez (como por ejemplo la familia de su esposa), su impronta sobre sus hijos, sus escritos (¿sermones? ¿traducciones? ¿ediciones?), etc.

Nuestro conocimiento actual nos permite concluir que Casiodoro, extremeño-sevillano, español, es sobre todo, un hombre europeo que se incorpora al elenco de personas que en una Europa rota por los conflictos religiosos y políticos contribuyó a construir discursos de tolerancia y de paz, de unidad entre los cristianos. No fue un hombre de alto perfil político ni un perfil intelectual excepcional, pero sí un cristiano con una clara vocación como estudioso y traductor de la Biblia y como pastor. Y como tal, trabajó toda su vida por facilitar el acceso de todos los creyentes a las Escrituras, y cuidar especialmente de los exiliados y los pobres. Al final de su vida alguien escribió de él que fue "bueno, respetable, amante de la paz, sabio, experimentado y servicial".[52] No es un mal epitafio para aquellos 74 años, llenos de trabajos y días.

---

[52] Kinder, *Casiodoro de Reina*, 79.

CAPÍTULO 2

Casiodoro de Reina: el pastor y maestro

Dr. Frank W. R. Benoit, Seminario Teológico de Sevilla

Introducción

No se suele pensar en Casiodoro de Reina como pastor y maestro. Es más bien por la hazaña tan asombrosa y admirable que logró en 1569 —la traducción de la Biblia completa al castellano desde los idiomas originales por primera vez— que normalmente suele ser recordado en el mundo. Y es un reconocimiento merecido, ya que esa obra y la manera en que llegó a ver la luz contra toda clase de obstáculos eran verdaderos hitos, considerando todas las circunstancias que hubo en su contra.

Pero, Reina también era un pastor y maestro, como veremos en este estudio. Desde sus primeros años en el ministerio cristiano, sirvió y ayudó a otros creyentes en Cristo a crecer en su vida espiritual a través de entender la Biblia y lo que revelaba para la vida de un seguidor de Jesucristo. Sin embargo, la casi totalidad de lo que se ha escrito sobre él está enfocada en relatar la historia relacionada con su tarea de traducir la Biblia y poco acerca de su llamado y labor pastoral. La historia acerca de Reina suele tratar de:

- su lucha para completar la obra de traducción de la Biblia frente a grandes dificultades con otros religiosos calvinistas (y a veces luteranos también) sobre cuestiones doctrinales (especialmente en cuanto a las acusaciones acerca de su postura sobre la Trinidad y la Cena del Señor),

- las intrigas y las falsas acusaciones contra él de parte de la Inquisición y los espías de Felipe II que le acechaban por casi todos los lugares a donde Casiodoro estuvo,[53]
- sus múltiples viajes por Europa durante casi 30 años (1557 y su salida de España, hasta establecerse por fin en Fráncfort en 1585) buscando apoyo, refugio o para ayudar a otros,
- las dificultades económicas (para pagar la impresión de la Biblia o cobrar por trabajos hechos) y las de salud (hasta casi morir dos veces) que tuvo que soportar,
- y el esfuerzo por defender su carácter y sus convicciones cristianos constantemente una y otra vez.

En cierto sentido todo aquello es natural porque, al leer sus cartas dirigidas a líderes religiosos o a sus amigos pastores en otros lugares, Casiodoro no suele escribir como un pastor a su iglesia, sino que va siempre explicando a sus detractores y defensores su situación doctrinal, legal, económica y hasta política (con noticias sobre lo que sucedía en los lugares donde estaba y cómo afectaba su situación de trabajo o traducción e impresión de la Biblia). A veces pidió ayuda o consejo de cómo tratar mejor una situación en particular. Pero en muchas de ellas también expresa su preocupación de cómo lo que le está sucediendo podría afectar al testimonio y vida cristiana de los miembros de las diferentes iglesias donde él ayudaba o asistía. Y eso era una preocupación pastoral.

Por todas estas razones es poco conocido, y menos afirmado, que su traducción de la Biblia, *era un proyecto movido por su vocación pastoral* que tenía hacia los cristianos españoles. Kinder comentó: "Además de la obra de traducción, Reina es autor de la introducción, en la cual se apela a la necesidad de disponer de Biblias vernáculas para que el público en general

---

[53] Doris Moreno, *Casiodoro de Reina, Libertad y tolerancia en la Europa del siglo XVI*, 2ª ed. (Sevilla: Fundación Pública Andaluza Centro de Estudios Andaluces, 2018), 96–97, dice sobre ello: "Los servicios secretos eran instrumento esencial para la diplomacia de Felipe II y para su propósito de mantener y aumentar su hegemonía política en Europa, una hegemonía íntimamente ligada a su papel de paladín del catolicismo. El monarca español dedicó una cantidad ingente de recursos económicos y humanos a este objetivo [...]. Su servicio de espionaje fue el más complejo, organizado y eficaz de la época, a pesar de sufrir notables fracasos [...]. La malla de espionaje español tenía tentáculos en las principales capitales europeas, además de puertos y lugares estratégicos: Génova, Roma, Paris, Londres, Amberes, Bruselas, Milán, Viena, Nápoles, Constantinopla [...]. La Inquisición utilizó esta red de espionaje para sus propósitos con notable éxito".

no quedara privado de la Palabra de Dios".[54] Su llamado al ministerio pastoral fue con la convicción de discipular a los creyentes en Cristo en sus necesidades espirituales; y la mejor manera de hacerlo era a través de entregarles la Biblia en su propia lengua, para que no quedaran privados de ella en su vida cristiana.

Así afirma Emilio Monjo cuando habla de Casiodoro como pastor:

> Me adelanto a aclarar que 'pastor' no es quien ejerce un pastorado en alguna iglesia o congregación. En ese sentido, Casiodoro solo lo sería en muy breves períodos de tiempo […] pero la vocación de pastor se recibe y se tiene en todo tiempo. *Casiodoro ya asume esa vocación en su estancia en el monasterio de San Isidoro, y la conserva hasta la muerte. Fruto de ella será su interés por traducir toda la Biblia al español.*[55]

Es decir: su proyecto titánico de traducir la Biblia al español nace de su deseo pastoral de ayudar a los cristianos de su tierra a saber lo que Dios había hecho y comunicado en el evangelio acerca de cómo creer en Cristo y seguirle fielmente a través de la vida cristiana aquí en la tierra. Y esa vocación pastoral permanecía con él a lo largo de toda su vida. Darles la Palabra de Dios era lo más importante de su tarea pastoral. Estas eran sus "dos pasiones: su inquebrantable voluntad de traducir la Biblia y su vocación pastoral".[56] Doris Moreno escribe en la introducción a su biografía de Casiodoro que:

> Dos cosas persiguió toda su vida. En primer lugar, quiso traducir la Biblia al castellano, creyendo firmemente que poner la palabra de Dios en manos de los españoles transformaría a los creyentes y al país. […] poner la Biblia en romance en las manos de todos los españoles era, al mismo tiempo, dar la oportunidad a cada creyente de leer el mensaje de Dios para su vida y liberar las almas de la tiranía de una Iglesia corrupta. […] En segundo lugar, *Casiodoro quería ayudar a otros a llevar a cabo esa transformación a través de su predicación y servicio pastoral.* Dos objetivos, dos propósitos estrechamente unidos; en realidad, una vocación en el sentido bíblico del término,

---

[54] A. Gordon Kinder, *Casiodoro de Reina, Reformador español del siglo XVI* (Madrid: Sociedad Bíblica, 2019), 99.

[55] Emilio Monjo Bellido, "Casiodoro de Reina: un protestante español en la Reforma europea" en *Casiodoro de Reina y la Reforma Protestante española*, I Jornada de Historia en Monasterio (Sevilla: Cimpe, 2019), 18 (la cursiva es mía).

[56] La Junta de Andalucía, portavoz de Cultura, el 28 de sept. 2019: "La Biblia del Oso cumple 450 años" en http://www.juntadeandalucia.es/presidencia/portavoz/cultura/145816/BibliadelOso/CentrodeEstudiosAndaluces (consultado el 08 de sept. de 2020).

un llamamiento divino que implicaba la dedicación de la vida entera. Una vocación que Casiodoro siguió y persiguió toda su vida.[57]

Así la vocación de pastor y maestro que Casiodoro desempeñaba, comenzando desde alrededor de mediados de los años 1540 cuando ingresó en el monasterio de San Isidoro del Campo (y también sirviendo entre la comunidad de creyentes que formaban el movimiento protestante en la ciudad de Sevilla por unos 12 años antes de su salida en 1557) hasta 1594 cuando fallece en Fráncfort como pastor asociado de una iglesia luterana, es lo que le empujó a traducir la Biblia al español y a ministrar a los creyentes en cualquier lugar e iglesia donde él estuvo durante toda su vida.

Veremos en este estudio un panorama de la obra pastoral de Casiodoro a lo largo de unos 50 años de ministerio. Y lo que divide este tiempo casi en la mitad, fue la publicación de su traducción de la Biblia en 1569. No cubriremos en profundidad todos los lugares y ocasiones en que Casiodoro servía en el ministerio pastoral pero, de la información que tenemos disponible hoy en día, sabemos que no fue solo en Sevilla donde desarrollaba una labor pastoral, sino que también en otros lugares de ministerio después de salir de Sevilla. Desde su llegada a Ginebra en 1557, su tiempo en Londres de 1558/9 a 1563, en Amberes en 1564, en Fráncfort en 1565, luego en Estrasburgo de 1565 a 1567, en Basilea de 1567 a 1570, otra vez en Fráncfort de 1570 a 1578, luego otra vez en Amberes de 1578 a 1584 o 1585, y finalmente en Fráncfort desde 1585 hasta su muerte en 1594, procuraba dar lo que pudo a la obra pastoral en beneficio de los creyentes e iglesias allí. A veces era el pastor oficial y a veces ejercía de ayudante a otro pastor o de simple voluntario, pero procuraba ayudar y animar a los creyentes e iglesias siempre que pudo. Veamos ese medio siglo por las ocho etapas en las que se puede dividir.

1. El tiempo de comienzo en Sevilla (a mediados de 1540-1557)

Es en Sevilla y en el monasterio de San Isidoro en Santiponce, donde Casiodoro comenzó sus primeros años con una labor pastoral. Tanto en el monasterio ministrando a los demás frailes, como en la ciudad de Sevilla ministrando a los creyentes de la comunidad protestante, Reina procuraba ayudar y servir pastoralmente en lo que él pudo a los que formaron parte de la comunidad protestante. Salía del monasterio de forma regular para ministrar y enseñar en Sevilla. Hay evidencia de que enseñaba en el

---

[57] Moreno, *Casiodoro de Reina*, 13 (la cursiva es mía).

Colegio de la Doctrina de los Niños con Juan Pérez de Pineda, Francisco de Vargas, Gaspar Ortiz y Hernando de San Juan; en los conventos de Santa Paula y Santa Isabel con el Dr. Egidio; y en las casas de Juan Ponce de León, de Isabel de Baena y tal vez María de Cornejo junto con los doctores Egidio y Constantino.[58] Todos eran lugares donde se reunían los miembros de la comunidad protestante de Sevilla. Enrique Fernández comenta sobre la forma en que Casiodoro "pastoreó" en el monasterio y en la comunidad evangélica de Sevilla: "Reina, ante la actitud un tanto equívoca del maestro García [sic] Arias, había casi tomado de las manos de este la dirección espiritual del claustro sevillano, incluso la había extendido más allá de los muros del Monasterio, alcanzando al grupo seglar luterano de la ciudad".[59]

También, A. Gordon Kinder escribió sobre el comienzo del ministerio que: "Parece que Casiodoro fue uno de los primeros promotores en el desarrollo de una célula protestante en Sevilla en general, y en San Isidoro en Particular [sic]. Se dice que consiguió tal avance en la enseñanza de García Arias que este hizo que casi todos los frailes del convento la recibieran".[60] Y Tomás López Muñoz resume así el ministerio pastoral que Reina tenía:

> Los frailes Antonio del Corro y Casiodoro de Reina favorecieron, de forma notable, una espiritualidad de inspiración reformada en el monasterio de San Isidoro del Campo [...]. Fuera de los muros del monasterio isidro, Casiodoro de Reina parece que auspició algunas de las reuniones clandestinas que se celebraron en distintos conventículos de la capital hispalense [...]. De forma similar, la espiritualidad reformada de la beata María de Bohórquez, que tanto escandalizó a las religiosas de Santa Paula, parecía estar influenciada por Egidio y Casiodoro de Reina; [o] María de Bohórquez también aparece vinculada con un personaje tan relevante para la disidencia hispalense como alejado del cenobio de Santa Paula: Casiodoro de

---

58 Tomás López Muñoz, *La Reforma en la Sevilla del XVI* (Sevilla: Cimpe-Eduforma, 2011), 1:122: "El clérigo Sebastián Martínez [...] afirmaba que Gaspar Ortiz mantenía conversaciones secretas con Vargas, el predicador Juan González, Pérez de Pineda y el caballero don Juan Ponce de León. Incluso con el fraile Casiodoro de Reina parecía 'tener particular amistad'. Esta última referencia es particularmente interesante, pues relaciona el grupo heterodoxo que se focalizó en Sevilla en torno al Colegio de Doctrina con el discurso disidente que tuvo su epicentro en el monasterio hispalense de San Isidro del Campo". Hay una mención de nuevo en las pp. 143–144.

59 Enrique Fernández y Fernández, *Las Biblias castellanas del exilio* (Miami, FL: Editorial Caribe, 1976), 111.

60 Kinder, *Casiodoro de Reina*, 47.

Reina […]. Es decir, María de Bohórquez no solo asistía frecuentemente a las prédicas que el doctor Egidio realizaba en el convento de Santa Paula; participaba, además, del círculo clandestino que giraba en torno a Casiodoro de Reina.[61]

Su vocación pastoral se ve hasta en los procesos de la Inquisición, donde sale el nombre de Casiodoro como uno que enseñaba la "herejía" a los que fueron capturados y procesados por la Inquisición en Sevilla.[62]

2. El tiempo en Ginebra (1557-1558).

Este es el período más cortó que hallamos en el recorrido pastoral de Reina. Cuando huyó de la Inquisición en Sevilla en 1557, también se escaparon otros frailes en diferentes maneras y momentos para no levantar la sospecha de la Inquisición: "La huida de los religiosos se produjo de forma escalonada, bajo pretextos creíbles, hacia Ginebra, y en tiempo anterior a la detención de Julián Hernández".[63] Reina se dirigió primero a Ginebra para encontrarse con sus compañeros de San Isidoro y asistió a la iglesia italiana donde muchos españoles exiliados se congregaban. Algunos autores creen que allí ayudó con un ministerio pastoral entre los españoles. Según Hauben: "Durante un tiempo breve él dirigió la pequeña congregación española en Ginebra".[64] Y Moreno opina que parece que no era una congregación oficial bajo Reina, sino una "comunidad" de españoles que él ayudaba como líder informal, algo que no le gustó a Calvino: "Su independencia de criterio y su carácter inquieto lo llevaron a ejercer un creciente liderazgo entre los españoles exiliados que no dejaron de afluir durante el año 1558. Calvino, un tanto sorprendido por aquella

---

61 López Muñoz, *La Reforma*, 1:271, 274; 194–195.

62 López Muñoz, *La Reforma*, 1:136, relata de cómo "el presidente del monasterio isidro, fray Gabriel de Funes, fue el primero que ofreció al Santo Oficio los indicios iniciales relativos a la difusión de libros heréticos en la capital hispalense […] acusando en sus declaraciones al médico Cristóbal de Losada de disponer de los libros heréticos […] [y] la relación del propio Losada con algunos de los frailes fugitivos, especialmente con Casiodoro de Reina y Antonio del Corro". También Reina está nombrado en el conocido relato de la conversación entre Juan Ponce de León y María Bohórquez en el camino a la hoguera en el relato inquisitorial del primer auto de fe en Sevilla en septiembre 1559 (López Muñoz, *La Reforma* 2:171).

63 Muñoz, *La Reforma*, 1:147.

64 Paul J. Hauben, *Three Spanish Heretics and the Reformation: Antonio Del Corro – Casiodoro De Reina – Cypriano De Valera* (Genève, Suiza: Librairie Droz, 1967), 85.

situación, encargó a Pérez de Pineda la organización de una iglesia de españoles […] intentando controlar a aquella incipiente comunidad".[65]

También allí en Ginebra conoció las opiniones y pensamientos de diferentes reformadores entre los calvinistas franceses, italianos, suizos y otros que impactaron sus ideas pastorales. Uno de ellos era el francés, Sebastián Castellion, que impactó a Reina con su postura tolerante. López Muñoz comenta: "Gordon Kinder […] fue el primero en señalar ciertas conexiones entre la obra de Casiodoro y el pensamiento de Sebastián Castellion […] en trabajos mucho más recientes, también Carlos Gilly ha remarcado la presencia del pensamiento de Castellion —influenciado a su vez por Erasmo— y Servet en el discurso heterodoxo tanto del propio Casiodoro como en el de su compañero, Antonio del Corro".[66]

Debido a la situación en Ginebra, Casiodoro no se sintió que pudo quedarse allí y se fue a Fráncfort antes de pasar a Londres. Moreno señala la incomodidad de Casiodoro allí:

> La situación se hizo difícil para Casiodoro en Ginebra. Su independencia de criterio y su carácter inquieto lo llevaron a ejercer un creciente liderazgo entre los españoles exiliados que no dejaron de afluir durante el año de 1558. Calvino, un tanto sorprendido por aquella situación, encargó a Pérez de Pineda la organización de una iglesia de españoles […] Pero Casiodoro tenía una opinión tan crítica sobre los magistrados y la justicia de la ciudad que no quería la creación de una iglesia española en Ginebra si eso significaba someterse a su autoridad. Decidió por ello dejar la ciudad. Se trasladó a Fráncfort en una breve estancia […] De allí Casiodoro viajó a Londres, con sus padres y su hermana, esperando fundar una iglesia española.[67]

Aunque estuvo en Ginebra aproximadamente un año, ayudó en la obra pastoral con los refugiados españoles allí, algo que resalta la vocación pastoral que él tenía.

3. El tiempo en Londres (1558/9-1563)

Cuando Isabel I llegó a ser reina de Inglaterra en noviembre de 1558, volvió a establecer la Iglesia Anglicana como la iglesia oficial después del reinado de su hermanastra María (cuando ella había puesto la Iglesia Católica Romana como la iglesia oficial de Inglaterra). Su política tolerante

---

[65] Moreno, *Casiodoro de Reina*, 94.
[66] López Muñoz, *La Reforma*, 1:159.
[67] Moreno, *Casiodoro de Reina*, 94.

hacia el protestantismo y los protestantes creó un ambiente seguro para muchos protestantes en el continente, que se fueron a Inglaterra en busca de refugio allí. Al llegar a Londres hacia el final de 1558 o en 1559, Reina empezó asistiendo a la iglesia francesa de la ciudad durante los primeros meses y antes de comenzar el ministerio pastoral entre los españoles refugiados o residentes allí. "Y al llegar a Londres se incorpora de nuevo a la iglesia francesa que allí se hallaba establecida. [...] En 1559 los españoles que [...] habían llegado a las Islas Británicas buscando refugio, se organizan en una congregación de habla española y nombran pastor de la misma a Casiodoro de Reina".[68] Esta congregación sería el primer pastorado oficial de Casiodoro como el principal ministro que dirigía el ministerio pastoral para toda la congregación.

El grupo se reunía en una casa particular al no tener una iglesia asignada. "Instalado en Londres desde finales de 1558, *Casiodoro empezó a celebrar servicios religiosos con un grupo de españoles en una casa privada, tres veces por semana, basando el culto en la lectura y predicación de la Biblia en castellano y el canto de himnos*".[69] Así era un ministerio de enseñanza sencilla y enfocada en la Biblia ("la lectura y predicación de la Biblia [...] y el canto de himnos"). Pero esa situación de cultos en privado (y no en una iglesia oficial) no era lo que Casiodoro consideraba correcto, ni para el testimonio cristiano general ni para el bien personal de los miembros de la congregación española, porque les perjudicaba:

> no quería celebrar los cultos como si hubiera algo que esconder, de modo que a principios de 1560 hizo una vehemente solicitud al obispo Grindal para institucionalizar la iglesia española. [...] Durante el año que habían estado reuniéndose en privado, Casiodoro había constatado que algunos miembros [...] habían dejado de participar y otros temían que este secretismo fuese perjudicial para ellos mismos y sus negocios. [...] En su solicitud, pedía la atención del obispo de Londres sobre aquella situación porque el Evangelio de Cristo y el testimonio cristiano de los españoles estaba sufriendo en aquella situación.[70]

La preocupación pastoral que Reina mostró hacia los creyentes es clara.

Pero para poder tener la autorización oficial que la iglesia necesitaba, hacía falta tener una confesión de fe. Reina tuvo que redactar una para presentar a las autoridades religiosas de la ciudad.

---

[68] Fernández, *Las Biblias castellanas del exilio*, 113.

[69] Moreno, *Casiodoro de Reina*, 101 (la cursiva es mía).

[70] Moreno, *Casiodoro de Reina*, 103.

Los refugiados españoles pasaron a formar parte de la comunidad francesa y la italiana. Precisamente, para evitar la dispersión de sus compatriotas, *uno de los primeros empeños de Casiodoro al llegar a Inglaterra fue el de organizar una iglesia reformada española, independiente de las demás*: sabemos que durante 1559 una pequeña comunidad de españoles se reunía en cierta casa particular, donde se predicaba de modo calvinista y en lengua castellana. Para dar forma legal a aquella congregación, Reina redactó el 4 de enero de 1560 una 'Confesión de fe de los protestantes españoles'.[71]

Kinder añade: "Hay quien sugiere que Cipriano de Valera le ayudó en esta compilación".[72] Pero si tuviera la ayuda de Cipriano (o de otros hermanos de la iglesia) es una muestra más de cómo Reina trabajaba de pastor, involucrando a otros en el ministerio.

Por ser la confesión de fe más abierta en ciertos temas doctrinales[73] (los que eran un campo de batalla entre las diferentes confesiones protestantes: calvinistas, luteranos, zwinglianos, anabaptistas, etc.), pronto surgieron problemas para Reina de parte de las iglesias calvinistas de la ciudad, que sospechaban que Reina era un hereje en la línea del difunto Miguel Servet o de los antitrinitarios italianos. Pero el enfoque de Reina era:

Que incluso los aspectos dogmáticos estaban expuestos de forma práctica. [...] más de la mitad dedicados a cuestiones relacionadas con la vida cristiana, tanto en el nivel personal como eclesial. *El autor de la Confesión no quería escribir un texto dogmático alejado de la vida práctica de los creyentes, sino que se esforzó por reflejar las implicaciones prácticas del mensaje bíblico*".[74]

Ese esfuerzo era una preocupación pastoral. Vemos algunas "implicaciones prácticas" por ejemplo en la Confesión, capítulo IX, en cuanto a Cristo como nuestro "libertador y redentor" (IX:5) que "nos asiste, ampara y defiende; y nos da secretas fuerzas de su Espíritu contra todas las tentaciones" o (IX:6) "en cuya potencia confortados, vencemos el mundo y

---

[71] Muñoz, *La Reforma*, 1:150 (la cursiva es mía).

[72] Kinder, *Casiodoro de Reina*, 50.

[73] Kinder, *Casiodoro de Reina*, 50–51 que dice: "La Confesión consta de veintiún capítulos y es claramente la obra de una mente independiente que no está atada a los rígidos prejuicios doctrinales de las denominaciones. Se siente libre para sostener, con atrevimiento para su generación, que el bautismo de niños no se menciona en ningún lugar de la Escritura [...]. El capítulo 11, sobre los sacramentos de la iglesia cristiana, reduce los sacramentos a dos y asume una visión muy calvinista de la eucaristía como memorial. El capítulo 13, sobre la Cena del Señor, sin embargo, toma una postura consubstancionista bastante luterana [...] los adversarios de Reina eran capaces de ver en ella las doctrinas de Servet".

[74] Moreno, *Casiodoro de Reina*, 106 (la cursiva es mía).

esperamos alcanzar siempre victoria de él hasta que finalmente triunfamos del todo con el mismo Cristo Rey nuestro".[75]

También su postura sobre el bautismo de los niños y de la Cena del Señor eran otras dos cosas demasiado ambiguas para los calvinistas y rechazaron a Reina y la confesión. Trabajaron para que la iglesia española donde Reina ejercía de pastor no fuera dada la autorización oficial. Sin embargo, Reina no buscaba contentar a las líneas dogmáticas de ningún lado en los debates doctrinales. Él afirmaba un cristianismo básico que procuraba ayudar y unir para el bien del testimonio global de Cristo y para el crecimiento espiritual práctico en la vida de los creyentes, en vez de condenar y separar a base de dogmas abstractos y escolásticos. David Estrada comenta: "En las controversias doctrinales entre luteranos y calvinistas, la ambigüedad de Reina es intencionada: recurre a un lenguaje abierto que evite a toda costa la exclusión de una posición doctrinal en favor de la otra. En su opinión, lo que unía a calvinistas y luteranos, además de ser mucho, era lo básico de la fe cristiana".[76] Esto no significaba un desprecio hacia la doctrina, Reina siempre aceptó y afirmó los credos históricos (como el Credo Apostólico, el Credo Niceno, etc.) y las doctrinas fundamentales del cristianismo. Esto era una postura más bien pastoral que, sin menospreciar la importancia de la doctrina, trabajaba para el bien práctico del crecimiento en santidad y vida cristianas, en vez de la ortodoxia abstracta y excluyente.

Pero a pesar de esta resistencia hacia Casiodoro, su Confesión y la autorización oficial de la iglesia española, la petición fue aprobada al fin. El hecho de evitar las posturas dogmáticas y cerradas "gustó mucho al liberal obispo de Londres, responsable de las iglesias de refugiados de la ciudad, y por ello aceptó finalmente la solicitud de Casiodoro. Grindal asignó a la congregación española en Londres una iglesia en desuso, St. Mary Axe y una pensión real de 60 libras esterlinas para Casiodoro como pastor".[77] Casiodoro ahora pudo enfocarse en la obra pastoral y en la traducción de la Biblia. Pero la victoria no iba a durar mucho tiempo.

Añadida a las acusaciones de herejía doctrinal que sacaron de la confesión de fe, los enemigos calvinistas con el testimonio de algunos españoles que colaboraron con Reina (Francisco de Abrego y Gaspar Zapata y

---

[75] Andrés Messmer, *"Declaración, o confesión de fe", edición moderna de la versión de 1577 con las variantes más importantes de la versión latina* (publicado de forma independiente, 2019), 36–37.

[76] David Estrada, "Casiodoro de Reina, el traductor", *Tu Reino* 1 (1993): 17.

[77] Moreno, *Casiodoro de Reina*, 110.

que en realidad eran espías de la Inquisición)[78] tramaron otra acusación de grave inmoralidad contra Casiodoro: adulterio y sodomía. Según Kinder:

> los cargos contra él pueden reconstruirse a partir de varias fuentes, pero contienen tal cantidad de contradicciones que resulta extremadamente difícil encontrar sentido coherente de ellas. [...] Tomados en su conjunto estos documentos recogen acusaciones e indicios de una variedad de ofensas tan sorprendentes como improbables: falsedad, fraude, inmoralidad o conducta indiscreta con algunas mujeres de la congregación, sodomía con un joven de diecisiete años.[79]

Debido a todas estas cosas y temiendo que no había una manera de recibir un juicio imparcial y justo (después de un proceso inicial que fue algo sesgado a favor de los intereses de los acusadores de Casiodoro), Casiodoro salió de Inglaterra hacia el continente en septiembre de 1563.

Los años de pastor en Londres no resultaron ser fáciles para Reina. Y esto no debido a problemas con la iglesia debajo de su pastorado, sino debido a todo lo que los opositores y perseguidores afuera de la iglesia le echaban encima sin tregua.

4. El tiempo revuelto (1564-1567).

Cuando salió de Londres, a Casiodoro le esperaba un tiempo muy revuelto de múltiples viajes y cambios de lugar durante varios años. "Con los primeros meses de 1565 da comienzo un período de actividad febril en la vida de Casiodoro, en el que se sucederán viajes continuos entre la propia ciudad de Estrasburgo, Fráncfort y Basilea, donde finalmente imprimió la edición española de la Biblia".[80] En este tiempo Casiodoro aprovecha para reunirse con Juan Pérez de Pineda y con Antonio del Corro, sus antiguos amigos de la vida en Sevilla, para tratar el tema de la traducción de la Biblia y para incluso trabajar un poco en ella. Se reunió en Orleans y Bergerac, en ambas ciudades con Antonio del Corro: "donde ambos se dedicaron de lleno a la traducción española de la Biblia".[81] Pero no hubo mucho tiempo antes de tener que remontar el vuelo otra vez y salir de nuevo a otros lugares. "Perseguido por los esbirros inquisitoriales y acusado de

---

[78] Ver por ejemplo en Muñoz, *La Reforma*, 1:151: "otros dos reformados españoles, Luis de Abrego y el impresor Gaspar Zapata —ambos eran en realidad espías encubiertos de la Corona española y el Santo Oficio".

[79] Kinder, *Casiodoro de Reina*, 60–61.

[80] Muñoz, *La Reforma*, 1:155.

[81] Muñoz, *La Reforma*, 1:153.

herejía, Casiodoro vagó durante más de tres años entre Amberes, Heidelberg, Estrasburgo y Basilea, *a la búsqueda de un lugar donde establecerse
como pastor de la iglesia*, cosa que los colegas reformados impidieron".[82] Su
deseo continuaba siendo de ayudar en la obra pastoral, a pesar de las falsas acusaciones y ataques personales hacia él, aun sabiendo que había una
recompensa para su captura: "En enero de 1564, Felipe II puso precio a
la cabeza de Casiodoro de Reina y muy grandes sumas de dinero fueron
empleadas por los servicios secretos españoles para su captura y arresto".[83]

Otra vez viajaba entre Fráncfort y Estrasburgo durante los últimos
años de esta etapa, 1565-1567. Estando en Fráncfort en 1565, recibe de
Estrasburgo la oferta de tomar el ministerio pastoral de la iglesia con los
inmigrantes franceses, sin que aceptara el pastorado. "Pero como no logra
disipar, por un lado, las sospechas luteranas que sobre él recaían, y las acusaciones del Sínodo de la iglesia francesa de Londres por el otro, no llega
a tomar posesión del pastorado".[84] La preocupación de Reina no era solo
sobre el prejuicio personal contra él, sino también por el daño que las acusaciones podrían traer a la iglesia.

> Reina no aceptó el puesto ofrecido en Estrasburgo, a pesar del aparente
> apoyo de la congregación. [...] los firmadores [de la congregación] nota-
> ron que solamente fue la insistencia de Reina mismo de que él aplazara
> su oferta hasta tal tiempo en que él fuese exonerado de los cargos des-
> de Londres lo que les hizo buscar por otro lado. También es probable
> que Reina sintió que su presencia como ministro haría daño a la iglesia
> de Estrasburgo.[85]

Otra vez, vemos la preocupación pastoral de Reina de que en nada se pudiera dañar o perjudicar a la iglesia, aun si tuviera que negarse el puesto
de ser pastor. Ni aun durante estos años revueltos y hallándose desplazado
constantemente, dejó Reina de pensar como pastor y buscar lo que era
para el mayor bien de la iglesia, los creyentes y el testimonio de Cristo.

5. El tiempo en Basilea (1567-1570).

Al quedarse establecido en Basilea, Reina llega a una etapa de un poco
de sosiego en cuanto a trasladarse de un lado a otro y de tener que defenderse de las falsas acusaciones que sus enemigos no dejaron de lanzar

---

[82] Moreno, *Casiodoro de Reina*, 134 (la cursiva es mía).

[83] Estrada, "Casiodoro de Reina", 12.

[84] Fernández y Fernández, *Las Biblias castellanas del exilio*, 116.

[85] Hauben, *Three Spanish Heretics*, 91–92.

contra él. Aquí iba a tener una estabilidad, cierta tranquilidad y poder trabajar para terminar su traducción de la Biblia por fin y verla impresa para el mundo. Este tiempo es cuando menos vemos a Reina sirviendo en alguna obra pastoral en colaboración con alguna iglesia. Parece que las gestiones necesarias para imprimir la Biblia ocuparan toda su atención. Y eran muchas.

Antes de poder publicarla, Reina:

> debía obtener de las autoridades locales un permiso de impresión. Esta autorización era completamente necesaria, pues en 1550 el concejo de la ciudad había prohibido la publicación de cualquier obra que no estuviera escrita en latín, griego, hebreo o alemán. A mediados de enero 1568, finalmente, el concejo de Basilea daba su autorización para que Casiodoro pudiera llevar a cabo la publicación de la Biblia.[86]

También es el tiempo cuando Reina estuvo luchando con muchos reveses económicos en cuanto a la financiación del proyecto y hasta con su propia salud:

> Reina ya había hecho arreglos con el famoso impresor Oporino, a quien había entregado 500 escudos para que imprimiera '1100 ejemplares' […] Luego, al regresar de un viaje a Estrasburgo, donde había dejado a su mujer, cae gravemente enfermo, está cinco semanas en cama y, al convalecer, se entera de que ha muerto Oporino, dejándole a deber los 500 escudos que le había dado por adelantado y; como el tipógrafo había muerto engolfado en deudas, sus bienes no bastaron para cubrirlas, y Reina se quedó sin los 500 escudos, que representaban parte del legado que Juan Pérez había dejado al morir. Acude Reina a sus amigos de Fráncfort, que le envían en seguida dinero para continuar el trabajo de la impresión. Y por fin, el 24 de junio de 1569, en carta que Reina dirigió a su amigo Hubert, le dice que ha recibido el último pliego de la Biblia.[87]

Esta etapa en Basilea habría sido un tiempo tal vez agridulce para Casiodoro. Todas las gestiones y reveses económicos para publicar su traducción después de tantos años de esfuerzo tienen que haber sido un motivo de cierto desánimo y aun depresión en algunos momentos. Añadido a este proceso era la falta de tiempo para ayudar pastoralmente en una iglesia, pero también es cierto que estos años acaban con la gran victoria, la hazaña lograda: ver imprimida la Biblia completa en español y en una versión de un solo tomo asequible para muchos creyentes de habla hispana.

---

[86] Muñoz, *La Reforma*, 1:156.
[87] Fernández, *Las Biblias castellanas del exilio*, 117.

Podemos imaginar que sintió alivio, satisfacción personal y gratitud a Dios por acabar el proyecto después de un recorrido de tanto tiempo y con tantos vientos en contra.

6. El tiempo en Fráncfort (1570-1578).

Después de ver publicada la Biblia, Reina se trasladó con su familia a Fráncfort, la que era su ciudad de refugio tantas veces desde que salió de España. Allí solicitó la ciudadanía, pero solo recibió la residencia en agosto de 1570.[88] La iglesia francesa allí le recibió bien, pero no le aprobó la membresía hasta julio de 1571,[89] debido a la oposición de los líderes calvinistas (especialmente Beza, Cousins y Olevian) que seguían sospechando de él por su doctrina y las acusaciones morales de Londres de siete años atrás. Reina intercambió varias cartas con Teodoro de Beza en este tiempo para defenderse de dichas acusaciones.[90] Finalmente recibió la ciudadanía de Fráncfort en agosto de 1571 y estuvo "orgulloso de ello hasta el final de su vida".[91] Según Moreno, estos años en Fráncfort: "Fueron, quizá, los más felices de su vida tanto desde el punto de vista familiar, como religioso, intelectual y político".[92]

Estos años eran muy fructíferos en cuanto a su obra literaria. Trabajó en un comentario sobre el Evangelio de Juan (para resaltar la deidad de Cristo frente a los judíos y musulmanes, y para demostrar a sus críticos que la acusación de seguir a Servet como antitrinitario era falsa), en parte de Mateo capítulo 4 (para exhortar a los pastores a resistir las tentaciones como hizo Jesucristo contra Satanás) y para publicar su confesión de fe de Londres (ligeramente retocada). También intentó conseguir un editor en 1570 para un proyecto de un libro acerca de Martín Bucero, pero no llegó a completarlo.[93]

---

[88] Kinder, *Casiodoro de Reina*, 101.

[89] Kinder, *Casiodoro de Reina*, 102.

[90] Hauben resume lo sucedido: "Reina se unió a la iglesia francesa en Fráncfort, cual noticia revitalizó la ira predecible de Teodoro Beza, el mayor antagonista hasta el amargo fin, parece, del heterodoxo protestante español. Un intercambio de cartas a tres partes entre Reina, Beza y el consistorio de Fráncfort siguieron, concluyendo en la aceptación de Reina por parte de la congregación para la gran indignación de Beza" (*Three Spanish Heretics*, 93).

[91] Kinder, *Casiodoro de Reina*, 105 (y el resumen anterior, 101–105).

[92] Moreno, *Casiodoro de Reina*, 193.

[93] Fernández, *Las Biblias castellanas del exilio*, 118: "A principios de 1570 Casiodoro regresa a Estrasburgo, establece amistad con el pastor Matías Ritter, y escribe a Hubert sobre la posibilidad de publicar una edición completa de las obras de

En 1573, publicó su *Comentario al Evangelio de Juan*. En la dedicatoria a su gran amigo Juan Sturm vemos parte del corazón pastoral de Casiodoro en lo que escribió. Habla acerca de su trabajo secular y las dificultades de salud que estaba pasando y *que le restaban tiempo de su verdadera vocación pastoral*:

> No me produce mucho pudor ni vergüenza el hecho de que, sobre todo, habiendo llegado hace ya algún tiempo a la vejez y con una salud no muy fuerte, me vea ahora finalmente obligado a tener que andar buscando con el trabajo manual y con el propio ingenio el sustento para mí y para mi familia […] Todo ello, sin embargo, en este estado feliz por lo demás, aunque trabajoso y con ocupaciones, *no puedo menos que sobrellevarlo de forma molesta porque por estas ocupaciones seglares*, a las que también las Sagradas Letras me convocan, *me distraigo de los estudios de las Sagradas Letras y de mi legítima vocación de servir a la Iglesia de Cristo*.[94]

Y más tarde en la misma, cuando se quejaba de la falta de tolerancia que hubo entre tantos cristianos de su época y afirmó que no pudo seguir una actitud así porque "esto de ninguna de las maneras sería propio de un pastor cristiano".[95]

La lucha para seguir su vocación pastoral no menguaba, aun después de tantos años de dificultades y de haber acabado su gran tarea de traducir la Biblia al español. *Seguía sintiéndose responsable como pastor y no hacía falta el cargo oficial para empujarle a ello*. Llevaba casi 30 años sirviendo y ayudando a los creyentes e iglesias (desde su ingreso en el monasterio de San Isidoro alrededor de mediados de los años 1540 hasta este momento en 1573) y solo pensaba en servir a Cristo como pastor. Con ese ánimo trabajaba para reeditar su *Declaración, o confesión de Fe* de Londres y en 1577 publicó la nueva edición en Fráncfort y rechazó la invitación para ir a Polonia para algún "ministerio eclesiástico".[96] Aunque, en estos años en Fráncfort, Reina estaba trabajando en "ocupaciones seglares" (de vender libros, vender la seda, traducir, enseñar, etc.) para cuidar de su familia, *su preocupación pastoral siempre estaba allí cerca en sus pensamientos*. Y después de estos aproximadamente ocho años en Fráncfort, Casiodoro iba a recibir

---

Martin Bucero…". Parece que ese proyecto nunca llegó a ser hecho. La referencia de Fernández es de Henri N. Tollín, "Cassiodoro de Reina", *Bulletín de la Société de l'Histoire du Protestantisme Francais* (1883), 32:246.

[94] Casiodoro de Reina, *Comentario al Evangelio de Juan* (Almendralejo, Badajoz: Consejería de Cultura, Turismo y Deporte de la Junta de Extremadura, 2019), 63-64 (la cursiva es mía).

[95] Ibid., 67.

[96] Estrada, "Casiodoro de Reina", 13.

una oferta formal para ser pastor de una iglesia luterana en Amberes. Era un ministerio pastoral como el que había tenido en la iglesia española en Londres hace unos 20 años. Por fin, parecía que iba a poder cumplir con su vocación pastoral formalmente, sin tener que buscar más trabajos seculares para proveer para su sustento y su familia.

7. El tiempo en Amberes (1578-1584/5).

En el verano de 1578, vino una noticia desde Amberes:

> en julio de 1578, Casiodoro recibió una invitación para dirigir la comunidad luterana de lengua francesa [...]. *Era una oportunidad para ejercer el tan largamente deseado ministerio pastoral*, hasta ahora sistemáticamente vetado por la ortodoxia calvinista. Ya durante el tiempo vivido en Fráncfort, Casiodoro se había acercado al luteranismo gracias a la buena acogida y el apoyo de pastores luteranos como Matías Ritter. Por todo ello aceptó la propuesta.[97]

Por fin Casiodoro iba a poder volver a tener un ministerio pastoral oficial. Pero antes de tomar el pastorado, una vez más —para proteger el testimonio de Cristo y de la iglesia de algún daño de las acusaciones falsas dirigidas a él por los líderes calvinistas franceses— Casiodoro decidió viajar a Londres para acabar con el tema de una vez:

> se traslada a Amberes en el otoño de aquel año, pero antes de ocupar el púlpito de aquella congregación [...]. Reina decide ir a Londres y hacer frente a las acusaciones que años atrás le habían allí levantado [...]. El Tribunal Real de justicia [...] tras varias semanas de testimonios y deliberaciones, exonera a Casiodoro de Reina de todos los cargos [...]. Regresa Reina a Amberes y, al fin, [...] asume el ministerio de la congregación luterana de la ciudad, pero conservando la ciudadanía de Fráncfort.[98]

Pero por desgracia, aunque Reina ganó el juicio en contra de las falsas acusaciones que habían estado enconándose en su vida durante 15 años, los líderes de la iglesia francesa de Londres no actuaron bien después del veredicto a favor de Casiodoro. Él quiso irse en paz con ellos, pero le rechazaron. Kinder nos da un resumen:

> El juicio por el caso Reina había finalizado formalmente [...], resultando completamente satisfactorio para él. Al menos, tenía una declaración oficial de inocencia [...]. Por consiguiente, se presentó ante el consistorio francés

---

[97] Moreno, *Casiodoro de Reina*, 220 (la cursiva es mía).

[98] Fernández, *Las Biblias castellanas del exilio*, 119.

[…], diciendo que tenía razones que le empujaban a volver a Alemania (su mujer estaba enferma) y deseaba ahora, tras el juicio del arzobispo, reconciliarse con la iglesia […]. Los franceses […] no quisieron aceptar sus pretensiones […] pues consideraban que debería haber tenido en su lugar una actitud de humildad respetuosa. Tal y como él lo veía, ya había hecho suficientes gestos en este sentido […]. El consistorio francés se disponía a insistir en una expresión de arrepentimiento que Casiodoro no estaba dispuesto a hacer pues pensaba que no era necesario […]. Con esta nota final de insatisfacción el asunto terminó y Reina partió hacia el Continente.[99]

En la iglesia de Amberes, Casiodoro vuelve al trabajo pastoral como ministro principal y empieza a mirar cómo ayudar en la formación espiritual de los creyentes: "en diciembre de 1579 inició su actividad pastoral con los luteranos franceses de Amberes. Para la formación doctrinal de la congregación, Reina redactó un catecismo, que apareció en varios idiomas. De la versión holandesa se hicieron varias ediciones".[100] Como un buen pastor, Casiodoro se puso manos a la obra. Por muchos años había ayudado en la obra pastoral dondequiera que estuviera: "Con anterioridad Casiodoro había residido en Estrasburgo, Fráncfort del Meno y otras ciudades imperiales, *donde había servido voluntariamente de predicador a sus compatriotas*".[101] Pero ahora no era un voluntario o ayudante, sino que vuelve a ser el pastor oficial y dirige a la iglesia hacia una vida cristiana que glorifique a Dios y ayude al prójimo.

Era un trabajo muy grande que además iba creciendo y él apenas tenía ayuda. En sus cartas a su amigo pastor en Fráncfort, Matías Ritter,[102] Casiodoro escribe como pastor a otro pastor y pide oración, consejos y ayuda para el ministerio. He aquí, tres ejemplos.

Primero, pide una copia de la liturgia de Fráncfort para usar como guía en los cultos en Amberes: "Ahora solamente, mi querido hermano en Cristo, pido tanto en mi nombre como en el de esta iglesia que te encargues de traducir al latín en el primer tiempo que se pueda vuestra Agenda

---

[99] Kinder, *Casiodoro de Reina*, 114–115.

[100] Estrada, "Casiodoro de Reina", 15.

[101] Casiodoro de Reina, *Comentario al Evangelio de Juan. Capítulo IV de Mateo y Prefacio a la Biblia del Oso*, trad. Francisco Ruiz de Pablos (Cimpe-Consejería de Cultura, Turismo y Deporte de la Junta de Extremadura, 2019), 15-16 (el énfasis en cursiva es mío).

[102] Cf. las trece cartas de Casiodoro a Matías Ritter, desde 1578 hasta 1582, traducidas por Francisco Ruiz de Pablos.

o formulario de las preces comunes y de la administración de los sacramentos y de que se nos envíe a nosotros".[103]

Segundo, pide ayuda pastoral porque se encuentra casi solo, los pocos ayudantes jóvenes que vienen y van, le dan más trabajo que ayuda:

> Nosotros no tenemos para nosotros mismos ni la mitad de ministros que nos serían necesarios, y estos (para que sin ningún fraude de mi parte se me permita deplorar solamente ante ti tan gran vastedad) jóvenes, inexpertos, casi nada doctos. Hizo llegar esta iglesia el pasado año a tres desde Osterlandia, después otros dos. Los tres desde lugarcillos llenos regresaron a su patria, evitando el peligro de aquí y vencidos por la añoranza de su patria; y en realidad los asuntos de esta iglesia no habrían ido mejor si hubieran permanecido que en su ausencia. Otros dos eran completamente inútiles.[104]

Tercero, se frustra especialmente en cuanto a los continuos debates tenidos en la iglesia sobre la Cena del Señor y la manera de servirla, interpretarla o participar en ella:

> Hay algunos que entre otras discusiones nos remueven aquí la cuestión respecto a lo que atañe al rito de administrar la Cena del Señor: acerca de la consagración del pan o del vino en el sentido de que, agotada una copa, suele ser suficiente con la botella para continuar la Cena, a saber, si el suplemento aquel debe ser consagrado con nueva pronunciación o murmuración de las palabras de la Cena por encima del mismo. Igualmente, acerca de guardar religiosamente los restos de pan y vino hasta el punto de que hasta las migas aquellas muy diminutas que quedan en la patena, algunos con cuidado y religiosamente las recogen, las mezclan con el vino y se las beben, no tienen otra costumbre que la del pequeño sacrificio pontificio. Estos mismos defienden que el pan de la Cena tras la recitación de las palabras es el cuerpo de Cristo, aunque no se tome o coma [...]. Estas cuestiones las hemos evitado hasta ahora con la destreza que hemos podido, permitiendo a cada uno disfrutar de su sentido, seguros de que la discusión de ellas promovería más ofensa que satisfacción a la iglesia. Pero no todos aprueban esta diligencia o modestia. Aunque las cuestiones no son difíciles de juzgar. Pero los hombres contenciosos con ejemplos más aprobados se convencen más fácilmente que con razones. Por ello ruego encarecidamente a tu reverencia que sincera y diligentemente me conteste cuál de estas cosas está en uso entre vosotros, cuál en las iglesias vecinas (si sabéis) de Estrasburgo, Heidelberg, Nurenberg, etc., y eso lo más pronto posible.[105]

---

[103] Carta de Reina a Ritter, 18 de diciembre de 1579.
[104] Carta de Reina a Ritter, 17 de mayo de 1580.
[105] Carta de Reina a Ritter, 17 de enero de 1582.

Las cartas de Casiodoro a Ritter revelan el corazón de un pastor que se preocupa por sus feligreses, por su crecimiento espiritual y por el testimonio global de la iglesia ante el mundo en que está. Buscaba mantener la paz y no crear un ministerio para su bien personal.

> Nunca le fue fácil la vida en Amberes; aunque fue considerado y querido por muchos, en repetidas ocasiones fue zaherido no solo por los reformados, sino también por los luteranos ortodoxos que le acusaban a él —¡el hombre amante de la paz!— [...]. Además de esto, Casiodoro de Reina, que no deseaba otra cosa que trabajar de manera práctica en la viña del Señor, tuvo que verse envuelto en repetidas ocasiones en disputas y cuestiones teológicas que los diferentes partidos gustaban de suscitar en la iglesia.[106]

Sufría, se deprimía y a veces pensaba en dejarlo,[107] pero su vocación le mantenía al frente del ministerio a pesar de todo lo que siempre venía en contra. En repetidas ocasiones mencionó que sabía que también era una lucha espiritual y que Satanás era quien estaba detrás de tantas dificultades, porque quiso estorbar el crecimiento y el fruto de la obra: "Después de lo escrito nos ha cribado ya tres o cuatro veces Satán, y eso con una criba completamente severa y peligrosa, a no ser que el que como sumo Pastor monta guardias en nuestra defensa, esté asistiendo en el tiempo según ha prometido".[108]

El tiempo en Amberes acabó por motivos ajenos a la iglesia o a Casiodoro. La guerra resurgió en los Países Bajos. En agosto de 1585, las tropas españolas de Felipe II llegaron a conquistar a Amberes y Reina tuvo que llevar a su congregación a Fráncfort.[109] El segundo pastorado oficial de Casiodoro de Reina se había acabado, pero su vocación no.

---

[106] Maximiliaan Frederik Van Lennep, *La Historia de la Reforma en España en el Siglo XVI* (Grand Rapids, MI: Subcomisión Literatura Cristiana, 1984), 228.

[107] Kínder, *Casiodoro de Reina*, 123: "redactó una solemne exhortación al hombre que dirigía a los calvinistas contra él, Loiseleur de Villiers, y a los magistrados de Amberes, con el ofrecimiento a dejar por su propia voluntad su ministerio si su propia grey no le quería como pastor". También en la p. 125: "La oposición a Reina se recrudeció otra vez [...]. Estos hechos llevaron a la desesperación a Casiodoro y a punto estuvo de dejar su pastorado. El 17 de abril, sin embargo, escribió diciendo que había decidido quedarse, convencido por los ruegos de su congregación y los retos y necesidades de las circunstancias".

[108] Carta de Reina a Ritter, 31 de agosto de 1581.

[109] "En agosto de 1585 la ciudad de Amberes cayó en manos del duque de Parma. Alejandro Farnesio concedió una moratoria a los protestantes de la ciudad para que en un plazo de cuatro años volvieran al catolicismo. Al término de dicho plazo, los que no lo hubieran hecho tendrían que abandonar la ciudad.

8. El tiempo final en Fráncfort (1585-1594).

Llegamos a la última etapa de nuestro panorama de Casiodoro como pastor. En 1585 (o posiblemente 1584), Casiodoro volvió a la ciudad donde en 1571 había adquirido su ciudadanía tan apreciada. Ahora ayudaría a los refugiados llegados a Fráncfort desde los Países Bajos, con una sociedad benéfica que proveía comida, ropa y otras ayudas. "Un aspecto poco conocido, aunque vigente todavía, es la Institución Benéfica, fundada en 1585 en Fráncfort por Casiodoro de Reina, y otras, a fin de dar acogida a los refugiados que, por su fidelidad a la conciencia, abandonaron Amberes al paso que entraba el Duque de Parma".[110] Kinder añade más contexto para esa obra social: "El 31 de mayo de 1585, tras predicar un sermón sobre el tema, Casiodoro fue determinante para articular una estructura benéfica para la asistencia de cualquier persona luterana de los Países Bajos que estuviera en Fráncfort".[111] No era un pastor oficial de ninguna iglesia, pero su corazón pastoral le empujaba a seguir sirviendo a tantas personas que pudo, muchas de ellas sus anteriores feligreses de la iglesia en Amberes.

Reina ya tenía al menos 65 años y *debido a su buen ministerio pastoral y testimonio personal en Amberes, los creyentes venidos de allí pidieron a las autoridades para que nombrasen a Casiodoro para ser pastor* de la Iglesia luterana de habla francesa en Fráncfort. López Muñoz dice: "Casiodoro se vio obligado a abandonar Amberes y regresar a Fráncfort, a causa de la convulsa situación política por la que atravesaban los Países Bajos. Gran parte de sus correligionarios acompañaron a Casiodoro a tierras alemanas y, al llegar a Fráncfort, *pidieron al concejo de la ciudad que Reina fuera aceptado pastor* de la comunidad exiliada de Amberes", pero Casiodoro no recibió ese nombramiento como pastor debido a "las viejas sospechas sobre la ortodoxia del sevillano". Solo fue "en la primavera de 1593 [cuando] fue nombrado su asistente [...]. Tan solo un año después de aquel nombramiento, el 15 de marzo de 1594, fallecía Casiodoro de Reina".[112]

En 1593 Casiodoro recibió el nombramiento como pastor asociado en la iglesia. *Sirvió con una vocación o claro llamamiento del Señor Jesucristo*

Sin embargo, la mayoría de los luteranos holandeses, con Reina a la cabeza, ya habían abandonado la ciudad al iniciarse el asedio" (Estrada, "Casiodoro de Reina", 15).

[110] Gabino Fernández Campos, *Reforma y Contrarreforma en Andalucía* (Sevilla: Editoriales Andaluzas Unidas, S. A., 1986), 93.

[111] Kinder, *Casiodoro de Reina*, 131–132.

[112] López Muñoz, *La Reforma*, 1:158-159 (el énfasis de la letra cursiva es mío).

por casi cincuenta años. Moreno da un repaso-resumen de estos años desde su comienzo en el monasterio y en Sevilla:

> En San Isidoro del Campo y en Sevilla ya dio muestras de cuales eran algunos de los aspectos de su vocación: su capacidad de liderazgo se dejó sentir en el monasterio, pero también entre los miembros de su familia y del grupo sevillano [...]. Entre ellos, parece que Casiodoro ya puso en práctica lo que después formularía por escrito, cómo debía ser un auténtico ministro de Cristo [...].

> Varias fueron las constantes de su vida. Los doce años posteriores a su exilio estuvieron marcados por su férrea voluntad de traducir la Biblia al castellano [...].

> La segunda constante en la vida de Casiodoro fue su vocación pastoral. No renunció nunca ejercer el pastorado. Tenía una visión muy clara del papel que los pastores debían ejercer [...].

> La tercera constante fue su continuo rechazo de la violencia ... y su llamamiento a la unidad de los miembros de la Iglesia *renovada* [...]. Fue siempre un pacificador.[113]

De esta manera, en Fráncfort su ciudad adoptiva, llegó Casiodoro al final de su vida y ministerio. Durante casi cincuenta años había apacentado la grey de Dios.

Conclusión

No se suele pensar en Casiodoro de Reina como pastor y maestro, sino como monje, traductor, biblista, perseguido. Pero hemos visto que su vocación de traducir la Biblia al español fue motivada por su vocación de pastor y maestro de la Palabra de Dios a los creyentes. Es esa parte de la tarea pastoral de enseñar la Palabra de Dios la que llevó a Casiodoro a esforzarse para dar la Palabra a las personas a quienes tenía en su entorno. Como el apóstol Pablo dijo al pastor Timoteo:

> Pero persiste tú en lo que has aprendido y te persuadiste, sabiendo de quién has aprendido; y que desde la niñez has sabido las Sagradas Escrituras, las cuales te pueden hacer sabio para la salvación por la fe que es en Cristo Jesús. Toda Escritura es inspirada por Dios, y útil para enseñar, para redargüir, para corregir, para instruir en justicia, a fin de que el hombre de Dios sea perfecto, enteramente preparado para toda buena obra. Te encarezco delante de Dios y del Señor Jesucristo [...] que prediques la palabra: que instes a

---

113 Moreno, *Casiodoro de Reina*, 230–231.

tiempo y fuera de tiempo; redarguye, reprende, exhorta con toda paciencia y doctrina (2ª Tim 3:14-17; 4:1-2).

Esa exhortación apostólica a los pastores de todas las épocas a que enseñen la Biblia, era lo que impulsó en el corazón de Casiodoro la elogiable tarea de traducir la Biblia al español y de enseñarla a los creyentes en cada lugar donde él estuvo, para poder tener y entender las Escrituras.

Pero enseñar la Palabra no es la única tarea del ministerio pastoral. Otra importante labor pastoral es el "cura de almas", de cuidar del rebaño en sus dificultades, ministrándoles, enseñándoles y animándoles en los vaivenes y vicisitudes de la vida en este mundo caído, tan lleno de las consecuencias y los estragos que el pecado dentro del ser humano provoca a diario. Un buen pastor tiene que ministrar y servir a los creyentes para que crezcan en su fe en Cristo en los desafíos y desánimos de la vida y esto lo hizo Casiodoro desde su comienzo en Sevilla —en el monasterio y en la ciudad—, hasta el final de su vida en Fráncfort —como pastor asociado en una iglesia allí y también como fundador de un refugio para los inmigrantes desamparados—.

Su preocupación pastoral le impulsó a evitar disputas o "peleas" teológicas que podrían dañar a los creyentes o solo provocar más separación entre cristianos ya en desacuerdo doctrinal. Podemos ubicarle en el grupo de reformadores moderados y pacifistas como su amigo Antonio del Corro, o como Martín Bucero, Felipe Melanchthon, Menno Simons, Sebastián Castellion, y otros reformadores moderados. Aun cuando le acusaban de seguir las doctrinas heréticas, como las de Miguel Servet, Casiodoro siempre buscaba en la Biblia y en su respuesta lo que era mejor para la edificación de los creyentes. A. Gordon Kinder resaltó *el enfoque pastoral de Reina* en marcado contraste con las posturas antagonistas de Servet:

> Reina estaba ya en el análisis final para aceptar o acomodarse a las doctrinas tradicionales, mientras Servet era un firme oponente a todo lo que no ha sido específicamente prescrito en la Biblia. Sin duda, la Iglesia, tal como ha sido constituida localmente, tiene mucha más importancia para Reina que para Servet. […] era bastante hábil y dispuesto a considerar conceptos cristianos radicales; aunque los adoptó, o se adaptó o no, según le pareció conveniente, siempre con la vista puesta en la vida cristiana y sus deberes como pastor, de edificar a los otros en ella. Ya que, aunque no era oficialmente pastor, parece haber actuado en un cargo pastoral no oficial, mientras esperaba el permiso para la función; […] la opinión publicada por Reina sobre

la Trinidad es mucho más tradicional que la de Servet. Su espíritu irénico y su interés pastoral son la antítesis de la mentalidad combativa de Servet.[114]

Ojalá que esta breve reseña de su vocación y labor pastoral sirva para mostrar claramente que no era solamente un traductor académico, interesado en acaparar un rincón en el campo teológico-bíblico de su época, sino que era un fiel seguidor y siervo de Jesucristo. Fue llamado frente a grandes contratiempos y oposición, para ayudar como pastor a otros creyentes a crecer y seguirle a Cristo lo mejor que podían durante sus vidas. Como comentó Justo González: "Su vida, que nos hemos visto obligados a relatar aquí en unas pocas líneas, *es uno de los capítulos más dramáticos de toda la 'era de los reformadores'*".[115] Así era el monje discipulador de la Sevilla del XVI, el "hereje" huido de la Inquisición y del rey Felipe II, el erudito biblista, el reformador tolerante, el traductor de la Biblia al español, el predicador voluntario en casi cualquier lugar donde se hallaba. Así era Casiodoro de Reina, el pastor y maestro.

---

[114] Arthur Gordon Kinder, "¿Cuál ha sido la verdadera influencia de Servet en Casiodoro de Reina?" *Diálogo Ecuménico*, 22, n. 72 (1987): 34–35 y 43.

[115] Justo L. González, *Historia del cristianismo* (Miami, FL: Editorial Unilit, 1994), 2:128 (la cursiva es mía).

CAPÍTULO 3

Casiodoro de Reina: empresario

Dr. Manuel Díaz Pineda, Facultad Teológica
Cristiana Reformada

Introducción

Todos los acercamientos que hasta la fecha se han realizado sobre Casiodoro de Reina se han destacado por poner de relieve su biografía, su relevancia religiosa y su legado y grandeza literaria al traducir la Biblia por primera vez desde los idiomas originales. Pero hasta el presente no ha sido estudiada su permanente búsqueda de la supervivencia, es decir, los esfuerzos realizados por Casiodoro y su esposa para ganarse la vida y conseguir el sustento diario para su familia, que es lo que pretendemos realizar en este trabajo.

En este estudio vamos a seguir el esquema cronológico y geográfico dado que nuestro personaje careció de estabilidad domiciliaria, al tener que trasladarse de un lugar a otro constantemente, a causa de la persecución que sufrió de parte de la Inquisición, los espías de Felipe II y por sus propios y celosos correligionarios. Lo que implicaba reiniciar de nuevo su actividad comercial y establecer nuevas redes relacionales en cada una de las ciudades donde se instalaba.

Lugares de peregrinación de Casiodoro de Reina.[116]
Los itinerarios marcados son míos.

1. Sevilla

A inicios de 1557 salió de la vida tranquila y segura del monasterio de San Isidoro del Campo en Santiponce, cerca de Sevilla, donde no tenía necesidad de buscar medios de vida. El prófugo con sus compañeros y

---

[116] Raymond Rosales, *Casidoro de Reina. Patriarca del Protestantismo Hispano* (St. Louis, MO: Publicaciones del Seminario Concordia, 2002), 164.

familiares[117] inició una agitada vida llena de dificultades económicas, en las que tuvo que buscarse la vida de diversas maneras y según las circunstancias, sin jamás poder regresar a su tierra.

Recorrieron cerca de 1750 kilómetros de Sevilla a Ginebra, lo que nosotros hoy realizaríamos en pocas horas, a ellos les llevó meses, atravesando toda España y más tarde varios territorios imperiales en un estado de constante peligro, teniendo que ocultarse o tomar caminos alternativos para no ser capturados por la Inquisición o los agentes reales. Imagínense el capital monetario con el que Casiodoro salió de Sevilla. ¿De qué viviría? Su vida, apasionante y compleja, parece una verdadera novela de aventuras, si no fuera porque fue real.

Ya fuera de España desde finales de 1557, Casiodoro se dedicó a diversos menesteres. Viajó por toda Europa, de Sevilla a Ginebra, de Ginebra a Londres, de Londres a Amberes, de Amberes a Fráncfort, de Fráncfort a Orleans, Bergerac y Montargis, de Montargis a Fráncfort, de Fráncfort a Estrasburgo, de Estrasburgo a Basilea, de Basilea a Fráncfort, de Fráncfort a Londres, de Londres a Fráncfort, de Fráncfort a Amberes y finalmente de Amberes a Fráncfort (véase el mapa arriba).

Se casó, tuvo hijos, tradujo la Biblia, escribió comentarios bíblicos, pastoreó, trabajó como tejedor-empresario de seda, actuó como bibliotecario-librero, traductor e informante-consejero político de importantes personalidades.

2. Ginebra

A finales de 1557 llegó a Ginebra. ¿De qué vivió él, sus padres, huidos juntamente con él a Ginebra? Lo único que sabemos es lo que nos aporta la profesora e investigadora Doris Moreno: "El consistorio ginebrino cubrió sus necesidades más perentorias de alojamiento y manutención".[118]

Por otra parte, tanto Juan Pérez de Pineda intentó ayudarles en todo lo que pudo, como la iglesia de los italianos, a la que se unió, les ayudaron

---

[117] Véase, Constantino Bada Prendes, *La Biblia del Oso de Casiodoro de Reina. Primera traducción completa de la Biblia al castellano* (tesis doctoral, Universidad Pontificia de Salamanca, 2016), 89; A. Gordon Kinder, *Casiodoro de Reina. Reformador español del siglo XVI*, trad. J. P. D. S. (Madrid: Sociedad Bíblica, 2019), 47; y Rosales, *Casiodoro de Reina*, 87.

[118] Doris Moreno, *Casiodoro de Reina. Libertad y tolerancia en la Europa del siglo XVI*, 2ª ed. (Sevilla: Centro de Estudios Andaluces, 2018), 84.

a establecerse en la ciudad, "a la cual más tarde expresó su gratitud por la ayuda recibida en este periodo".[119] Posteriormente llegaría a liderar una pequeña congregación de españoles.

Con todo, la vida en Ginebra no fue fácil para Casiodoro, debido a la severa austeridad y al rígido sistema ginebrino, por el recelo calvinista hacia los españoles e italianos,[120] por su identificación con Castellion y su expresada reivindicación de tolerancia. Todo ello hizo que lo miraran con recelo.

3. Fráncfort

Antes de salir para Inglaterra pasó por Fráncfort (recorrió de Ginebra a Fráncfort 575 km), donde se relacionó brevemente con la congregación calvinista de refugiados franceses. Su sostenimiento era seriamente comprometido. De Fráncfort continuaron hasta los Países Bajos, desde donde embarcarían hacia Inglaterra.[121] ¿De qué forma obtuvo el dinero para los pasajes a Inglaterra?

4. Londres

A finales de 1558, le encontramos en Londres con mucha ilusión, pero con lo puesto (recorrió 765 km de Fráncfort a Londres) junto a otros españoles que huyen de la persecución en España. ¿De qué vivió todo este año?

1559. Casiodoro organiza y pastorea la pequeña asamblea de refugiados españoles en varias casas privadas, una de ellas era del obispo de Londres, Edmund Grindal, celebrando servicios y predicando en castellano tres veces por semana.[122]

1560/61. Escribe el manuscrito de la *Declaración, o confesión de fe*,[123] a la vez que solicita el reconocimiento de su congregación como iglesia de extranjeros que es aprobada y le proveen de 60 libras anuales para su sostenimiento económico, como pastor, que le permitió

---

[119] Kinder, *Casiodoro de Reina*, 48.

[120] Moreno, *Casiodoro de Reina*, 90.

[121] Rosales, *Casiodoro de Reina*, 96.

[122] Vease: Kinder, *Casiodoro de Reina*, 50; Bada Prendes, *La Biblia del Oso*, 90.

[123] A. Gordon Kinder, "La confesión española de Londres, 1560/61", *Diálogo Ecuménico* 13 (1979): 365–419.

vivir desahogadamente y relacionarse con las más altas esferas de la sociedad inglesa.[124]

En el verano de 1561 es designado para participar en el Coloquio de Poissy convocado por la reina regente Catalina de Médicis en Francia, como observador en compañía de Nicolás Des Gallars representante de la iglesia francesa en Londres.[125] El viaje (a Poissy) fue financiado por la corte inglesa de manera generosa (a través del conde de Betford en Londres y de Fragmarten en Poissy), señal de la buena acogida que había tenido Reina. Allí conoció a Hubert Languet, discípulo de Melanchthon.[126]

En 1561 se casó con Anna León Le Feure (viuda del médico Thomas Le Feure), hija de un refugiado de origen español Abraham de León de Nivelles cerca de Bruselas, que se había establecido en Fráncfort el año anterior.[127]

En 1562, el embajador español Quadra informaba a Felipe II que el hereje Reina disfrutaba de una generosa pensión de la Corona inglesa. En esta carta el embajador declara:

> Que yo he escrito a los españoles herejes que aquí están se les ha dado una casa del Obispo de Londres muy grande en que predican tres días de la semana como es verdad y que sean favorecidos de la Reina también es verdad y que a Casiodoro que fue a la junta de Poissy, le fueron dados dineros en notable suma para el camino, y que en Poissy donde enfermo le dio dineros al embajador Fragmarten, y el conde de Betford se los ha dado aquí a él y a su padre y madre que aquí están y a todos los otros se les dan entretenimientos.[128]

Antes de contraer matrimonio, Reina habitaba en una residencia alquilada en Shoe Lane Strett, con Jean de Bayonne (que era zapatero), por falta de

---

[124] Manuel de León, *Los protestantes y la espiritualidad evangélica en la España del siglo XVI* (Gijón: editorial privada, 2011), 521.

[125] Bada Prendes, *La Biblia del Oso,* 93.

[126] Moreno, *Casiodoro de Reina,* 115.

[127] Sabine Hock, "Reina, Cassiodoro de" en *Frankfurter Personenlexikon* (https://frankfurter-personenlexikon.de/node/864; accedido 15-9-2020); Kinder, *Casiodoro de Reina,* 56; Moreno, *Casiodoro de Reina,* 114.

[128] Las cartas del embajador, conservadas en el Archivo General de Simancas, están transcritas en Adrián García Fernández, *España y el Vizconde de Palmerston, o sea defensa de la dignidad nacional en la gestión de los pasaportes a Sir Henry Cytton Balwer* (Madrid, 1948), 235 (citado por Bada, *La Biblia del Oso,* 92).

recursos económicos, se vio en la necesidad de compartir la misma cama con el hijo de Jean, lo que le acarrearía muchos problemas, teniendo que huir. Reina abandonó repentinamente Inglaterra en la madrugada del 21 de septiembre de 1563.[129] Nos volvemos a preguntar ¿Cómo y dónde obtuvo el dinero para los pasajes y el sorpresivo viaje a Amberes?

5. Amberes

Reina huyó de la Inquisición española, que había puesto precio a su cabeza, y de los espías de Felipe II, a Amberes (recorriendo 375 km). Se hospeda en la casa de Marcos Pérez. Poco después llegaría su esposa disfrazada de marinero. La casa de Pérez se convirtió en un refugio para Reina y familia, dándoles techo y lo imprescindible.[130]

6. Fráncfort

En abril de 1564, vuelve a Fráncfort (desde Amberes, recorriendo 400 km) sin posibilidad de ejercer el pastorado, después de que se hubiera otorgado una recompensa por su captura.[131] Manuel de León señala, pero sin citar los autores ni la fuente, que: "Si están de acuerdo muchos de los autores de que los primeros años en Fráncfort vivió en una lamentable pobreza".[132] No sería la única vez en su vida que pasara necesidades.

Fráncfort ofrecía grandes atractivos para Casiodoro y sus intereses. Se reúne con su esposa que se dedica a la venta de seda, tras ser nombrado residente. Allí contaba con la cobertura de la familia de su mujer, destacados financieros de origen converso. El suegro de Casiodoro, Abraham León, vivía en la ciudad y era un importante comerciante de sedas, en cuyos negocios se implicó y seguro que les ayudó económicamente.

7. Orleans, Bergerac y Montargis

A mediados de 1564 viaja a Orleans (recorriendo 695 km), encontrándose con Antonio del Corro, donde se reunió con Des Gallars para recabar

---

[129] Bada Prendes, *La Biblia del Oso*, 95.

[130] Vease, Kinder, *Casiodoro de Reina*, 68; Moreno, *Casiodoro de Reina*, 124; Rosales, *Casiodoro de Reina*, 115.

[131] Hock, "Reina".

[132] León de, *Op. cit.*, 521.

su apoyo, sin resultados positivos; después fueron a Bergerac (recorriendo 465 km), donde se encuentran con Juan Pérez de Pineda, para tratar de la traducción y publicación de la Biblia. Los tres trabajan por un tiempo juntos en Montargis (recorriendo 575 km) cuando la princesa Renata, duquesa de Ferrara, les concede refugio.

8. Fráncfort

A inicios de 1565, vuelve a Fráncfort (recorriendo 490 km) a reunirse con su esposa. Se dedica a la venta de sedas y libros. Recibe una invitación de la congregación calvinista de inmigrantes franceses de Estrasburgo para considerar ser su pastor.

9. Estrasburgo

En marzo de 1565 viaja a Estrasburgo (recorriendo 220 km), pasando por Heidelberg donde se reúne con algunos teólogos calvinistas, que más tarde escribirán cartas a Estrasburgo denunciando su doctrina y vertiendo opiniones negativas sobre Reina.

El refugio en esta ciudad (Estrasburgo) dio a Casiodoro y su familia unos años de cierta tranquilidad. En noviembre 1565, Casiodoro obtuvo, gracias al apoyo de Sturm, la residencia en Estrasburgo por un periodo de tres años.[133]

Pide licencia para que su esposa abra un negocio de manufacturas textiles (trabajando junto con su mujer como tejedores y comerciantes de seda) con el qué ganarse la vida. Se le responde el mismo día positivamente. "Cuando Casiodoro y Ana se trasladaron a Estrasburgo, antes de la impresión de la Biblia del Oso, temporalmente fue ella quien proveyó principalmente el pan diario como producto de un empleo que obtuvo en los negocios de costura que existían en la ciudad".[134]

Las ventas de sedas y libros le requieren hacer viajes entre Estrasburgo y Fráncfort, relacionándose con un buen número de dirigentes protestantes.

---

[133] Bada Prendes, *La Biblia del Oso,* 100.
[134] Rosales, *Casiodoro de Reina*, 161.

1565. Se une a la iglesia francesa. En este tiempo, Casiodoro combina su labor de escritor con las tareas propias del comercio de telas de su mujer y con la venta de libros.[135]

10. Basilea

1566. A finales del año, Casiodoro de Reina con su mujer Ana León, fijan su domicilio en Basilea (recorriendo 150 km), donde nacería, a finales de 1566, su primer hijo: Marcos Casiodoro,[136] le puso a su hijo ese nombre en gratitud a su amigo y colaborador Marcos Pérez, padrino de bautismo del niño,[137] quien tras el paso de los años estudiaría teología en la Universidad de Wittenberg y seguiría los pasos de su padre como pastor de la comunidad luterana de habla francesa en Fráncfort de 1596 a 1625, la misma congregación que pastoreara Casiodoro de Reina.

En Basilea, cuando inició los trámites de la impresión de la Biblia, le ayudaron sus amigos Simón Sulzer y Huldric Coccius: "Y para cuidar de mis asuntos privados y caseros muy complicados, me hicisteis alumno de vuestra Universidad, para que sin gasto alguno pudiese disfrutar de pleno derecho, que me permitiese, mientras yo mismo estaba en la imprenta, procurarnos el alimento más fácilmente con la ayuda honesta de mi esposa",[138] ganándose la vida con la artesanía y el comercio de la seda.

1567. Publica en Heidelberg (ya que no se lo permitieron en Estrasburgo ni en Basilea) un libro en latín titulado *Sanctae Inquisitionis Hispanicae Artes aliquot detectae, ac palam traductae* (*Artes de la Santa Inquisición Española*), con el nombre (seudónimo) de Reginaldus Gonsalvius Montanus. Se editó en francés e inglés en 1568 y en holandés y alemán en 1569. En cambio, en España no se editaría hasta 1851.[139]

---

[135] En varias cartas dirigidas a Zwinger, sobrino de Oporino, cuyas fechas van desde septiembre de 1574 hasta abril de 1575, Casiodoro menciona la venta de libros de su tío, a efectos de saldar las deudas póstumas del impresor (cf. Edward Boehmer, *Bibliotheca wiffeniana. Spanish Reformers of two centuries from 1520* [Estrasburgo: Karl J. Trübner, 1883], 2:224–228).

[136] Rosales, *Casiodoro de Reina*, 27.

[137] Archivos de la ciudad de Fráncfort, Bürgerbuch VII, fol. 179s (citado por Kinder, *Casiodoro de Reina*, 90).

[138] Carta de Reina a Sulzer y Coct (Fráncfort 1573), Andrés Oyola Fabian, "Casiodoro de Reina, humanista extremeño en su correspondencia", en Andrés Oyola Fabián, *et al.*, *Cartas de Casiodoro de Reina traducidas del latín y un prefacio en alemán* (Sevilla: Cimpe, 2019), 22.

[139] Para más información sobre esta obra, cf. el capítulo de Ignacio García Pinilla en este libro.

1568. El 07 de enero, recibe autorización oficial de Basilea para imprimir la Biblia. En febrero, empieza la composición tipográfica en la imprenta.[140]

1568. En verano, cae gravemente enfermo teniendo que estar cinco semanas en cama, le atiende en su casa Marcos Pérez. "Estando yo gravemente enfermo, me había llevado a su casa a mí y a mi querida familia y se ocupó con la mayor humanidad tanto de los enfermos como de los que estaban bien de salud".[141]

Casiodoro de Reina, que ya había sido protegido suyo en Amberes, y ahora, en Basilea, le ofreció de nuevo albergue en su propia mansión (en el Engelhof) durante el año y medio que precedió a la impresión de la Biblia.[142]

Casiodoro agradece a Marcos Pérez su hospitalidad con estas palabras de la Dedicatoria a Mateo:

> La casa de mi querido Marcos Pérez, el cual, del mismo modo que siempre fue egregiamente benemérito conmigo, así también entonces con caridad y piedad insigne y no suficientemente alabada por mí ni por ningún otro cualquiera que alguna vez haya experimentado, me había trasladado a su casa a mí, que estaba peligrosamente postrado, y a mi familia, y cuidaba humanísimamente tanto a los enfermos como a los que estaban bien de salud.[143]

Es a la protección del banquero Marcos Pérez, además de la ayuda de un fondo creado en Fráncfort y administrado por el comerciante de telas Augustín Legrand, que Casiodoro de Reina debió la impresión de la nueva Biblia, llamada del Oso, ya que no solo ayudó a recuperar, en su momento, los 400 escudos entregados a Oporino, sino que, Pérez financió la impresión afrontando los costes, prestándole a fondo perdido 300 florines (cantidad equivalente al sueldo de tres años de un profesor de universidad),[144] que sirvieron para cerrar un nuevo contrato con el impresor Thomas Guarin, quien imprimió finalmente en 1569, los 2600 ejemplares de la

---

[140] Rosales, *Casiodoro de Reina*, 28.

[141] Oyola Fabián, "Casiodoro de Reina", 23–24.

[142] Carlo Gilly, "El influjo de Sebastián Castellion sobre los heterodoxos españoles del siglo XVI" en Michel Boeglin, *et al.* (dir.), *Reforma y disidencia religiosa. La recepción de las doctrinas reformadas en la península ibérica en el siglo XVI* (Madrid: Casa de Velázquez, 2018), 326.

[143] *Comentario al Evangelio de Juan*, trad. Francisco Ruiz de Pablos (Alcalá de Guadaira: Editorial MAD, 2009), 370.

[144] Rosales, *Casiodoro de Reina*, 126.

Biblia.[145] También el pastor Conrad Hubert de Estrasburgo realizó un préstamo oportuno.

11. Fráncfort

A mediados del verano de 1570 vuelve con su familia a Fráncfort (recorriendo 320 km), ciudad que tantas veces le había acogido y protegido y solicita la ciudadanía al concejo municipal, que en agosto de 1571 le fue concedida. En su carta a Theodore Zwinger del 13 de julio de 1570, Reina dice que Marcos Pérez conociendo su necesidad le dio dinero para pagar los gastos de viaje y sus deudas más urgentes[146] ya que, durante su tiempo en Fráncfort se endeudó bastante. Ahora tenía que ensar en su familia, tenía que ganarse la vida para sustentar a su familia, dedicándose al comercio de seda y libros y traduce libros al español y los prepara para la impresión y el envío a España.

En Fráncfort entre 1571 y 1577 la familia de Casiodoro de Reina aumenta. Agustín Casiodoro nace en 1571, recibe este nombre en honor de su padrino Augustín Legrand,[147] llegó a ser profesor de idiomas en la casa real de Suecia y traductor de varias lenguas.[148] Margarita nace en 1573, se hizo cargo del negocio de sedas cuando falleció su padre.[149] Servas nace el 12 de octubre de 1575, recibe el nombre de su padrino, un comerciante Walón llamado Servas Marell.[150] Juan Casiodoro nace el 15 de diciembre de 1577. Recibe el nombre de su padrino "Johan Bode, otro mercader valón de Fráncfort".[151] Llegó a ser un maestro en figuras artísticas de plata.[152]

---

[145] Juan Antonio Vilar Sánchez, "Michel De Montaigne y su familia secreta. Entre tolerancia e inflexibilidad. Diáspora y dispersión religiosa en los López de Villanova" (Centro de Estudios Históricos de Granada y su Reino, Junta de Andalucía, 2019), 51.

[146] Carta de Reina a Theodore Zwinger 13 de julio de 1570 (cf. Oyola Fabián, "Casiodoro de Reina", 25–26).

[147] Bada Prendes, *La Biblia del Oso,* 103.

[148] Rosales, *Casiodoro de Reina,* 162.

[149] Bada Prendes, *La Biblia del Oso,* 103, n. 95.

[150] Bada Prendes, *La Biblia del Oso,* 104.

[151] Kinder, *Casiodoro de Reina,* 110.

[152] Rosales, *Casiodoro de Reina,*162.

La familia vivió temporalmente en la casa Braunfels en Liebfrauenberg, propiedad de Augustin Legrand hasta 1578,[153] que disponía de amplios espacios para poder almacenar las mercancías, con las que pudo mercadear y sustentar a su familia.

a. *Trabajos varios*

Parece ser que entre 1570 y 1578 residió en Fráncfort, donde además de las actividades empresariales ya mencionadas (tejedor-comerciante de seda, librero, etc.), también dio clases de castellano a importantes familias judías, posiblemente de origen sefardí.[154] Reina se unió a la iglesia

---

[153] Hock, "Reina".

[154] Carlos Gilly da la noticia de la adquisición por parte de Casiodoro de la biblioteca del impresor Oporino de Basilea (por la que pagó ochenta florines, carta a Zwinger de 7 de abril de 1577). Cf. "Erasmo, la reforma radical y los heterodoxos radicales españoles", en Tomàs Martínez Romero (ed.), *Les lletres hispàniques als segles XVI, XVII i XVIII* (Castelló de la Plana: Publicacions de la

calvinista francesa siendo admitido a la comunión. El 12 de julio de 1571 fue admitido a la iglesia reformada de habla francesa.[155]

En 1573 publica en Fráncfort, en la imprenta de Bassée, dos comentarios, uno sobre el evangelio de Juan y otro sobre la primera parte del capítulo cuarto de Mateo, en un solo volumen y en latín.

En la Epístola dedicatoria del Evangelio de Juan, expone la aceptación de su situación realizando trabajos seculares: "No me produce mucho pudor ni vergüenza el hecho de que, sobre todo, habiendo llegado hace ya algún tiempo a la vejez y con una salud no muy fuerte, me vea ahora finalmente obligado a tener que andar buscando con el trabajo manual y con el propio ingenio para mí y para mi familia".[156]

b. *Librero*

Casiodoro tuvo que crearse en Fráncfort un multiempleo para sobrevivir con su, entre tanto, numerosa familia, dedicándose principalmente al comercio de libros: su mejor negocio fue la compra de la biblioteca privada de Oporino, que le convirtió en proveedor de las bibliotecas de Kassel y Heidelberg. Publicó también en la imprenta de Bassée obras como la *Bibliotheca Sancta* de Sisto da Siena, cuyo apéndice financió él personalmente («*impensis Genii Bibliothecae Oporinianae*»). Se ofreció como editor de la impresión del Talmud en varios tomos proyectada en Basilea.[157]

Las cartas que escribe a diferentes personajes reflejan sus proyectos, así como otros, que eran vitales para su sustento material, a pesar de las grandes dificultades y escasez de medios que se le presentaron. Su vida no era una panacea. Como cualquier exiliado, refugiado, sin papeles de hoy tuvo que preocuparse por legalizar su situación y buscar un medio de vida, con la ayuda de sus amigos:

> Con Enrique de Pedro no crucé ni una palabra sobre el asunto del Talmud, pues pienso actuar con base más cierta, a saber, intentar primero lograr la ciudadanía con su ayuda y la de buenos amigos y que también me ayuden

---

Universitat Jaume I, 2005), 339, n. 290 (citado en Manuel Peña Díaz, *Las Españas que (no) pudieron ser: Herejías, exilios y otras conciencias (S. XVI-XX)* (Servicio de Publicaciones de la Universidad de Huelva, 2016), 55.

[155] Rosales, *Casiodoro de Reina*, 135.

[156] Casiodoro de Reina, *Comentario de Juan*, 63.

[157] Carlos Gilly, "Reyna, Casiodoro de (Reina, Reyne, Reinius, Reginius)", en Adriano Prosperi (ed.), *Dizionario storico dell' Inquisizione* (Pisa: Scuola Normale Superiore, 2010), 3:1314–1317.

a dedicarme a imprimir con una o dos imprentas para combatir el hambre. Si lo consigo, lo demás será fácil de alcanzar cuando quiera. He trasladado este plan a Episcopio (sin decirle palabra del Talmud), pidiéndole quiera ayudarme en esto, o si procede, que me admita en su empresa con el doctor Grineo […]. Por eso te escribo pidiéndote que después de tratar el asunto con el doctor Grineo (ni una palabra sobre el Talmud), deliberéis conjuntamente sobre cómo hacerme ciudadano de Basilea, pues estoy totalmente decidido, si así os parece y se me da poder para fundar una imprenta, trasladarme a Basilea para la próxima Feria.[158]

Las ferias comerciales de Fráncfort en la primavera y el otoño eran considerablemente grandes para aquellos tiempos, "era un centro librero al que acudían autores, impresores, editores y libreros desde Amberes, Basilea, París, Venecia, Ámsterdam, Cracovia, Londres y otras ciudades de la propia Alemania".[159] En sus cartas explica todo esto y permite que nos asomemos al Fráncfort de sus famosas ferias del libro en la segunda mitad del siglo XVI. En ellas también se revelan las dificultades en su actividad como bibliófilo.

Así lo expresa en carta a su amigo Zwinger:

La Feria no me fue como había deseado. Apenas vendí libros de la biblioteca por valor de 60 florines. En parte porque a la Feria acudieron menos clientes de los acostumbrados […]. Por eso decidí pedir a los acreedores que, dejando ambos remates para la Feria siguiente, tengan consideración conmigo y con mi representante y para esta demora del primer remate reciban de mí el interés de su dinero que establezcan. Por eso les envío un documento suplicatorio que recibirás de Balbano.[160]

Y en otra carta admite:

El asunto de la Biblioteca no salió como deseaba e incluso muy lejos de mis deseos. Hay que buscar soluciones y no hay mucho margen para tomarlas. Por eso te ruego que intercedas por mí ante el señor Grinneo y Episcopio con la eficacia que sueles hacerlo para que no se añada esta nueva pérdida de al menos cincuenta florines a quien está casi arruinado por pérdidas.[161]

---

[158] Carta de Reina a Zwinger del 24 de septiembre de 1574 (cf. Oyola Fabián, "Casiodoro de Reina", 29–30).

[159] Moreno, *Casiodoro de Reina*, 197.

[160] Carta de Reina a Zwinger del 24 de septiembre de 1574 (cf. Oyola Fabián, "Casiodoro de Reina", 29).

[161] Carta de Reina a Zwinger del 06 de abril de 1575 (cf. Oyola Fabián, "Casiodoro de Reina", 33).

Casiodoro mantiene correspondencia con el Landgrave Guillermo IV de Hesse-Kassel, como suministrador de libros para su biblioteca. Guillermo, que pasará a la historia como "der Weisse" ("el sabio"), parecía estar especialmente interesado en libros de medicina y astronomía.[162] La carta del 15 de septiembre de 1577 contiene los asuntos propios de la selección y compra de los ejemplares requeridos por el noble:

> Pero había yo destinado algunos (y como yo ciertamente considero) egregios y raros especialmente en materia de cirugía, monumentos ciertamente dignos de ser conservados en la biblioteca de vuestra Excelencia, para uso no solo de los presentes, sino sobre todo de la posteridad. Esos eran Anathomiae Wesalii magna, también los Epithome del mismo, Anathomiae impreso en alemán en membranas óptimas con todas sus figuras, también las Anathomiae figurae omnes del mismo con las expresiones de gran lienzo y cuidadosísimamente iluminadas, con sus números con los que responden a aquel gran libro, también Opus chirurgicum cum figuris, impreso en Italia, libro grande y raro. Había decidido yo añadir a estos Galeni opera, de la impresión veneciana: porque no solo son médicos, sino en buena parte meramente filosóficos. Vuestra Excelencia ordenará avisarme de su voluntad.[163]

En otra carta del 07 de octubre de 1577, escribe:

> Entretanto, mientras yo permanezca aquí, seguiré enriqueciendo con los mejores y más exquisitos libros la biblioteca de vuestra Excelencia para que seamos testimonio tanto ante los hombres presentes como ante los futuros, ante el Príncipe Guillermo, como muy fuerte y muy literato […] pero también armado con los mejores libros, desde los que puedan dirigirse a casi todas las facultades.[164]

Se involucró activamente en el comercio de libros. Contamos con datos archivísticos que recuerdan las batallas legales que Reina tuvo que llevar a cabo, al parecer sin demasiado éxito, en contra de un abogado local, Helias von Offenbacs. En agosto de 1577, Casiodoro alquiló un almacén en Hausder Grollen Mainzer Gasse, para guardar los libros que debería vender en la feria de Fráncfort. "Offenbacs había cerrado con llave el almacén y no quería entregar los libros. Reina lógicamente los quería para poderlos vender. La situación duró hasta el 13 de mayo de 1579 sin que al parecer

---

[162] Cf. A. Gordon Kinder, "The Protestant pastor as intelligencer: Casidoro de Reina's letters to Wilhelm IV. Landgrave of Hesse-Cassel (1577–1582)", *Bibliothequed'Humanisme et Renaissance* 58 (1966): 105–118.

[163] Trad. Francisco Ruiz de Pablos.

[164] Trad. Francisco Ruiz de Pablos.

cambiaran las cosas".[165] También tradujo obras al español para su socio el impresor Nicolaus Bassée.

Casiodoro siguió experimentando infortunios. "Que Casiodoro vivía en una indigencia relativa por aquel tiempo se deduce de un registro en un libro de gastos del periodo: el 10 de marzo de 1578 Robert Nowell, hermano de Alexander Nowell, deán de San Pablo, le pagó 10 chelines. El libro registra también sumas recibidas por aquellas fechas de Corro".[166]

"Como vendedor, Reina cultivó relaciones comerciales no solo con los habitantes de Fráncfort, sino también con gentes de otros lugares, como Estrasburgo y Basilea".[167]

c. *Consejero*

El hallazgo de una serie de cartas de Casiodoro de Reina en el Hessisches Hauptstaatsarchiv de Marburgo parece confirmar una cierta actividad de Casiodoro en el servicio de inteligencia de la política del momento.[168] Ejerció de consejero de importantes personalidades y tuvo contactos con grandes pensadores de su época y a la corte del Landgrave de Hesse-Kassel Guillermo IV, a cuyo servicio parece que estuvo Casiodoro formando parte, como ya mostrara Kinder, de una red de informantes y participando políticamente, aunque fuera marginalmente, en la causa protestante.[169]

Indudablemente, Casiodoro gozó de un notable crédito personal en aquella corte. Casiodoro pudo entrar al servicio del Landgrave como agente para la corte de Kassel y después también como informador en asuntos políticos desde los Países Bajos, traduciendo textos del español al francés y colaborando estrechamente con políticos famosos como Hubert Languet y Robert Beale con quienes compartía los mismos ideales político-religiosos respecto al futuro del protestantismo.[170]

Estas cartas, están salpicadas con informaciones sobre pequeños acontecimientos del momento.

---

[165] Kinder, *Casiodoro de Reina*, 109–110.

[166] Kinder, *Casiodoro de Reina,*113.

[167] Rosales, *Casiodoro de Reina*, 161.

[168] Kinder, A.G., "The Protestant pastor", 105–118.

[169] José Antonio Ollero Pina, reseña de Doris Moreno, *Casiodoro de Reina. Libertad y tolerancia en la Europa del siglo XVI, Studia Aurea* 12 (2018): 452.

[170] Gilly, *Dizionario*, 1314–1317.

En una carta a su amigo Zwinger de octubre de 1574 le daba noticia de unas alteraciones en Catalunya: la tiranía de la Inquisición estaba alterando la paz de los reinos. Se refería a un notable conflicto político que tuvo repercusiones internacionales ocurrido entre 1568-1571 entre la Inquisición y las autoridades catalanas. La carta la llevaba en mano el amigo Languet (Boehmer, 2007, I: 227). Afirma Kinder que eran materias que debían tener poca importancia para el Landgrave, pero no hay que despreciar el valor de estas informaciones en el complejo tablero internacional del momento.[171]

Por cartas del 15 de septiembre y del 7 de octubre de 1577, sabemos que Casiodoro informó a Guillermo IV de los movimientos de don Juan de Austria; y de los planes del rey de Francia con los Guisa y los hugonotes.[172] Por carta del 07 de noviembre de 1577, informa de la elección del príncipe de Orange como gobernador de los Países Bajos y su recepción en varias ciudades y provincias; y también de la detención de barcos belgas en España.[173]

d. *Traductor*

Por la carta del 29 de marzo de 1578 dirigida a Guillermo IV, descubrimos sus trabajos como traductor para el príncipe:

> Doy mis más efusivas gracias a vuestra Excelsitud por el liberal y generoso honorario con que me ha remunerado a cuenta del trabajo de traducción de las cuentas españolas la cual me mantuvo, por otra parte, muy ocupado ciertamente, de manera no mediana, a causa de la barbarie (pues el autor era un cántabro, como parece, del dialecto más bárbaro y pésimo de toda España). Por lo demás pienso que yo expuse de buena fe el pensamiento de él; sin omitir nada, que yo sepa, conforme a la prescripción de vuestra Excelsitud. Y para seguridad de este asunto, se comparó en un último trabajo un ejemplar latino con uno español, superdiligentísimamente y, tras haberse encontrado algunos defectos, fue corregido.[174]

En 1577, sacó a la luz una traducción al español de su *Confession de Fe christiana*, que había redactado en Londres en 1560/1, añadiéndole la "Epístola del autor al lector" y un apéndice.[175]

---

[171] Moreno, *Casiodoro de Reina*, 199; Carta de Reina a Teodoro Zwinger del 27 octubre de 1574 (cf. Oyola Fabián, "Casiodoro de Reina", 32).

[172] Carta de Reina a Guillermo IV (2 y 3), trad. Francisco Ruiz de Pablos.

[173] Carta de Reina a Guillermo IV (2 y 3), trad. Francisco Ruiz de Pablos.

[174] Carta de Reina a Guillermo IV (5), trad. Francisco Ruiz de Pablos.

[175] Rosales, *Casiodoro de Reina*, 137–138.

e. *Mediador inmobiliario*

Parece ser que también hizo "sus pinitos" como mediador o agente inmobiliario. "El 22 de septiembre de 1578, Casiodoro actuó como representante de Agustín Legrand en la venta de una casa, la casa Braunfels, en Liebfraunberg, esquina con Neue Kräme. Fue vendida al aristócrata Nikolaus Greiff por tres mil florines".[176]

12. Londres

Dejando todas sus actividades económicas y comerciales suspendidas y previo a aceptar el pastorado en Amberes, viaja a Inglaterra, en 1578 (recorriendo 775 kilómetros), para comparecer y defenderse ante el tribunal eclesiástico en Londres, sobre la acusación que pendía sobre él desde 1563, por lo que tuvo que firmar la Confesión Helvética. En marzo de 1579 es oficialmente exonerado de las acusaciones de herejía y sodomía.

13. Amberes

De Londres a Amberes recorre 375 kilómetros. Su nombramiento como predicador luterano fue confirmado por el Ayuntamiento de Amberes el 6 de agosto de 1579.[177] En diciembre de 1579, lo encontramos al frente por cinco años como ministro de una congregación luterana de lengua francesa, hasta c. 1585.

a. *Librero*

Compagina el ministerio pastoral con la venta de libros. Así, en carta a Matías Ritter del 12 de abril de 1580, vemos cómo utiliza sus redes de relaciones, una de sus maneras de vender libros, en este caso a través de los amigos:

> Te encomiendo a ti aquella famosa gran Biblia de Plantino, que he ordenado se me guarde en casa de Bodio, para que veas si por mediación de nuestro carísimo hermano Paciente puede venderse al por menor al Príncipe Palatino. Pues ni tengo imperiosa necesidad de ella ni, si me apremiara la necesidad, la utilizaría con tan suntuosa encuadernación. Si logras algo, me harás una gestión muy grata. El precio será entre 80 y 75 florines de los vuestros.[178]

---

[176] Kinder, *Casiodoro de Reina*, 110.

[177] Hock, "Reina".

[178] Carta de Casiodoro a Ritter (IX), trad. Francisco Ruiz de Pablos.

b. *Traductor*

En mayo de 1580, traduce y participa en la redacción de un catecismo multilingüe para uso de las iglesias de la Confesión de Augsburgo en los Países Bajos (*Catecismo de Amberes*).

c. *Consejero*

En junio de 1579, tenemos a Casiodoro participando como consejero en una conferencia de paz sobre los Países Bajos convocada por el Emperador en Colonia, un acto político de alto nivel.[179] Por carta del 5 de diciembre de 1581 informa, entre otros, de los rumores de matrimonio entre el duque d'Alençon y la reina Isabel de Inglaterra.[180]

14. Fráncfort

1585. Debido a que las tropas españolas toman la ciudad de Amberes, se vuelve a Fráncfort (recorriendo 400 km) con un grupo de miembros de su congregación. El pastor Ritter y otros luteranos probablemente les ayudaron a establecerse en Fráncfort. Es pastor de los refugiados luteranos sin reconocimiento oficial. Reina se dedicó a otras actividades, además de la pastoral.

a. *Comercio de sedas*

En Fráncfort continúa Casiodoro con su negocio de telas, actividad que ahora parece prosperar bastante a tenor de las tasas pagadas en concepto de impuestos. Reina pagó un impuesto sobre bienes por importe de 1 500 florines, y de nuevo, supuestamente después, una cantidad de 3 500 florines. Suponemos, por lo tanto, que los negocios en los que participó tuvieron éxito económico".[181] Continuó con este comercio hasta que su hija Margarita se hizo cargo del negocio de sedas cuando Casiodoro falleció.

b. *Librero*

En Fráncfort, además del ministerio pastoral, continuó actuando como librero, vendiendo libros. Hay evidencia de que durante cierto tiempo Reina tuvo éxito en sus negocios. Existe constancia de su estado financiero en los archivos de la ciudad de Fráncfort, incluyendo algunas discrepancias en tratos de negocios con algunas personas.

---

[179] Moreno, *Casiodoro de Reina*, 223.
[180] Carta de Reina a Guillermo IV (7), trad. Francisco Ruiz de Pablos.
[181] Kinder, *Casiodoro de Reina*, 133.

Tenemos un vacío documental sobre la actividad de Casiodoro hasta el 05 de abril de 1592, cuando hallamos una nota legal de litigio contra Jacob Rasür de Leipzig, respecto a un barril lleno de mercancías (probablemente libros) depositados en la Nicolauskirche y por valor de 131 florines. El pleito se alargó hasta junio de 1593.[182]

> Existen dos grupos más de documentos legales en los archivos de Fráncfort que indican que Reina no abandonó completamente sus actividades mercantiles al acceder al sacro ministerio. Uno es el acta de acreedores de Jacob Cehnets, que la viuda de Casiodoro firmó el 31 de marzo de 1594, y en el cual "Cassiodorus Reinius†" (es decir, fallecido) aparece en una lista debiéndosele 49 florines, 3 libras y 18 batzen. El otro es una lista de acreedores de Dieterics von Beferfort y su esposa de Colonia, en la cual Michel Bode, asume las cantidades adeudas a Casiodoro por valor de 603 florines y 15 batzen. Supuestamente, Bode pagó a Anna Reina esa cantidad…[183]

c. *Consejero*

Siguió ejerciendo de consejero de importantes personalidades y mantuvo contactos con grandes pensadores de su época. Indudablemente, Casiodoro gozó de un notable crédito personal. Esta nube de relaciones sugiere que Casiodoro formaba parte de una red protestante de informadores que se movían al más alto nivel. Consideraba Languet un desperdicio para la iglesia que Casiodoro se viera obligado a ganarse la vida por sus medios.[184]

El 15 de marzo de 1594 después de muchas fatigas y privaciones fallecía Casiodoro de Reina en Fráncfort, un hombre que nunca había dejado de ser fiel a Dios y a su conciencia.[185]

Conclusión

A Casiodoro de Reina hay que verlo como uno de los españoles del siglo XVI que se vieron abocados al destierro por motivos religiosos en búsqueda de una libertad que en su patria se les negaba. Tal como ocurrieron las cosas, la huida, el abandono de la patria, abarcó una censura radical.

---

[182] Kinder, *Casiodoro de Reina*, 135. Cf. *Acta Herr Cassiodori Reinig Clagers contra Jacob Rasürzue Leipzig Beclagten, 1592* (Frakfurter Stadtararchiv, Sammelband Kirhendokumente B Französisch-reformierte Gemeinde, judicialia R 283), 109.

[183] Kinder, *Casiodoro de Reina*, 137.

[184] Kinder, *Casiodoro de Reina*, 200-201.

[185] Lopez Lozano, C., "Introducción", en Reina. C. de, *Exposición de la primera parte del capítulo cuarto de San Mateo sobre las tentaciones de Cristo*, Iglesia Española Episcopal Reformada, Madrid, 1988, p. 7.

Desde el momento en que salió del monasterio en 1557, su vida co-
nocerá muchos sinsabores: sufrirá la pobreza, la enfermedad y la incer-
tidumbre, y a lo largo de su vida recorrerá unos 10 000 kilómetros entre
huidas, trasladaciones y desplazamientos. Su existencia será la de un exiliado y perseguido durante toda su vida por la Inquisición, sufriendo, además, la incomprensión de una generación radicalizada que no veía con
buenos ojos su espíritu tolerante abierto a la unidad y su independencia
de etiquetas denominacionales.

Los medios de los que se valió para sobrevivir y sostener su matrimonio y sus hijos —la enseñanza, el comercio de sedas y de libros, su
trabajo como editor, y hasta su oficio de informante-consejero político— conforman también un aspecto no desdeñable de su vida, que no le
impidieron continuar traduciendo la Biblia y ampliando sus contactos religiosos y políticos y llevar a cabo su gran sueño: el de poner en manos de
sus compatriotas la Biblia en su propio idioma.

CAPÍTULO 4

Algunas obras en busca de autor en el ámbito de Casiodoro de Reina

Dr. Ignacio J. García Pinilla, Universidad de Castilla-La Mancha

Durante sus años en Alemania (a partir de 1565), Casiodoro de Reina llevó a la imprenta varias obras.[186] Las publicaciones aparecidas con su nombre son sus comentarios bíblicos de 1573: el comentario del Evangelio de san Juan y del capítulo cuarto de san Mateo. Su nombre apareció también en *Confessio in articulo de Coena* (Amberes, 1579), realmente suyo, pero publicado por sus adversarios. En la *Biblia*, su identidad se vela tan solo ligeramente bajo las iniciales C. R. Por último, dos obras no llevan su nombre, pero la autoría por parte de Reina está fuera de duda en ambos casos: la *Declaración o confesión de fe* (Fráncfort, 1577) y el catecismo de Amberes de 1580 (publicado por separado en francés, holandés y latín;* reeditado en 1583, al menos el holandés y el latín).

El objeto del presente estudio es pasar revista a otras obras cuya atribución a Reina ha sido defendida o cuestionada por diversos estudiosos, ya sea como autor, ya sea como editor. Me refiero, en concreto a: 1. las *Artes de la Inquisición española*; 2. la *Suplicación a la reina de Francia*; 3. la *Bibliotheca Sancta* de Sisto da Siena y *Rerum Hispanicarum scriptores*; 4. la segunda edición del *Diálogo sobre la carta a los romanos* de su amigo Antonio del Corro y; 5. el intento de editar el Talmud.

---

[186] La enumeración que sigue puede comprobarse con A. Gordon Kinder, "Casiodoro de Reina", en A. Séguenny (ed.), *Bibliotheca dissidentium IV* (Baden-Baden: Valentin Koerner, 1984), 99–153.

* Nota del editor: el privilegio que se encuentra en la última página de la edición holandesa de 1580 (Giiv) dice que el catecismo también podía ser publicado en alemán ("Hoochduyts").

1. *Inquisitionis Hispanicae artes aliquot*

En 1567 se publicó en Heidelberg el primer ataque fundamentado contra la Inquisición Española.[187] Constituido por varias partes, contenía una serie de avisos para guardarse de las artimañas del proceso inquisitorial, una serie de ejemplos de actuaciones inquisitoriales y una galería de mártires sevillanos de la represión de los años 1557-1564. Su éxito fue tal que en solo tres años aparecieron ocho traducciones diferentes a francés, holandés, alemán, inglés y húngaro.

En la introducción de la reciente edición de las *Artes*[188] se contiene una síntesis de las atribuciones que se han propuesto para la autoría. Se trata de una obra compleja y cuidadosamente ensamblada, si bien los testimonios internos sugieren que la elaboración definitiva tuvo lugar entre 1564 y 1566.

Precisamente dos huidos de Sevilla, Casiodoro de Reina y Antonio del Corro, se reunieron en la segunda mitad de 1564 en Bergerac, donde el segundo desempeñaba por entonces funciones pastorales. A finales de ese año, Reina y Corro se incorporaron a la corte de Renée de Francia y se trasladaron a Montargis;[189] por el camino, a comienzos 1565, se unió a ellos otro exiliado, Juan Pérez de Pineda.[190] Este triunvirato, no obstante, no convivió durante mucho tiempo, pues Reina abandonó la compañía de los otros dos hispanos para ir a reunirse con su esposa, en Fráncfort. En cambio, Pérez permaneció junto a Corro en Montargis hasta comienzos de 1566. Acudiendo a los testimonios internos, como se ha dicho, las *Artes* debieron de componerse en su totalidad o en su mayor parte en ese tiempo de convivencia de estos exiliados españoles, a caballo entre 1564 y 1566.[191] La suma de todas las circunstancias parece proponer que el libro

---

[187] Existe una edición reciente: Reginaldus Gonsalvius Montanus, *Inquisitionis Hispanicae Artes: The Arts of the Spanish Inquisition*, ed. Marcos Herráiz Pareja, Ignacio García Pinilla y Jonathan Nelson (Leiden: Brill, 2018).

[188] Gonsalvius Montanus, *Inquisitionis*, 13–31.

[189] Se describe este período en A. Gordon Kinder, "Juan Pérez de Pineda (Pierius): un ministro calvinista español del Evangelio en el siglo XVI en Ginebra", *Diálogo ecuménico* 21 (1986): 31–64, esp. 53–55.

[190] Sobre este último véase, además del artículo citado en la nota previa, Michel Boeglin, "Pérez de Pineda, Juan", en *Dizionario Storico dell'Inquisizione*, ed. Adriano Prosperi (Pisa: Edizione della Normale, 2010), 3:1192–1193, con la bibliografía allí señalada.

[191] Así lo propuso ya Carlos Gilly, *Spanien und der Basler Buchdruck bis 1600. Ein Querschnitt durch die spanische Geistesgeschichte aus der Sicht einer europäischen Buchdruckerstadt* (Basilea-Frankfurt am Main: Helbing & Lichtenhahn, 1985), 373.

se compuso, en sus diferentes secciones (*Artes, Exempla, Elogia*) como fruto de la colaboración entre Casiodoro de Reina, Antonio del Corro y Juan Pérez de Pineda.[192]

El libro de las *Artes* se imprimió en Heidelberg en el verano de 1567,[193] cuando Pérez ya había muerto. El primer testimonio de su circulación es el *postscriptum* de una carta de Casiodoro de Reina a Diego Pérez en Paris (27 de sept. de 1567), en que se lo comunicaba: "Los misterios de la Inquisición están impresos en latín, creo que por allá los verán".[194] El tono escueto de la noticia exige que el destinatario supiera previamente a qué se refería; debía de tratarse, por tanto, de un proyecto editorial conocido entre los protestantes españoles exiliados del área de París.

No es extraño que fuera Casiodoro de Reina el primero en dar noticia de la impresión del libro, pues consta que entre enero y febrero de 1567 había solicitado permiso en Estrasburgo para publicar un libro sobre la Inquisición[195]. Como este le fue denegado, buscó otras ciudades cercanas donde imprimirlo, como Basilea: ese es el motivo de que en junio el impresor Oporino se interesara por el progreso de la impresión del libro sobre la Inquisición, a la vez que hacía sugerencias para su mejora. Finalmente, el libro se publicó en Heidelberg, donde Casiodoro había vivido y tenía contactos. Todo lo dicho deja plenamente establecido que Casiodoro de Reina fue el promotor de la impresión del libro y que esta estuvo sujeta a varios cambios de planes. Sin duda, todos los ejemplares que conservamos de la primera edición proceden de las prensas de Michael Schirat, con sus tres portadas y sus múltiples estados. No es descartable que también Antonio del Corro llevara a cabo gestiones fallidas para intentar publicar el libro en Amberes, pero esta hipótesis se basa en datos inciertos.

---

[192] Un resumen de otras opiniones en Francisco Ruiz de Pablos, "Errores antiguos y actuales sobre González Montes, debelador de la Inquisición española", *Hispania Sacra* 55 (2003): 237–251.

[193] El proceso editorial se describe con detalle en Gilly, *Spanien*, 374–378.

[194] Biblioteca Nacional Francesa, ms. 8582, f. 103, publicada en Eduard Boehmer, "Ein Brief von Cassiodoro de Reyna", *Romanische Forschungen* 4 (1880): 483–486. La carta está endosada solo a Diego López, aunque Kinder ("Casiodoro", 147) añade como destinatario de Balthasar Gomes (en realidad, Bartolomé Gómez), seguramente el fraile de San Isidro Bartolomé de Gómez Hernández relajado en estatua en fecha indeterminada, cf. Tomás López Muñoz, *La reforma en la Sevilla del siglo XVI*, 2 vol. (Sevilla: Cimpe, 2011), 2:452–453.

[195] Archives de la Ville de Strasbourg, Registres du Conseil des XXI, núm. 45 (1567) fol. 37v y 60v, cf. Gonsalvius Montanus, *Inquisitionis*, 9–11.

Mi propuesta en la introducción de la edición de Brill es que lo que conocemos es resultado del trabajo colaborativo de Reina, Corro y Pérez.[196] Creo haber aportado suficientes indicios que en las *Artes* hay varias manos, aunque sometidas a un esfuerzo final de unificación de estilo. Se observa una tendencia a concentrar más rasgos coincidentes con el estilo de Reina en la sección de *Artes* (§§1-172), mientras que se acumulan rasgos coincidentes con el de Corro en los *Elogia* (§§198-297). Evidentemente, esto constituye solo un indicio, sin que permita atribuir directamente cada parte a un autor. Se impone la hipótesis de que hubo varias plumas en la redacción de la obra, pero también parece que se llevó a cabo una tarea de unificación en busca de una mayor coherencia. En cualquier caso, es patente que la voluntad de los autores no fue preservar la autoría individual, sino llevar a cabo en cooperación una obra única y enriquecida con las aportaciones de varias personas.

2. Suplicación e información que fue presentada a la reina de Francia

Las prensas de Thomas Guarin publicaron en Basilea, bajo el falso pie de imprenta de *Cosmopoli, por Christophoro Philaleto*, un libro en español titulado *Suplicación e información que fue presentada a la reina de Francia*.[197] Durante siglos ha sido un libro olvidado e incluso la investigación sobre él ha avanzado poco hasta fecha reciente. Es, sin embargo, un fruto destacado de la actividad de los sevillanos exiliados por Europa (y Reina entre ellos), como intentaré mostrar a continuación.

La *Suplicación* contiene la traducción castellana de *Remonstrance à la Royne mere du Roy Tres-Chrestien*, publicada en francés en 1561 por "A. M.". Estas iniciales correspondían a Augustin Marlorat, al que Reina pudo tratar en el Coloquio de Poissy. Sin embargo, la portada del libro la atribuye al "maestro Joan de Monte, doctor en sacra Theología", y no da noticia, en cambio, del nombre del traductor. Tampoco la fecha ofrecida en la portada y en el colofón (1567) puede considerarse fiable sin más.

---

[196] Gonsalvius Montanus, *Inquisitionis*, 21–27.

[197] El primero en llamar la atención sobre esta obra fue Eduard Boehmer, *Bibliotheca Wiffeniana: Spanish reformers of two centuries from 1520. Their lives and writings, according to the late Benjamin B. Wiffen's plan and with the use of his materials* (Estrasburgo: Karl J. Trübner, 1883), 2:141–142; quien ha aportado más ha sido Gilly, *Spanien*, 385–388. Los escasos ejemplares localizados hasta ahora están en Londres, Middle Temple Library; Praga, Národní muzeum; Viena, Österreichische Bibliothek; y París, Bibliothèque Mazarine.

Pocas dudas hay sobre la implicación de Reina en la impresión de este libro. Pero, aparte de este hecho, pocas certezas hay sobre todos los demás aspectos. La primera mención de su existencia se encuentra en una carta del conde de Monteagudo a Felipe segundo, fechada a 31 de diciembre de 1570:[198]

> …díjome su Majestad [el emperador Maximiliano II] que un español que está en Basilea ha hecho la traducción de la dicha Biblia bien y fielmente, sin anotaciones ni escolios; pero que al fin de ella está una epístola dirigida a la Reina madre, donde se niega el Santísimo Sacramento de la Eucaristía y el Purgatorio y la intercesión de los santos, y se dicen otras mil abominaciones.

El emperador explicaba a Monteagudo algo que para el primero ya antes era sabido, tanto en lo referente a la corrección de la Biblia como en cuanto al marcado carácter calvinista de la *Suplicación*. Resulta significativo que esta última se distribuyera unida a la Biblia del Oso. Comparten características materiales, pero son obras fundamentalmente diversas. Coinciden en surgir del trabajo de Reina y en usar la lengua castellana.[199]

La *Suplicación* no consiste solo en la traducción del tratado de Marlorat, sino que, además de no pocas glosas a esta obra, incorpora una introducción: "El intérprete al lector" (4 pp.) y, tras la traducción de la obra de Marlorat, una exhortación al lector: "El intérprete al lector, salud, gracia y paz, por Jesucristo" (26 pp.), a la que sigue, como cierre del libro, un "Sermón de la cruz" (27 pp.). De hecho, todos estos elementos aportan el 43% del volumen del libro. ¿Es Reina el autor de todas estas partes? ¿Lo es de la traducción de la *Remonstrance*? Comencemos por esta última cuestión: a quién debe atribuirse la traducción de la obra de Marlorat.

Como se ha dicho, resulta enigmática la referencia a un "Joan de Monte" en la portada, a la vista de que en ningún momento del prólogo se pretende encubrir su fuente. A mi modo de ver, más que de un intento de ocultamiento, podría tratarse de un juego de alusiones. El ya difunto Juan Pérez de Pineda era originario de una localidad cuyo nombre incluye el término "monte": Montilla. Además, firmaba habitualmente como "doctor", igual que en la portada de la *Suplicación*. Es, por tanto, un candidato

---

[198] Reproducido por Gilly, *Spanien*, 385, a partir de *Colección de documentos inéditos para la historia de España* (Madrid: José Perales y Martínez, 1894), 110:137–138.

[199] Sin embargo, los restantes ejemplares que nos han llegado de la Biblia del Oso no incluyen al final la *Suplicación*, de modo que la apreciación del emperador, quizá, solo era aplicable a algunos ejemplares, pensados para su circulación fuera del ámbito hispánico.

adecuado. Por otra parte, esta atribución sería compatible con mi hipótesis de que el tercer nombre del pseudónimo autor de las *Artes*, "Reginaldus Gonsalvius Montanus", se adoptó en referencia a Pérez de Pineda.[200] Ahora bien, puesto que patentemente la obra no fue "compuesta" por ese Juan de Monte al que se atribuye en la portada, ¿en qué consistió su aportación? A mi modo de ver, es posible que Pérez fuera el traductor y que estemos ante uno de los "algunos otros pequeños tratados" que, según Corro afirma, el de Montilla dejó pendientes de publicar a la hora de su muerte.[201]

Tornando ahora a la primera cuestión planteada, ¿se debe afirmar lo mismo de las demás partes del libro? ¿Son todas ellas obra de Pérez, de modo que el papel de Reina fue simplemente el de editor? Dentro de la escasez de datos sobre los que apoyarse, parece imponerse una respuesta negativa. Tanto la introducción como la exhortación final parecen más bien obra de Reina, si se examina su contenido. En efecto, algunas expresiones contra el nicodemismo que se leen en la "Epístola del autor al lector" que introduce a la *Declaración o confesión de fe* compuesta por Reina, recuerdan a otras de la "Exhortación":[202]

Declaración, Epístola	Exhortación, p. 114
...nadie os haga entender, que podéis sin ofensa de Dios comunicar exteriormente y con el cuerpo al falso culto, teniendo el <u>ánimo limpio</u>; porque esto es contradicción manifiesta y, por consiguiente, imposible. Porque claro está que donde el hombre, queriendo y sabiendo, envuelve <u>su cuerpo en inmundicia</u>, <u>el ánimo no puede estar ni quedar limpio</u>. De más de esto, parece que los que ansí lo hacen, son <u>más sabios que el Apostol</u>...	Si bastara tener el <u>corazón limpio</u> (como estos piensan y piensan que tienen), teniendo <u>defuera las manos</u> <u>y todo el cuerpo sucio</u> de todas las idolatrías que ellos condenan en los otros, ¿de qué sirviera tanta amonestación de Jesucristo y tantas veces repetida sobre el confesar delante de los hombres su Evangelio y de renunciar sobre ello la vida y todo cuanto hay en el mundo? [...] Locos, o a lo menos <u>poco prudentes, fueron</u> <u>tantos millares de mártires, y entre</u> <u>ellos los mismos apóstoles</u>...

Ambas obras exhortan al fiel protestante español a la constancia en la profesión de la fe, aunque ello acarree deshonra, cárcel, sufrimientos o

---

[200] Gonsalvius Montanus, *Inquisitionis*, 21.

[201] En una carta a Renée de Francia, de 20 de junio de 1566, publicada en D. Toussain, "Lettres de diverses a la duchesse de Ferrare 1564-1572", *Bulletin de la Société de l'Histoire du Protestantisme français* 30 (1881): 450–459 (cf. 456–457).

[202] Para la *Declaración* uso la edición de Andrés Messmer, "'Declaracion, o confession de fe' de Casiodoro de Reina. Edición crítica", *Alétheia* 52, n. 2 (2017): 11–73, pero actualizo las grafías.

incluso la muerte. Y, aunque el asunto es desarrollado con mucha más extensión en la "Exhortación", se aprecia el uso de los mismos motivos, como en el ejemplo seleccionado: ambos censuran la aspiración de algunos de mantener el espíritu incontaminado en un entorno católico, y lo hacen con expresiones de suciedad / limpieza y con el argumento *ad absurdum* de que se creen más sabios que los apóstoles.

Por otra parte, acudiendo a otros pasajes de la *Suplicación*, se aprecian similitudes entre esta y las *Artes*. Tanto en la exhortación "El intérprete al lector" como en el prefacio de las *Artes* se desarrolla un mismo argumento en términos idénticos: ambos tratan la cuestión de si merecen condena quienes toman las armas contra sus gobernantes para defenderse de la imposición de la Inquisición:[203]

Artes, XXVII	El intérprete al lector (iii[r])
XXVII. [...] mirum videri non debet si populi alioqui suis <u>magistratibus</u> hactenus pro officio obsequentissimi pro eiusmodi dira peste e suis finibus <u>arcenda</u>, quando aequioribus rationibus non possunt, <u>ad arma tandem concurrant</u>.	[esta doctrina] la condenan ya absolutamente por sediciosa y rebelde a los <u>magistrados</u>, después que han visto que algunos príncipes, señores y caballeros y pueblos han venido a <u>tomar las armas</u>, no para ofender a nadie, sino para <u>defender</u> sus vidas y sus mujeres e hijos, contra la rabia y furor de los que emprenden de asolar reinos enteros sobre esta demanda.

Todos los indicios coinciden en que el prefacio de las *Artes* fue compuesto en 1567 y contiene alusiones a la violenta toma de Amberes en primavera de ese mismo año.[204] Puesto que, como se ha mostrado, la introducción de la *Suplicación* contiene idénticas expresiones, esta debe atribuirse a Reina, el único de los tres españoles (Reina, Corro y Pérez) disponible en 1567 para poder redactar el prefacio de las *Artes*, pues Pérez ya había fallecido y Corro estaba huido en Inglaterra. Las *Artes* y la *Suplicación* pertenecen

---

[203] La traducción del texto del prefacio de las *Artes* puede ser esta: "...no debe sorprender que los pueblos, por lo demás muy obedientes hasta ahora a sus magistrados por su sentido del deber, corran por fin en masa a las armas para alejar de sus territorios tan funesta peste, al no poder hacerlo con procedimientos más moderados". Agradezco al Dr. Marcos Herráiz la posibilidad de consultar su traducción inédita, sobre el texto crítico latino recientemente editado.

[204] Gonsalvius Montanus, *Inquisitionis*, 15.

a un mismo contexto ideológico, si bien la disparidad de lenguas pone de manifiesto que estaban destinadas a públicos diversos.

La identidad del contexto en que surgen *Artes* y *Suplicación* se evidencia también en la fecha atribuida a la impresión: 1567. Ahora bien, en las *Artes* esa fecha coincide realmente con la publicación, pero quizá no sea así en el caso de la *Suplicación*. En ese año, Reina se movió bastante y residió en Basilea durante casi tres meses, entre octubre y diciembre, por lo que no es imposible que se encargara de la edición.[205] No obstante, hay varios elementos que sugieren que el pie de imprenta también es ficticio en cuanto a la fecha que propone. En primer lugar, como se ha dicho, la circulación del libro no se documenta hasta 1570 (en la carta citada de Monteagudo). Además, al comienzo de la introducción, el impresor Guarin usó una hermosa letra capital "L" de una serie que no se encuentra en sus impresiones hasta 1568 (y esa letra, en concreto, hasta 1569, en la *Biblia del Oso*).[206] Por otra parte, la *Suplicación* y la *Biblia del Oso* comparten formato, hasta el punto de haber sido encuadernados juntos, al menos en algún caso. Todo invita a pensar que la fecha de 1567, aunque simbólica, es tan ficticia como el resto de los datos de imprenta. De hecho, antedatar los escritos era una práctica habitual para intentar confundir a los perseguidores.[207] A la vista de estos indicios, sugiero 1569 como posible fecha real de impresión del libro, si bien esto no invalida ninguna hipótesis que proponga un momento anterior (o varios) para la elaboración de sus diferentes partes.

La "Exhortación" está elaborada sobre la carta de Calvino *De fugiendis impiorum illicitis sacris, et puritate Christianae religionis observanda*, publicada inicialmente en *Epistolae duae, de rebus hoc saeculo cognitu apprime necessariis* (Basilea: Balthasar Lasius y Thomas Platter, 1537). No es casualidad, entonces, que una cita bíblica que figura en la portada de ese libro obtenga amplio desarrollo en la "Exhortación": "¿Hasta cuándo cojearéis vosotros de ambos los lados? Si el señor es Dios, seguidle; si lo es Baal, seguidle" (1 Rey 18:21).[208] Ambas obras animan al lector piadoso en territorio católico a salir de él y, en caso de imposibilidad, a no fingir participar

---

[205] Boehmer, *Bibliotheca Wiffeniana*, 2:173–174.

[206] En concreto y respectivamente, *Suplicación*, f.)(ii^r y *Biblia del Oso*, 789.

[207] Otro ejemplo de antedatación que afecta a protestantes españoles es la *Breve y compendiosa institución de la religión cristiana*, en cuya portada figura 1540, aunque realmente fue publicada en febrero de 1542, cf. Francisco de Enzinas, *Breve y compendiosa institución de la religión cristiana (1542)*, ed. Jonathan Nelson (Cuenca: Universidad de Castilla-La Mancha, 2007), 20–22.

[208] Citado según la *Biblia del Oso*.

en el culto, con especial atención en cuanto a la misa, pero mencionando también la devoción a los santos, las imágenes sagradas, el agua bendita y los jubileos. La citada obra de Calvino y la "Exhortación" comparten también muchas citas bíblicas usadas en su argumentación, entre las que destacan las de 1 Corintios 10:14–21 y 2 Corintios 6:14–18, reproducidas por extenso en ambos casos y claves para el desarrollo de sus tesis. Sin duda, la "Exhortación" está mucho más cercana a esta obra de Calvino que a otros escritos del mismo tema, tanto los del propio Calvino como los de otros autores.[209]

Ahora bien, contra la atribución de la autoría de esas secciones de la *Suplicación* a Reina existe una objeción ya anteriormente planteada por otros investigadores: la "Exhortación" recoge entre sus páginas 100 y 110 una amplia colección de textos bíblicos en apoyo de la argumentación principal. Se trata de un total de 78 pasajes tomados de 18 libros del Nuevo Testamento. Surge fácilmente la pregunta: siendo Reina autor de una traducción de la Biblia, ¿no sería esperable que usara la suya y no otra? Es decir, ¿no es esta disparidad argumento suficiente para descartar la autoría de Reina? La respuesta es negativa, porque sabemos que Reina en la primavera de 1569 todavía tenía pendiente la traducción de algunas cartas paulinas y del *Apocalipsis*,[210] de modo que difícilmente podía citarse a sí mismo, especialmente si pensamos que la "Exhortación" posiblemente estaba ya escrita dos años antes.

Ahora bien, Jonathan Nelson ha estudiado con detalle esos pasajes bíblicos de la *Suplicación* y ha descrito un panorama bastante más complejo.[211] En primer lugar, puede descartarse que se tratara de una traducción "sobre la marcha", directamente del latín, mientras redactaba. Eso queda de manifiesto al comprobar la cercanía de esos pasajes con los mismos en el

---

[209] Sigue siendo un excelente punto de partida sobre el nicodemismo Carlo Ginzburg, *Il nicodemismo. Simulazione e dissimulazione religiosa nell'Europa del '500* (Turín: Einaudi, 1970); véase también David F. Wright, "Why was Calvin so severe a Critic of Nicodemism?", en *Calvinus Evangelii propugnator: Calvin, Champion of the Gospel: Papers from the International Congress on Calvin Research*, ed. David Wright, Anthony N. S. Lane y Jon Balserak (Grand Rapids, MI: CRC Product Services, 2006), 66–90 y M. Anne Overell, *Nicodemites. Faith and Concealment between Italy and Tudor England* (Leiden-Boston: Brill, 2019).

[210] Esto está implícito en la argumentación de Jonathan Nelson, "El Nuevo Testamento de Enzinas (1543): las peripecias de un libro prohibido", en *El burgalés Francisco de Enzinas en el V centenario de la Reforma protestante*, ed. Cristina Borreguero Beltrán y Asunción Retortillo Atienza (Burgos: Universidad de Burgos, 2019), 357–378, esp. 372–373.

[211] Nelson, "El Nuevo Testamento de Enzinas", 374–378.

Nuevo Testamento de Enzinas (1543), cercanía mucho mayor que respecto al de Pérez (1556). No obstante, tampoco se trata de una reproducción, sin más, de la versión de Enzinas, pues bastante a menudo introduce variaciones claramente orientadas a mejorarla. En esto mismo es en lo que, principalmente, había consistido el *Nuevo Testamento* de Pérez: una revisión mejorada del texto de Enzinas.[212] No obstante, las veces en que se prefieren las modificaciones de Pérez son minoría. Por otra parte, el texto bíblico que encontramos en la "Exhortación" tampoco coincide con el Nuevo Testamento manuscrito castellano conservado en la Biblioteca Vaticana (que a su vez consiste también en otra revisión del de Enzinas). Nelson desliza la sugerente posibilidad de que el entorno de los protestantes españoles dispusiera del manuscrito de la *Biblia* castellana de Enzinas, que quedó completa e inédita a su muerte, en 1552.[213] Es razonable que el Burgalés hubiera revisado su propio Nuevo Testamento de 1543, de cara a aquel nuevo proyecto editorial. Las diferencias y mejoras observables en la *Suplicación* podrían atribuirse razonablemente a esa revisión.

Pero todavía cabe una nueva hipótesis, compatible con la anterior: que los pasajes de la "Exhortación" procedan del *Nuevo Testamento* castellano que se imprimió en París en 1567. Conocemos esa versión exclusivamente por una carta de Casiodoro y por la correspondencia diplomática entre el embajador español en París y el rey Felipe II, pues no se conserva ningún ejemplar. Nuevamente, es Jonathan Nelson quien ha recogido detalladamente la escasa información disponible sobre esa impresión.[214] Lo que aquí más puede interesar al respecto es que Reina era perfectamente conocedor del proyecto de imprimir ese Nuevo Testamento en París y, en consecuencia, podría haber trabajado con el manuscrito o incluso haberse hecho con algún ejemplar impreso. Es algo, hoy por hoy, indemostrable, como lo es si esa edición parisina pudo servirse de la hipotética revisión de Enzinas.

En esta serie de textos bíblicos hispanos es preciso añadir un último elemento. Sabemos que la Facultad de Teología de París calificó "en torno a 1574" una serie de anotaciones que figuraban en un *Nuevo Testamento* hispánico impreso, se supone que en París, sin nombre del traductor ni del impresor. Como parte del proceso, esas notas y los pasajes bíblicos a que se referían fueron traducidos al latín para facilitar el trabajo de los teólogos, de modo que no sabemos si esa traducción española, que

---

[212] Nelson, "El Nuevo Testamento de Enzinas", 365.

[213] Nelson, "El Nuevo Testamento de Enzinas", 368.

[214] Nelson, "El Nuevo Testamento de Enzinas", 365–366.

no conocemos, coincidía con alguna de las conocidas. Y, aunque parece lo más razonable, tampoco puede afirmarse con seguridad que el ejemplar usado por los censores correspondiera a la edición perdida de 1567.

En conclusión, del examen de los textos bíblicos reproducidos en la *Suplicación* no cabe concluir ni a favor ni en contra de la autoría de Reina; y tampoco sirven para apoyar la hipótesis de Pérez de Pineda como traductor de la *Remonstrance*, donde se detecta el mismo uso de citas bíblicas, sin coincidencia con ninguna de las versiones conocidas.

Al final del libro se incluye un "Sermón de la Cruz", que se extiende entre las páginas 120 y 146. En las breves líneas introductorias a este, se expone que ha sido traducido al español desde la lengua en que fue pronunciado "muchos años atrás en una congregación de fieles por un siervo de Dios". Deliberadamente se suprimen en esa frase todos los detalles que podrían permitir situarlo, a la vez que parece dar a entender que no es del mismo autor o autores de todo lo anterior. En otro trabajo he señalado que este sermón contiene un lenguaje codificado coincidente con el de obras de Constantino de la Fuente, como el referirse a la Inquisición como "los que quitan la honra, la hacienda y la vida".[215] Ante este hecho, parece que podría tratarse de un sermón escrito en el ámbito de un grupo disidente sevillano cercano al doctor Constantino; la alegada lejanía temporal podría ser bien cierta, pues ese lenguaje codificado se detectaba en la *Exposición del primer psalmo de David* (1546), más de veinte años atrás. Si se acepta esta hipótesis, se debe mantener en consecuencia que el artificio de la traducción desde otra lengua sería simplemente un recurso más de ocultación, pues se trataría de un sermón escrito originariamente en castellano. No es posible afinar más en cuanto a la autoría; podría ser de Constantino de la Fuente, del doctor Juan Gil (Egidio), o incluso de Francisco de Vargas o de Juan Pérez de Pineda.

Como resumen de todo lo dicho, parece que este libro fue impreso, con ocasión de los trabajos de la *Biblia del Oso*, a cargo del mismo impresor y bajo la supervisión de Casiodoro de Reina. Este aprovechó varias piezas a su disposición, todas ellas relacionadas con el grupo Reina-Corro-Pérez (y, por lo tanto, con los grupos protestantes sevillanos). En ella destaca la reiterada insistencia sobre el error de ocultar la propia fe, aun a riesgo de la hacienda, la honra e incluso la vida.

---

[215] Ignacio García Pinilla, "La 'providencia diabólica': el lenguaje codificado del doctor Constantino", *Hispania Sacra* 72, n. 146 (2020): 351–361.

3. Editor de *Bibliotheca sancta* de Sisto da Siena

No cabe duda de la participación de Reina en la reedición de la *Bibliotheca sancta* de Sisto da Siena en 1575, pues él mismo lo reconoce en carta a Zwinger.[216] Sisto da Siena (1520-1569), que había nacido judío y, una vez convertido, acabó siendo dominico, había publicado en Venecia en 1566 una especie de enciclopedia bíblica de admirable y copiosa erudición, en la que, por ejemplo, introdujo la diferencia entre libros protocanónicos y deuterocanónicos.[217] Reina consideró la gran utilidad de la obra para los estudios bíblicos, independientemente de la confesión religiosa de su autor, por lo que preparó una edición en Fráncfort, en las prensas de Nicolaus Bassée. Como complemento, Reina financió personalmente, bajo el nombre de *Genius bibliothecae Oporinianae*,[218] la publicación de una tabla cronológica compuesta por Jean Boulaise, un discípulo de Jean Postel.[219] Entre sus planes quedó la publicación de una colección de apostillas a la

---

[216] Carta del 27 de octubre de 1574, publicada en Boehmer, *Bibliotheca Wiffeniana* 2:226–227: "Ego hic imprimendum curavi librum theologicum magni, ut credo, momenti, Bibliothecam Sanctam F. Sixti Senensis, cui etiam ex meo addam castigationes sub finem breves, quibus quae ille tradit in controversiis religionis veluti antidoto apposito corrigantur (Yo me he ocupado aquí de imprimir un libro de teología de gran importancia, a mi modo de ver, la *Biblioteca santa* de Sisto da Siena. Y voy a añadirle al final unas breves correcciones que, a modo de antídoto añadido, sirvan para rectificar lo que él aporta sobre controversias de religión)". Existe otra emisión de esta edición con portada diferente: Coloniae, apud Maternum Cholinum, M. D. LXXVI (ejemplar en la Bibliothèque de la ville de Lyon).

[217] Elias H. Füllenbach, "Bibel- und Hebräischstudien italienischer Dominikaner des 15. und 16. Jahrhunderts", en *Bibelstudium und Predigt im Dominikanerorden. Geschichte, Ideal, Praxis*, ed. Viliam Štefan Dóci y Thomas Prügl, (Roma: Angelicum University Press, 2019), pp. 255–271, esp. 265-266; Vicenzo Lavenia, "Sisto da Siena", en *Dizionario Biografico degli Italiani, volume 93* (Roma: Istituto dell'Enciclopedia Italiana, 2018), 12–15, disponible en: URL https://www.treccani.it/enciclopedia/sisto-da-siena_%28Dizionario-Biografico%29/ [consultado, 11/12/2020].

[218] Que en la época podía entenderse más o menos como "ángel de la biblioteca de Oporino". La expresión alude al hecho de que Reina había comprado en 1574 la biblioteca de Oporino tras su muerte. La peripecia de esta compra y los posteriores quebraderos de cabeza que acarrearon a Reina han sido descritos en Carlos Gilly, *Die Manuskripte in der Bibliothek des Johannes Oporino* (Basilea: Schwabe & Co., 2001), 21-24.

[219] *Tabula chronographica ex collatione temporum Hebraeorum, Italorum, Chaldaeorum et Aegyptiorum, secundum publicae fidei veritatisque authores, ab Adamo ad Christum... collecta per Iochannem Boulaese...* (Fráncfort: Nicolaus Bassée, 1575), con portada independiente, aunque la foliación sigue la del final de la *Bibliotheca Sancta*.

Bibliotheca sancta, ya anunciada en la carta citada a Zwinger, cuyo objetivo era, según Reina, que sirvieran de "antídoto" ante las expresiones de Sisto da Siena más inaceptables para el paladar protestante. Finalmente, la edición de 1575 salió sin esas notas, pero sus amigos siguieron pidiéndole durante años que las publicara. Por tres veces, en sendas cartas de 1575, 1577 y 1589, Reina hubo de responder a la petición insistente que le hacía desde Schwäbisch Hall su amigo Johann Weidner de esas *castigationes* (es decir, correcciones) de la *Bibliotheca Sancta*.[220] Finalmente, nunca llegó a publicarlas y hoy se consideran perdidas.

En Fráncfort se publicaron, en 1579, dos volúmenes de *Rerum Hispanicarum scriptores*. Se trata de la reedición de una recopilación de obras históricas referidas a la historia de España. Aunque en ellos no aparece en ningún momento el nombre de Reina, todas las circunstancias llevan a pensar en él como editor.[221] Incluso se ha propuesto que la carta introductoria *Typographus lectori* remite, por su contenido, a un profundo conocedor de la historiografía hispana, algo que difícilmente parece atribuible al impresor Andreas Wechel, pero sí cuadraría con Reina.[222] El título, además, aporta un detalle que también permite pensar en Reina: se indica en él que la reedición se hace a partir de ejemplares de la biblioteca de Robert Beale, diplomático inglés y bibliófilo que desarrolló su actividad ante varios príncipes alemanes en esa misma época. La relación de este con Reina nos consta por un ejemplar de la Biblia a él destinado con dedicatoria autógrafa.[223] *Rerum Hispanicarum scriptores* puede parecer un libro ajeno a los intereses de Reina pero, en realidad, detrás había una comunidad de intereses: Wechel incrementaba así su serie de recopilaciones históricas de varias naciones y Reina obtenía un beneficio económico, algo nada desdeñable para quien tenía que mantener una familia numerosa. Una necesidad acuciante ante la acumulación de deudas debidas al fracaso de su apuesta por el legado del impresor Oporino, que Reina no consiguió liquidar en la feria de Fráncfort tan bien como esperaba.

---

[220] Cartas inéditas en la Württembergische Landesbibliothek Stuttgart, Cod. Hist. F 603, ss. 53, 74 y 567.

[221] En efecto, Reina habitaba en ese momento en Fráncfort y era amigo de Wechel.

[222] Gilly, *Spanien*, 211, n. 328.

[223] Se trata del ejemplar de la Biblioteca Nacional de Madrid U/10238 (*olim* U/11583). La descripción del catálogo en línea dice: "Dedicatoria manuscrita al editor inglés Robert Beale con firma autógrafa de Casiodoro de Reina en portada: «*D. Roberto Belo Cass. Reinius Hisp. d.d.*»". Procede de la donación de la viuda de Luis Usoz y Río en 1873.

4. Editor del diálogo de Corro sobre la
Carta a los romanos

1587 es la fecha en que se imprime en Fráncfort la segunda edición del *Dialogus theologicus quo epistola Diui Pauli apostoli ad Romanos explanatur* de Antonio del Corro, con toda seguridad al cuidado de su amigo Casiodoro de Reina.[224] Se trata de un comentario a la *Carta a los romanos*, pero elaborado bajo una forma inusual para esa función: el diálogo. Corro, que en esta obra evidenciaba su inclinación hacia las ideas de Castellio, ya había expresado su descontento con la edición *princeps* de 1574 e incluso había intentado publicar una segunda edición en Zúrich, años antes, sin éxito. En esta de Fráncfort, a cargo de Nicolaus Bassée, impresor repetidamente al servicio de Reina, se corrigen muchos de los errores de aquella y se mejora el estilo en algunos aspectos. La investigación que actualmente desarrolla el Dr. Guillermo González del Campo aporta los suficientes elementos de juicio para poder afirmar que las mejoras son de mano de Antonio del Corro, de modo que el papel de Reina en esta edición consistió simplemente en el de editor.[225] De hecho, el libro se imprimió sin preliminares, que fueron añadidos por Corro en los ejemplares que fueron remitidos a Inglaterra.[226] Reina prestaba así un último servicio a su antiguo compañero de San Isidro del Campo, al que tan unido había estado, facilitándole la impresión que difícilmente podría conseguir en Inglaterra, donde Corro era severamente observado, y apenas tolerado, por los puritanos.[227]

---

[224] Para la segunda edición el título se modificó ligeramente: *Dialogus in Epistolam D. Pauli ad Romanos* (Fráncfort: Nicolaus Bassée, 1587).

[225] Agradezco al Dr. Guillermo González del Campo su generosidad al permitirme consultar su edición crítica, todavía inédita, del *Dialogus theologicus* de Corro, en la que compara la edición de 1574 y la de 1587. Se estima que será publicada en la serie de Disidentes Españoles de la Universidad de Castilla-La Mancha.

[226] Son descritos por William McFadden, "The Life and Works of Antonio del Corro" (tesis doctoral, Belfast: Queen's University, 1953), 538–543. Allí mismo este autor sugiere que Corro pudo entrevistarse con Reina en Londres en 1579. No obstante, los ocho años entre este posible encuentro y la edición hacen pensar que debió de existir otra vía de transmisión. Reina había retornado a Fráncfort en 1585, poco antes de la caída de Amberes.

[227] Una reciente y clara descripción del ambiente en que tuvo que moverse Corro puede leerse en Carlos Gilly, "Antonio del Corro: maestro de Francesco Pucci", *Bruniana & Campanelliana* 21, n. 1 (2020): 195–215.

5. El Talmud babilónico y otras atribuciones

Al tratar sobre libros con cuya preparación Reina tuvo que ver, es posible ver a Reina vinculado a un nuevo proyecto de asunto bíblico y hebraico. En efecto, a lo largo de 1574 Reina acarició el proyecto de imprimir en Basilea el *Talmud de Babilonia* promovido por Simon Günzburg zur Gemse, a partir de la edición veneciana de Giustiniani. La negociación incluía la condición de que se le concediera la ciudadanía a Reina, de modo que pudiera instalar allí imprenta y asentarse con garantías.[228] No conocemos muchos detalles de este proyecto, que finalmente no llegó a buen término. La impresión del Talmud se haría finalmente en las prensas de Froben.[229]

Por último, es posible encontrarse con la atribución a Reina del prólogo de la traducción francesa de la obra de David Chytraeus *Histoire de la Confession d'Auxpourg* (publicada en Amberes, 1582), o incluso de toda la traducción francesa. Tal atribución surgió a partir de la obra de Schütz sobre David Chytraeus,[230] pero hoy parece difícilmente sostenible: el argumento mismo de que el nombre del traductor (Luc le Cop) sería un pseudónimo de Reina es insostenible, pues consta la existencia de una persona con ese nombre. El mismo Kinder recoge en su biografía de Reina esta atribución, pero no parece prestarle mucha credibilidad.

Conclusión

Ante la magnitud de la Biblia del Oso, todos los demás trabajos de Reina palidecen. No obstante, el panorama que he ofrecido en estas páginas permite reconocer la constancia en sus ideas y en su empeño, en medio de las dificultades externas e internas de todo tipo. La *Suplicación*, en concreto, merece ser rescatada como una pieza singular, un testimonio privilegiado del esfuerzo por sostener en España una comunidad protestante clandestina, sometida a la violencia de la Inquisición y la incomprensión

---

[228] De ello trata en una carta a Theodor Zwinger del 24 de septiembre de 1574, publicada en Boehmer, *Bibliotheca Wiffeniana* 2:225–226. Cf. también Gilly, *Spanien*, 64–65.

[229] Sobre esa edición, cf. Ammon Raz-Krakotzkin, *The Censor, the Editor, and the Text: The Catholic Church and the Shaping of the Jewish Canon in the Sixteenth Century* (Philadelphia: University of Pennsylvania Press, 2007) 146–148.

[230] Otto Friedrich Schütz, *De vita Davidis Chytraei theologi, historici et polyhistoris Rostochiensis* (Hamburg: Fickweiler, 1721), 2:360, citado por Boehmer, *Bibliotheca Wiffeniana* 2:307–309; y por A. Gordon Kinder, *Casiodoro de Reina: Spanish Reformer of the Sixteenth Century* (Londres: Tamesis books, 1975), 76.

de la sociedad entera. Desconocemos si Reina y Pérez (y, como ellos, Valera) publicaban obras en esta línea porque tenían información certera de la pervivencia de tal comunidad después de 1565; o si, por contra, guardando esa apariencia como artificio literario pensaban más bien en las pequeñas comunidades exiliadas, dispersas por varios lugares de Europa. Es preciso continuar con la investigación, indagando en archivos y bibliotecas europeas y profundizando en el estudio y comprensión de estas obras de exilio y compromiso religioso.

CAPÍTULO 5

Las influencias en la Biblia del Oso: el Antiguo Testamento

Dra. Frances Luttikhuizen, filóloga y coordinadora
internacional de CIMPE

Introducción

Con la creación de la Universidad de Alcalá a principios del siglo XVI, y la publicación de la Biblia Políglota Complutense, se inició en España un creciente interés por las lenguas bíblicas, sobre todo el griego, el latín y el hebreo. Entre 1530 y 1550 —principalmente durante la década de 1540[231]—, entraron en España gran número de Biblias latinas gracias a la creación de la compañía francesa, la *Grande Compagnie Lyonnaise des Libraires*. La exportación-importación de Biblias latinas prometía ser un buen negocio hasta que fueron prohibidas a mediados del siglo XVI.

De las muchas Biblias latinas que iban llegando a la Península, ¿cuáles conocía Casiodoro de Reina? En 1552, la Suprema publicó una orden de recoger todas las Biblias impresas en el extranjero. Entre las 450 Biblias recogidas en Sevilla y los alrededores, encontraron en el monasterio de Santiponce dos impresas en Lyon en 1542 y una en París en 1545.[232]

---

[231] Véase J. Ignacio Tellechea Idígoras, "Biblias publicadas fuera de España secuestradas por la Inquisición de Sevilla en 1552", *Bulletín Hispanique* 64, n. 3–4 (1962): 239–240.

[232] Es posible que las dos Biblias lyonesas estuviesen en la biblioteca; la otra tenía dueño: Francisco de Farías, el prior del monasterio de San Isidoro, que más tarde formaría parte del grupo de monjes que huyeron. "[Biblia impresa en] Luteriae, ex officina Roberti Stephani, anno 45. Es de Fray Francisco de Farías" (AHN, Inquisición, leg. 4426, doc. 32); "Fray Francisco Farías, prior que fue del

Aunque en aquel momento dichas Biblias no tendrían gran importancia para Casiodoro, más tarde vendrían a constituir el texto base de apoyo a su traducción del Antiguo Testamento.

La Biblia impresa en Lyon en 1542, en el taller de Hugo la Porta, correspondía a la segunda edición de la Biblia de Pagnini, corregida mediante notas marginales por Miguel Servet. De esta edición, los inquisidores recogieron una veintena en el distrito sevillano. La gran novedad de la Biblia parisiense impresa en 1545 por Roberto Estienne —conocida también como la *Biblia de Vatablo*— es que contenía dos traducciones que venían en dos columnas paralelas: la *Vulgata* en una y una nueva traducción latina en la otra. Las autoridades francesas prohibieron esta Biblia en 1547 porque la traducción paralela había sido hecha por el protestante Leo Jud. Confiscaron todas las copias, pero no pudieron evitar la gran difusión que hubo de dicha Biblia por toda Europa, especialmente en España.[233] Alarmada por el gran número de anotaciones en las Biblias que se vendían en España procedentes de Europa, la Suprema publicó la Censura General de Biblias o *Censura Generalis*.

Antes de esta fecha, las Biblias latinas impresas en el extranjero circulaban libremente. Se podían adquirir en las librerías, como demuestra el hecho de que los inquisidores sevillanos encontraron ejemplares en las librerías de Diego Jiménez, Juan de Jiménez, Juan Tello y Juan Gutiérrez, entre otros. Al no poder importar más Biblias y dada la persistente demanda por la Biblia con doble traducción, en 1555, el impresor de Salamanca Andreas de Portonaris decidió hacer una reedición de la Biblia parisiense de 1545. El detalle de que Leo Jud era protestante se les había escapado a los inquisidores cuando Portonaris solicitó permiso para imprimirla. Es muy probable que en la biblioteca del monasterio de San Isidoro hubiera ejemplares

---

monasterio de San Isidro del Campo, extramuros de Sevilla. Ausente, condenada y relajada su estatua por hereje luterano" (AHN, *Inquisición*, leg. 2075, doc. 2), en Tomás López Muñoz, *La Reforma en la Sevilla del siglo XVI* (Sevilla: Cimpe, 2011), 2:55 (doc. 15), 258 (doc. 122).

[233] Entre las Biblias recogidas en 1552, en Sevilla y sus alrededores, recogieron una cuarentena de Biblias de Vatablo (AHN, *Inquisición*, leg. 4426, doc. 32). Cuando Martínez de Bujanda comparó las Biblias requisadas a los protestantes sevillanos en septiembre de 1554 con las de la *Censura Generalis*, advirtió que la correspondencia era significativa, pues 45 ediciones recogidas estaban asentadas en la *Censura*, y concluyó por ello que, en efecto, las Biblias extranjeras debieron circular abundantemente en España. María José Vega, "Buenas y malas biblias: la *Censura Generalis* (1554) y los inicios de la política expurgatoria de la monarquía hispánica", en Silvia-Alexandra Ştefan (ed.), *Curiosidad y Censura en La Edad Moderna* (Bucarest: Universidad de Bucarest, 2020), 30.

de la edición de Portonaris hecha en Salamanca, pues circulaba libremente hasta que fue puesta en el Índice de Libros Prohibidos en 1559.[234]

A lo largo de sus viajes por Europa buscando un lugar donde establecerse —Ginebra, Londres, Amberes, Orléans, Bergerac, Fráncfort, Montargis, Heidelberg, Estrasburgo, Basilea, etc.—, Casiodoro de Reina iría adquiriendo conocimientos, y ejemplares, de los textos más fiables para su gran tarea, entre ellos la segunda edición de la Biblia de Pagnini impresa en Lyon, la Biblia interlineal de Pagnini y la de doble traducción de Roberto Estienne. En su "Amonestación al lector" de la Biblia del Oso, nos dice que consultó "las más puras versiones que hasta ahora hay". Los principales textos que consultó para su traducción del Antiguo Testamento fueron la Segunda Biblia Rabínica (TM[235]), la Septuaginta (LXX), la antigua *Vulgata* de Jerónimo, la Biblia de Ferrara y la nueva versión latina de Santes Pagnini.[236]

El objeto de análisis en este trabajo será contrastar el texto de Reina con el texto de estas cinco versiones, limitándonos al libro de Proverbios. De paso, para poner la tarea de Casiodoro de Reina en contexto, haremos un breve repaso de la historia de cada una de estas versiones. Dado que el enfoque central de nuestro trabajo es el texto castellano de Casiodoro, para facilitar la comparación entre versiones, presentaremos todos los textos en su versión castellana, no en su lengua original. Ciertamente el traslado del hebreo, del griego y del latín al castellano implica un filtro entre el texto original y la lengua de llegada, pero en nuestro caso no interfiere con el propósito principal de este estudio, puesto que nuestro trabajo se centra en las influencias detectadas en las lecturas variantes encontradas en el libro de Proverbios.

Las versiones utilizadas para el presente trabajo son[237]:

— *Segunda Biblia Rabínica*, Daniel Bomberg (ed.), Jacob ben Hayyim (trad.), 1524–1535. Elisabet Giralt-López es la traductora de los textos contrastados aquí.

---

[234] Véase Frances Luttikhuizen, "Los avatares de la Biblia de Vatablo", *Aletheia* 56, n. 2 (2019): 25–44.

[235] A lo largo de este capítulo, TM es la abreviatura para el texto masorética, que era el texto básico de la Segunda Biblia Rabínica. De manera similar, LXX es la abreviatura para la Septuaginta.

[236] Algunos estudiosos, entre ellos Carlos Gilly, defienden la tesis de que Casiodoro de Reina tomó el término 'Jehová' de Sebastián Castellion, quien lo utilizó por primera vez en su Biblia latina de 1551, pero que Reina no menciona la fuente por prudencia ya que Castellion era considerado hereje.

[237] Todas las versiones están disponibles online.

— *La Biblia Versión Septuaginta en español*, Natalio Fernández Marcos y María Victoria Spottorno Díaz (traductores).

— *La Biblia Vulgata latina traducia en espanõl y anotada conforme al sentido de los santos padres, y expositores cathòlicos*, Valencia: Joseph y Thomas de Orga, 1790–1793, Vol. 8, Felipe Scio de San Miguel (traductor).[238]

— *La Biblia de Ferrara*, 1553.

— *Veteris et Novi Testamenti nova translatio*. Lyon: Hugo de la Porte, 1542. Elisabet Giralt-López es la traductora de los textos contrastados aquí.

— *La Biblia del Oso, que es los sacros libros del viejo y nuevo testamento. Trasladada en español*. Basilea: Thomas Guérin, 1569. Edición facsímile: Madrid: Sociedad Bíblica, 2001.

1. La Segunda Biblia Rabínica (TM)

El año 1517 no solo marcó el comienzo de la Reforma Protestante, sino también marcó un giro en cuanto a los estudios rabínicos entre cristianos. Una de las grandes contribuciones de los filólogos humanistas fue su interés por las lenguas bíblicas, tanto griego como hebreo. La publicación de la Biblia Políglota Complutense, con textos en hebreo, griego, arameo y latín, fue una gran aportación.[239]

La primera impresión de la Biblia hebrea hecha por cristianos —con la aprobación del Papa León X— provista de puntos vocales y acentos, fue obra de Daniel Bomberg en Venecia en 1516–1517. Los cuatro volúmenes incluían todos los libros del Antiguo Testamento y los dos Talmudes con sus comentarios y *targumín*. Para su edición, Bomberg contó con la ayuda de un judío converso toscano de origen sefardita, Felice da Prato, conocido en latín como Félix Pratense. Dado que esta primera edición contenía numerosos errores, Bomberg imprimió una segunda edición entre 1524–1525, donde corrigió los errores de la anterior y amplió las fuentes gracias a la labor de Jacob ben Hayyim, un sefardita procedente de Túnez. Durante mucho tiempo esta Segunda Biblia Rabínica fue considerada como el *textus receptus* del Antiguo Testamento y se convirtió en el prototipo de las futuras Biblias hebreas hasta el siglo XX.

---

[238] Esta Biblia, profusamente anotada, es de doble traducción: el texto en latín de la Vulgata en una columna y la traducción al castellano en otra.

[239] *Biblia Políglota Complutense*, 6 vol. (Alcalá de Henares: Arnao Guillén de Brocar, 1514-1517). Véase una detallada descripción en "Biblioteca Digital Hispánica", http://bdh.bne.es/bnesearch/detalle/bdh0000013439.

Una edición revisada y mejorada de la Segunda Biblia Rabínica se imprimió entre 1546 y 1548 bajo la supervisión de Cornelius Adelkind, quien eliminó algunos de los comentarios y añadió otros. Por las fechas, parecería lógico suponer que Reina habría consultado esta tercera edición, la de 1546–1548, para su traducción del Antiguo Testamento. Sin embargo, dado que Reina menciona el Talmud de Jerusalén como fuente de material extra textual, seguramente utilizó la segunda edición, la de 1524–1525, pues la edición de 1546–1548 había eliminado dicho Tárgum.

Del texto hebreo, Casiodoro de Reina dice que "conforma al prescripto de los antiguos concilios, y doctores santos de la Iglesia, nos acercásemos de la fuente del Texto Hebreo cuanto nos fuese posible" (Amonestación). Esto no significa que hizo una nueva traducción partiendo del texto hebreo, sino consultaba el texto hebreo como su texto base por excelencia cuando las demás versiones mostraban discrepancias.

Dado el hecho de que el texto hebreo fue el texto base para todas las demás versiones —la Septuaginta, la *Vulgata* de Jerónimo, la Biblia de Ferrara y la nueva edición de Pagnini— no ha de sorprenderse que es difícil, si no imposible, de encontrar ejemplos claros en los que Reina optó por seguir el texto hebreo a diferencia de las demás versiones. Sin embargo, sabiendo que Reina mencionó el hebreo en su "Amonestación" y también incluyó otras traducciones del hebreo en los márgenes de su traducción, se puede afirmar con toda seguridad de que siguió la Segunda Biblia Rabínica a lo largo del libro de Proverbios.

2. La Septuaginta (LXX)

La Carta de Aristeas (siglo III a. C.) describe una traducción al griego de la ley hebrea efectuada por un grupo de setenta y dos traductores a petición del bibliotecario de Alejandría. Dicha traducción, conocida como la Septuaginta, o la Biblia de los Setenta (LXX), constituye una pieza fundamental de la historia de la traducción del texto bíblico. La Septuaginta circulaba en forma manuscrita hasta que fue incorporada de forma impresa por primera vez en la Políglota Complutense y, casi simultáneamente, en Venecia en los talleres de Aldo Manucio. Esta edición veneciana, conocida como la Edición Aldina, sería la que cotejaría Reina, puesto que hasta el año 1586 no se imprimió una nueva edición.[240] Siendo una traducción hecha a partir de varios textos hebreos antiguos, la Septuaginta

---

[240] La edición de 1586 fue publicada bajo la dirección del Cardenal Caraffa por orden del papa Sixto V.

contenía sus propias variantes, que no siempre se correspondían con el texto hebreo. Por ejemplo, en Proverbios 30:31 el TM dice "el ágil de lomos o un macho cabrío", mientras que en la LXX dice "y gallo paseándose sobre hembras regocijado; y cabrón principando a hato de cabras".

Veamos un ejemplo en que Reina opta por insertar el añadido de la LXX: Proverbios 4:27[241]:

TM. No te desvíes ni a derecha ni a izquierda; aparta tu pie del mal.

LXX. No te desvíes ni a derecha ni a izquierda; aparta tu pie del mal camino. **Pues los caminos de la derecha los conoce Dios y los de la izquierda son pervertidos. Pero él mismo hará rectos tus senderos y tus rutas las conducirá en paz.**

Vulg. No te desvíes ni a derecha ni a izquierda; aleja tu pie del mal.

Ferrara. No acuestes (a) derecha ni (a) izquierda: tira tu pie de mal.

Pagnini. No te desvíes a la derecha ni a la izquierda; aparta tu pie del mal.

Reina. No te apartes à diestra, ni à siniestra: aparta tu pie del mal. **Porque los caminos que son à la diestra conoce el Señor mas los que son à la siniestra, son peruersos: Mas el hara derechas tus carreras: y tus caminos guiarà en paz.**

Reina no siempre incorpora los añadidos de la Septuaginta, pero justifica su inserción de dichos añadidos si también aparecen en la Vulgata procedentes de la Septuaginta:

> Otra suerte de adiciones se hallará, mayormente en Job, en algunos Salmos, en los libros de Salomón, y comúnmente en todos los libros de los cuales no hay texto Hebreo, así mismo en el nuevo Testamento, que son no de una palabra sola, mas de muchas, y hartas veces de sentencias enteras. [...] Las pusimos a causa de la diversidad de los textos, y de otras versiones, por no defraudar de ellas a nadie, mas entre tales vírgulas [ ] para que se conozcan: aunque en el libro de Job (si algunas hay) y en los Salmos, y libros de Salomón, las pusimos de otra letra que de la común. [...] Nuestras adiciones no se pueden decir adiciones al texto, sino declaraciones libres, que en tanto tendrán algún valor, en cuanto son conformes al texto. [...] Procuramos retener lo que la Vieja translación Latina pone de más en muchas partes, y hacer contexto de ello con lo que estaba en las versiones Griegas: en lo cual no pusimos poco trabajo y diligencia (Amonestación).

---

[241] Para otro ejemplo en el que Reina siguió la LXX y/o la *Vulgata* de Jerónimo, y no las otras versiones, cf. Prov. 31:29.

3. La *Vulgata* de Jerónimo

Dentro del Imperio romano, el cristianismo siempre había sido dividido en dos bloques lingüísticos principales: el griego en oriente y el latín en occidente. A partir de la caída del Imperio en occidente en el siglo V, el latín desempeñó una función cada vez más importante. No solo era la lengua de la liturgia de la Iglesia, sino que se convirtió en la *lingua franca* de occidente. No nos ha de extrañar, pues, que la traducción al latín de Jerónimo de finales del siglo IV y principios del siglo V, a petición del obispo de Roma, Dámaso, viniese a ser la Biblia de referencia en el mundo cristiano occidental hasta el siglo XVI.

En época de Jerónimo, existían varias versiones latinas y griegas, pero hacía falta una traducción única, avalada por la jerarquía eclesiástica. La nueva versión de Jerónimo desplazaría a las anteriores traducciones latinas. Jerónimo se quejaba de que la Septuaginta estaba llena de adiciones y omisiones; y prefería hacer su propia traducción directamente del hebreo. En muchos casos —por ejemplo, Proverbios 9:12—, Jerónimo ignoró los añadidos en la LXX, pero en otros —por ejemplo, Proverbios 18:22—, los incluyó.

Reina contrastó cuidadosamente la versión latina de Jerónimo con el texto hebreo y el texto griego de la Septuaginta:

> Algunas veces hallamos que la Vieja versión Latina añade sin ninguna autoridad de texto Griego. […] Aunque su autoridad sea grande, ni lo uno [antigüedad] ni lo otro [autoridad] le excusan los muchos errores que tiene, apartándose del todo innumerables veces de la verdad del texto Hebraico: otras, añadiendo: otras, trasponiendo de unos lugares en otros, todo lo cual aunque se puede bien porfiar, no se puede negar (Amonestación).

Con esto, Reina no insinúa que los Setenta —ni tampoco Jerónimo— inventaron lo que añadieron, sino que dichos autores basaron su traducción en textos de "menos autoridad que los que ahora se hallan". No obstante, y a pesar de calificar estos textos añadidos de "falta de autoridad", Reina no tuvo reparos en insertar algunas de ellas en su traducción, "por parecernos que no es fuera del propósito". De hecho, reconoce incluso que insertó "hartas veces sentencias enteras".[242] No obstante, para no confundir al lector, advierte que encontrará dichos añadidos debidamente señalados en letra cursiva, en punto y aparte, y con una nota al margen acerca de su

---

[242] Estos añadidos se encuentran en los siguientes versículos del libro de Proverbios: 4:27; 5:2; 7:1; 9:18; 10:4; 12:11; 13:13; 14:15, 21; 15:5, 27; 16:5; 17:16; 18:22; 22:9; 24:32; 25:10, 20; 27:21; 29:27.

procedencia: *Vg/LXX*. Veamos un ejemplo en que Reina opta por seguir la antigua *Vulgata* de Jerónimo: Proverbios 15:27:

TM. Perturba su casa del codicioso, pero quien aborrece los obsequios vivirá.

LXX. Arruínase a sí mismo el aceptador de dávidas; y el que aborrece de dávidas aceptaciones, se salva. **Con misericordias y fe se purifican pecados; y por el temor del Señor, desvíase cada uno del mal.**

Vulg. El que va tras la avaricia perturba su casa; mas el que aborrece las dádivas, vivirá. **Por la misericordia y por la fe se limpian los pecados; y por el temor del Señor todos se desvían del mal.**

Ferrara. Conturba su casa [los que] cobdician cobdicia: y [los que] aborrescien dadiuas biuira.

Pagnini. El que anhela la codicia perturba su propia casa, pero el que odia los regalos se salva.

Reina. Alborota ſu caſa el cobdicioſo: mas el que aborrece los preſentes, biuirá. **Por la miſericordia y fe se purgan los peccados: y por el temor del Señor todo (hombre) ſe aparta del mal.**

4. La Biblia de Ferrara (1553)

La Biblia de Ferrara era para los españoles judíos expulsados de la Península Ibérica lo que la Septuaginta fue para los judíos de habla griega y la Peshitta para los judíos de habla siríaca. Fue impresa en Ferrara en 1553 por Abraham Usque (Duarte Pinel), un judío portugués, financiado por otro judío español, Yom-Tob ben Levi Athias (Jerónimo de Vargas) y auspiciada por Hercole II, duque de Ferrara, y su esposa Renata. La Biblia de Ferrara es una versión ladina, es decir, escrita en judeo-español, pero con sintaxis hebrea.

La naturaleza del idioma hebreo hace que la traducción sea muy difícil y propensa a errores. El lenguaje es frecuentemente ambiguo, lo que permite una multiplicidad de significados. Una misma palabra se usa con frecuencia para transmitir asociaciones y significados diferentes. De ahí la enorme dificultad que tuvo Reina en transmitir el significado exacto, algo que anota en su "Amonestación".[243] En el libro de Proverbios, encontra-

---

[243] "Nos [ha] ayudado en semejantes necesidades más que de ninguna otra que hasta ahora hayamos visto, o tanto por haber ella siempre acertado más que las otras en casos semejantes, cuanto por darnos la natural y primera significación de los vocablos Hebreos, y las diferencias de los tiempos de los verbos".

mos varios ejemplos interesantes donde Reina acude a la Biblia de Ferrara para buscar el término adecuado en castellano. Veamos un ejemplo en que Reina opta por seguir la traducción de Ferrara: Proverbios 30:31:

TM. El **ágil de lomos** o un macho cabrío y un rey con su mesnada.

LXX. y **gallo** paseándose sobre hembras regocijado; y cabrón principando a hato de cabras; y rey arengando en gente.

Vulg. El **gallo** ceñido de lomos; y el carnero; y el Rey a quien nadie contrasta.

Ferrara. Lebrel çeñido de lomos o cabron: y rey q no aleuantado contra el.

Pagnini. Lelaps[244] ceñido, lomos, cabra y rey Alcus con él.

Reina. El **lebrel**[245] ceñido de lomos, y el cabron, y el rey, contra el qual ninguno ſe leuanta.

5. La nueva edición latina de Pagnini

La nueva edición latina de Santes Pagnini —*Veteris et Novi Testamenti nova translatio* (Lyon, 1528, 1542)— fue la primera traducción autorizada de la Biblia al latín desde Jerónimo. La segunda edición, la de Lyon de 1542, fue revisada por Miguel Servet y publicada por Hugo de la Porte.[246] Un buen número de estas Biblias llegarían a España: diez años más tarde, tras el edicto de 1552 de incautar Biblias latinas impresas en el extranjero, se recogieron una veintena de ejemplares en Sevilla. A esta nueva edición, Servet —bajo el pseudónimo de Michael Villanouanus— amplió algunas de las notas de Pagnini y añadió un prefacio donde recomendaba el estudio de la historia de los hebreos para una mejor comprensión de la Biblia. Acusó a los teólogos escolásticos de buscar en vano el significado místico del texto ignorando su sentido literal e histórico. A causa de los numerosos errores en la numeración de las páginas, en 1545 los libreros de Lyon le encargaron a Servet una nueva edición corregida. Esta segunda revisión es menos conocida, y ejemplares de dicha edición no consta ningún ejemplar de dicha Biblia entre las Biblias recogidas en 1552. También, en

---

[244] En la mitología griega, el lelaps era un perro que siempre atrapaba a su presa cuando cazaba.

[245] Perro de caza, galgo.

[246] *Biblia: Sacra ex Santis Pagnini tralatione, sed ad Hebraicae linguae ammusim novissime ita recognita, & scholiis illustrata, ut plane nova editio videri possit* (Lugduni: Apud Hugonem à Porta, 1542).

1545, los libreros de la *Grande Compagnie Lyonnaise* publicaron otro trabajo de Pagnini: una edición interlineal del Antiguo Testamento, con la traducción al latín encima del texto hebreo.[247] Durante mucho tiempo, esta Biblia fue considerada la más conveniente para aquellos que comenzaban a aprender hebreo.

Al llegar a Ginebra, Reina tendría acceso a la versión editada en Lyon en 1542, así como la versión interlineal de 1545 y la traducción del Antiguo Testamento de Pagnini insertada en una nueva impresión de la Biblia de Vatablo de columnas paralelas, que acababa de imprimir Roberto Estienne.[248] En 1551, cansado de pleitos y multas y de la falta de libertad de prensa en París, Roberto Estienne se trasladó a Ginebra, donde confesó abiertamente su fe evangélica y donde publicó, entre otras cosas, una traducción al latín de los Salmos de Pagnini,[249] una Biblia en francés, varios escritos de Juan Calvino, y en 1557 —el mismo año que llegó Reina a Ginebra— una nueva edición de su Biblia de Vatablo de doble traducción —Pagnini y Jerónimo— en que reemplazó la traducción del protestante Leo Jud por la de Santes Pagnini.[250] Esta nueva edición de Estienne formaría parte imprescindible de los libros que Casiodoro de Reina consultaría:

---

[247] *Biblia sacra cum glossis, interlineari & ordinaria, Nicolai Lyrani postilla & moralitatibus, Burgensis additionibus, & Thorungi replicis. Omnia ad Hebraicorum & Graecorum, & variis scholiis illustrata* (Lugduni: Gaspar Trechsel para Antoine Vincent, 1545).

[248] Roberto Estienne se hizo cargo de la empresa familiar en 1526, a los 19 años, y se dedicó a la reimpresión de la *Vulgata*, la única versión permitida. En 1528, publicó una versión de la *Vulgata* con notas. Las innovaciones introducidas —notas y comentarios en los márgenes— molestaron a las autoridades religiosas de París, sobre todo a la Facultad de Teología de la Sorbona. En su deseo de "purificar" el texto, Estienne continuó recopilando manuscritos antiguos y en 1532 publicó otra versión de la *Vulgata* que ofrecía un texto aún más conforme con los textos bíblicos originales. La gran novedad fue la Biblia que publicó en 1545 de doble traducción.

[249] *Liber Psalmorum Davidis: tralatio duplex, Vetus & Noua. Haec posterior, Sanctis Pagnini, partim ab ipso Pagnino recognita, partim ex Francisci Vatabli Hebraicarum literarum professoris quondam Regii eruditissimis praelectionibus emendata & expolita* (Geneva: Rob. Stephani, 1556).

[250] *Biblia utriusque Testamenti: de quorum nova interpretatione et copiosissimis in eam annotationibus lege quam in limine operis habes epistolam* (Ginebra: Rob. Stephani, 1556–1557). Unos años más tarde, Thomas Guérin, el mismo impresor que imprimió la Biblia del Oso, hizo una reimpresión de dicha Biblia: *Veteris ac Novi Testamenti: summa fide ac studio singulari, cum aliorum doctissimorum interpretum, tum verò in primis S. Pagnini ac Fr. Vatabli* (Basilea: Thomas Guérin, 1564).

> … conforme al prescripto de los antiguos concilios, y doctores santos de la Iglesia, nos acercásemos de la fuente del Texto Hebreo cuanto nos fuese posible, (pues que sin controversia ninguna de él es la primera autoridad) a lo cual hicimos siguiendo comúnmente la translación de Santes Pagnino, que el voto de todos los doctos en la lengua Hebraica es tenida por la más pura que hasta ahora hay (Amonestación).

El recorrido desde la nueva edición de Santes Pagnini hasta la Segunda Biblia Rabínica requería tiempo y método. Le era de gran ayuda disponer de las ediciones de Pagnini de 1542, la interlineal de 1545 y la de Estienne a dos columnas impresa en Ginebra en 1557. Disponer de estos tres textos a la vez le ahorraba tiempo, pues podía comparar dos versiones a un mismo tiempo en un mismo libro, es decir, el texto de Pagnini y las notas aclaratorias de Servet en la edición de 1542, la antigua *Vulgata* de Jerónimo y la nueva edición de Pagnini en la edición de Estienne de 1557 y el texto de Pagnini y el texto hebreo en la edición interlineal. Si todavía le quedaban dudas, puesto que el texto hebreo de la edición interlineal había de ser, por lógica cronológica, la Primera Biblia Rabínica de 1516–1517, consultaba la Septuaginta y la Segunda Biblia Rabínica, que vendría a ser su texto base por excelencia. Como último recurso, para verificar el equivalente en castellano de algún que otro vocablo, acudía a la Biblia de Ferrara. Deducimos esta manera de proceder de las mismas palabras de Reina: "En los lugares que tiene alguna dificultad por pequeña que sea, ni a esta [la de Pagnini] ni a otra ninguna hemos dado tanta autoridad, que por su solo afirmar la siguiésemos, antes hemos tenido recurso al mismo texto Hebraico" (Amonestación).

Veamos un ejemplo en que Reina opta por seguir la nueva edición de Pagnini: Proverbios 30:28:

TM. La **lagartija** [que] puedes agarrar con las manos y está en los palacios del rey.

LXX. Y la **lagartija**, en manos afianzándose, y siendo fácil de prender, habita en alcázares de reyes.

Ferrara. **Ximia** con manos traua: y ella en palacios de rey.

Vulg. El **estelión** se apoya en las manos, y mora en los palacios de los Reyes.

Pagnini. El **mono** atrapará a un hombre y estará en la casa del rey.

Reina. El **araña**, que ase con las manos, y eſtá en palacios de rey.

Aunque la traducción de Reina no coincide con la de Pagnini, sí que coincide con la escueta nota de Servet que añade después: "*aranea manibus captiuat predan*". Ahora bien, siempre queda la duda de si la opción de Reina fue una solución de cosecha propia hecha directamente del hebreo, pero si no, parece reflejar la influencia de Servet.

Conclusión

El inmenso bagaje cultural de Casiodoro de Reina es innegable. Su conocimiento de las lenguas antiguas favoreció su aproximación a las fuentes originales, lo que le permitió llevar a cabo con éxito la laboriosa tarea de la traducción de los textos sagrados. En la primavera de 1565, se instaló con su familia en Estrasburgo, donde tuvo acceso a otros documentos para apurar aún más su traducción. Indudablemente, su paso por Estrasburgo fue de gran estímulo lingüístico, intelectual y teológico. Ya habían muerto los primeros reformadores (Capito en 1541; Fagio en 1550; Bucero en 1551; Hedio en 1552), pero pudo haber conocido al profesor de semíticas Johann Lonicer o consultado los libros del hebraísta Paulo Fagio[251] o el glosario del hebraísta David Kyber, *Lexicon rei herbariae trilingve* (1553).

Hemos limitado nuestra aproximación a las influencias de otras versiones en la traducción del Antiguo Testamento de Casiodoro de Reina a un solo libro, el libro de Proverbios, como introducción al tema. Para apreciar mejor la gran labor de Reina en su traducción del Antiguo Testamento, hace falta un estudio comparativo mucho más amplio. Para ello animamos a nuestros jóvenes filólogos a continuar el estudio comparativo que hemos iniciado aquí.

---

[251] Paulo Fagio, *Comentarium hebraycum Rabi Kimchi in decem psalmos* (1544), *Thargum, hoc est, Paraphrasis Onkeli chaldaica in Sacra Biblia: ex chaldaeo in latinum fidelissime versa, additis in singula fere capita succinctis annotationibus* (1546), *Exegesis sive expositio dictionum hebraicorum literalis et simplex in quatuor capita Geneseos* (1542). Estos tres libros de Paulo Fagio ya habían llegado a Sevilla en su día, pues figuran entre los libros prohibidos confiscados por la Inquisición (AHN, *Inquisición*, leg. 2073, doc. 5).

CAPÍTULO 6

Las influencias en la Biblia del Oso: el Nuevo Testamento

Dr. Jonathan L. Nelson, ProMETA

Hay que reconocer de entrada que el Nuevo Testamento no fue prioritario para Casiodoro de Reina. En la 'Amonestación' antepuesta a la Biblia del Oso, Reina dejaba claro que su preocupación principal era el Antiguo Testamento. Es prolijo al tratar las versiones que le ayudaron a acercarse al significado del hebreo, y entra en detalle sobre el vocabulario veterotestamentario. Esta materia se extiende a lo largo de unas siete páginas, o sea, el 50% de la 'Amonestación'. Además, cuando habla de las adiciones al texto, todas las referencias son del Antiguo Testamento, y los ejemplos están tomados de las tradiciones rabínicas. Lo mismo sucede con las anotaciones: Reina afirma haberlas incluido mayormente para aclarar hebraísmos. Muy poco se dice sobre el Nuevo Testamento: un solo párrafo (186 palabras de un total de 9255) en el que Reina hace un breve comentario sobre el uso de la *Vulgata* para llegar al sentido del griego, y lamenta que la versión siríaca fuera editada demasiado tarde para que él la aprovechara.[252]

Es más, cuando Reina editó la Biblia del Oso en 1569, ya existía una versión castellana del Nuevo Testamento en dos ediciones: la de Francisco de Enzinas (1543) y una segunda edición revisada y publicada bajo la dirección de Juan Pérez de Pineda (1556). Ambas fueron hechas por hombres evangélicos, eruditos en los idiomas clásicos. Ambas estaban basadas

---

[252] Ἡ Καινὴ Διαθήκη. *Testamentum Novum [...] Est autem interpretatio Syriaca Novi Testamenti, plerisque etiam locis emendata. Eadem latino sermone reddita / Auctore Immanuele Tremellio* (Ginebra: Henricus Stephanus, 1569).

sobre el texto griego. La edición de Pérez salió de la imprenta de Jean Crespin en Ginebra en 1556, no mucho antes de que Reina iniciara su propia traducción de la Biblia. ¿Habría razones de peso para volver a traducir el texto o por lo menos para hacer una revisión profunda? Aunque este punto es debatible, no cabe duda de que el Nuevo Testamento de la Biblia del Oso es una versión con profundos cambios frente a las dos anteriores. Al comparar las tres ediciones, las diferencias saltan inmediatamente a la vista.

La cuestión es si se trata de diferencias de peso, de una versión esencialmente nueva o profundamente cambiada, o si se trata más bien de una revisión de la versión Enzinas-Pérez. En la 'Amonestación', Reina mismo resaltaba estas dos opciones: 'hacer versiones [o] corregir las hechas'. ¿Cuál prefirió Reina? Con la finalidad de establecer una hipótesis sobre esta cuestión, he dividido este estudio en dos partes: (1) una descripción de las fuentes que Reina tuvo a su alcance con una mirada a las versiones castellanas previas, a la luz de la obra de Reina y; (2) un análisis de 17 lugares en todo el NT, con una concentración sobre los capítulos 1 al 5 de Romanos y los mismos de Apocalipsis, que ayudarán a comprobar las fuentes de sus lecturas y su forma de trabajar.[253]

1. Las fuentes que Reina tuvo a su alcance

a. *El valor de las fuentes para Reina*

La 'Amonestación' hace hincapié en la importancia de llegar al sentido del idioma original y de representarlo fielmente. Reina dice explícitamente que las ediciones griegas son 'la suprema autoridad' a la hora de tomar decisiones sobre el texto. Si 'la fuente' está 'sana y salva' —dice—, aun si se llegasen a perder todas las versiones y traducciones, las Escrituras podrían ser restauradas. Cuando Reina menciona la *Vulgata* del Nuevo

---

[253] En su tesis doctoral de 2016 sobre la Biblia del Oso, Constantino Bada hizo un estudio comparativo de una docena de pasajes del Nuevo Testamento, entre ellos el capítulo 5 de Rom. Los textos que se usaron para la comparación fueron el griego de Erasmo, la *Vulgata*, Santes Pagnini, la 'Biblia de Ginebra' en francés, Enzinas, Pérez de Pineda y (posterior a la obra de Reina) la revisión de Valera de 1602: Constantino Bada Prendes, "La Biblia del Oso de Casiodoro de Reina: primera traducción completa de la Biblia al castellano" (tesis doctoral, Universidad Pontificia de Salamanca, 2016). En lo que viene a continuación, pretendo demostrar que las fuentes principales usadas por Reina fueron (con la excepción de Pérez) otras: principalmente (1) la Políglota Complutense y (2) el *Textus receptus* en sus ediciones de París y sobre todo en la de Teodoro Beza de 1565.

Testamento, afirma que en algunos casos había dado preferencia a una de sus lecturas porque podría estar basada sobre un testimonio griego que con el tiempo se había perdido. Quitar lecturas que gozaban de la autoridad del texto original 'nunca ha sido necesario'; es más, 'la Ley de Dios ... manda que no se le quite ni se la añada'. El traductor que, 'queriendo y sabiéndolo, corrompe o altera algún lugar' será culpable de la corrupción de las Escrituras. Reina asevera que incluso es mejor 'pecar [...] contra la pulidez de la lengua española [...] aunque fuese en mucho, que [pecar] en muy poco contra la integridad del texto'.[254] Hacia el final de la 'Amonestación', Reina resume las fuentes y el método de su traducción, si bien en términos muy generales. Hace mención de los idiomas originales y de su propio conocimiento de ellos; de las opiniones de otros expertos que pudo consultar en persona o en libros ('así de los vivos como de los muertos'); de todas las traducciones ('versiones') a las que tuvo acceso y; por último, de los comentarios. Hizo una comparación entre todos ellos ('conferirlos entre sí') y seleccionó la mejor lectura según su propio criterio y entendimiento de las Escrituras.

Esto en cuanto a la evidencia externa que apunta al anhelo de Reina de llegar al sentido original. El resto de este artículo enfocará la evidencia interna, algunos pasajes que, por ser ambiguos, controvertidos o de alguna forma difíciles, son capaces de revelar los criterios del traductor.

b. *Fuentes del griego y del latín*

Hoy en día, cuando concebimos la labor de traducir el Nuevo Testamento, solemos pensar únicamente en fuentes del griego, sobre todo ediciones críticas como la Nestle-Aland. Pero traductores del siglo XVI tuvieron acceso a muy pocos textos con aparatos críticos. Es más, el idioma del mundo de la erudición bíblica era el latín. Las traducciones al latín fueron una guía valiosísima e imprescindible al significado del griego. Por lo tanto, las versiones latinas tuvieron un protagonismo importante, no solo para los católicos sino igualmente para los protestantes. Reina menciona explícitamente la versión latina del dominico Santes Pagnini (o Pagnino), versión

---

[254] Dicho sea de paso, que la actitud clara y tajante de Reina con respecto a la conservación de la integridad del texto original me hace cuestionar la tesis del artículo de Roldán-Figueroa sobre Rom 3:28 ("'Justified without the Works of the Law': Casiodoro de Reina on Romans 3,28", *Dutch Review of Church History* 85 (2005): 205–224). De una laguna en el texto (la omisión de *por la fe* en el v. 28) el autor saca conclusiones acerca de tendencias teológicas de Reina. Sospecho que dicha laguna se debe a un mero descuido del copista o cajista provocado por la repetición de *la fe* seis veces en pocas líneas de texto (vv. 26–30).

muy fiel al hebreo, que pudo haber consultado, por ejemplo, en la edición a cargo de Miguel Servet publicada en León de Francia en 1542.[255] Reina menciona además la *Vulgata* y afirma en la 'Amonestación' que tomó en cuenta sus lecturas. Otras posibles fuentes, que he incluido en el análisis de textos sueltos, pero que requieren un estudio más detallado, son la traducción latina de Sebastián Castellion (1551) y la de Vatablo (París: R. Stephanus, 1545)[256]. En particular, esta última parece haber influido en el Antiguo Testamento de Reina, y algún estudio en el futuro tendría que verificar el alcance de su influencia sobre el Nuevo.[257]

Erasmo. En cuanto al griego, Reina habrá tenido fácil acceso a una (o más) de las ediciones del *Novum Testamentum* de Desiderio Erasmo. Es un texto bilingüe griego-latín del Nuevo Testamento en cinco ediciones (1516, 1519, 1522, 1527 y 1535), todas editadas por Johannes Froben en Basilea. Mediante un proceso crítico que comparaba manuscritos y citas escriturales de los Padres, cada edición mejoraba la anterior.[258] Erasmo ofrecía al público erudito un texto griego unido a una nueva versión latina traducida por él, ajustada al griego y, por lo tanto, con diferencias frente a la *Vulgata*. Redactó además unas *Annotationes* que justificaban los cambios que él había introducido al latín y que orientaban al lector respecto de

---

[255] *Biblia sacra ex Santis Pagnini tralatione, se ad Hebraicae linguae amussim novissimè ita recognita* (León, Francia: Hugo à Porta, 1542).

[256] *Biblia. Quid in hac editione praestitum sit, vide in ea quam operi praeposuimus, ad lectorem epistola* (París: Robertus Stephanus, 1545). *Biblia, interprete Sebastiano Castalione: una cum eiusdem annotationibus* (Basilea: Johannes Oporino, 1551).

[257] La influencia aparente de Vatablo sobre el Antiguo Testamento de Reina me ha sido comunicado por Ignacio García Pinilla. Sobre Pagnino y Castellion, véase Bada, "La Biblia del Oso", 199-212.

[258] Erasmo afirma: 'Para mi primera edición usé cuatro [manuscritos] de griego; para la segunda, cinco; para la tercera añadí, además de otras, la edición Aldina; para la cuarta ya tuve a mi disposición también la Hispánica [la Políglota Complutense]. Luego, habiendo consultado algunos volúmenes de lengua latina, ya muy antiguos, ya enmendados, no me detuve allí; investigando minuciosamente a los autores más acreditados, atentamente observé lo que citaban, lo que leían, lo que enmendaban, lo que traducían. Y entonces con la solicitud debida en todas estas cosas, habiendo con alta fidelidad hecho comparaciones y habiendo reflexionado, elegí lo que decidí ser lo mejor, y ofrecí esto al público...' ("Apología", en *Novum Testamentum* [Basilea: Johannes Froben, 1541], fol. a4v). La 'Apología' aparece en todas las ediciones. En ella, Erasmo explicaba por qué la labor crítica era necesaria, defendía la inspiración divina de las Escrituras a pesar de la corrupción del texto y aseveraba que no pretendía dar reglas absolutas, sino sugerencias.

las posibles significaciones, variantes y matizaciones de los vocablos grie-gos.[259] Fue una herramienta indispensable para los traductores.

Textus receptus. El griego de Erasmo fue corregido e impreso por el antes mencionado Robertus Stephanus (Robert Estienne), impresor real de París.[260] Este texto recibió posteriormente (en el siglo XVII con la edición de Elzevir) el nombre de *Textus receptus,* ya que con el tiempo se convirtió generalmente en el texto de común uso para las traducciones del Nuevo Testamento hechas por protestantes en los países europeos y sus colonias. Usaré este término para referirme a dicho texto, teniendo en cuenta que es un uso anacrónico. El *Textus receptus* fue editado primero en 1546 en una edición de bolsillo; luego en 1550 Stephanus emitió una edición crítica de lujo con variantes textuales en los márgenes, impresa en una fuente griega bellísima grabada por Garamond;[261] y en 1551 sacó una edición en tres columnas: la *Vulgata*, el griego (sin las variantes) y el latín de Erasmo.[262] Las primeras dos ediciones fueron impresas en París, y la tercera en Ginebra después de que Stephanus se trasladara allí impulsado por sus convicciones protestantes.

Políglota Complutense. La Políglota Complutense es la magnífica obra patrocinada por el cardenal Jiménez de Cisneros y editada en Alcalá de Henares. El volumen del Nuevo Testamento fue impreso en 1514, pero no publicado hasta hacia 1522.[263] Así Erasmo pudo adelantarse con sus primeras dos (o quizá tres) ediciones. La Complutense traía, juntamente con la *Vulgata*, un texto griego con muchas diferencias de lectura frente a la versión de Erasmo. Hay que reconocer que las ediciones de Erasmo eran de fácil acceso y traían las *Annotationes,* mientras que la Políglota Complutense era relativamente escasa (se imprimieron 600 ejemplares) y de un tamaño folio costoso y poco portátil. No podemos descartar que

---

[259] Las *Annotationes* fueron reeditadas en el siglo XX en tres tomos: Anne Reeve y M. A. Screech (eds.), *Erasmus' Annotations on the New Testament,* (Londres: Duckworth, 1986; Leiden: E. J. Brill, 1990, 1993).

[260] Sobre esta figura, véase: Elizabeth Armstrong, *Robert Estienne, royal printer: An historical study* (Cambridge: Cambridge University Press, 1954).

[261] Τῆς Καινῆς Διαθήκης Ἄπαντα. Εὐαγγέλιον. Πράξεις τῶν Ἀποστόλων. *Novum Iesu Christi D.N. Testamentum. Ex Bibliotheca Regia* (París: Robertus Stephanus, 1550).

[262] Ἄπαντα τὰ τῆς Καινῆς Διαθήκης. Novum Iesu Christi D. N. Testamentum. Cum duplici interpretatione, D. Erasmi, & Veteris interpretis: Harmonia item Evangelica, & copioso Indice (Ginebra: Robertus Stephanus, 1551).

[263] *Testamentum Grece et Latine in Academia Complutensi noviter impressum* (Alcalá de Henares: Arnao Guillén de Brocar, 1514).

Reina encontrara un ejemplar para su uso en Basilea en algún taller de imprenta o en la universidad. Pero, aunque no tuviese acceso directo, la influencia de la gran Políglota de Cisneros se dejó sentir en la Biblia del Oso. Como queda dicho, el *Textus receptus* editado por Stephanus usó como texto de base la versión de Erasmo, pero con diferencias.[264] Stephanus corrigió lugares donde Erasmo se había equivocado (hay notables errores de transcripción del griego) y mejoró algunas lecturas dudosas, y para ello usó mayormente la Políglota Complutense. Es más, Erasmo ya había corregido su propio texto usando la Complutense en su cuarta edición del *Novum testamentum* (1527).[265] Stephanus, en la edición de 1550, tomó otro paso gigantesco, colocando en los márgenes lecturas variantes tomadas de 16 fuentes manuscritas e impresas. La más citada, con creces, es la Complutense. Es decir, la versión patrocinada por Jiménez de Cisneros seguía teniendo el protagonismo a la hora de mejorar el texto erasmiano, aun después de que tanto Erasmo como Stephanus la usaran para corregir el texto de base.[266] Con todo, no faltarían en el *Textus receptus* errores que se remontaban a la primera edición de Erasmo (1516) y que no llegarían a corregirse sino hasta siglos más tarde.

Teodoro de Beza. El *Textus receptus* recibió un gran impulso gracias a las ediciones a cargo de Teodoro de Beza (Théodore Bèze), reformador de Ginebra y sucesor de Calvino. Estas generalmente siguieron el texto de Stephanus: el crítico Wetstein, en el siglo XIX, calculó que había en torno a 50 diferencias, aunque ninguna de peso.[267] Las primeras dos ediciones se dieron al público en 1565 y 1567: o sea, con tiempo para que Reina

---

[264] Este hecho se comprueba fácilmente usando la edición del NT del taller de Stephanus de 1551, que reproduce el griego (juntamente con el latín de Erasmo y la *Vulgata*).

[265] La mayoría de las correcciones (90 de 106) se encuentran en Apoc, según John Mill (ed.), Ἡ Καινὴ Διαθήκη. *Novum Testamentum. Cum Lectionibus Variantibus MSS Examplarium, Versionum, Editionum, SS Patrum & Scriptorum Ecclesiasticorum; & in easdem Notis. ... Studio et labore Joannis Millii S. T. P. Oxonii* (Oxford: Sheldonian Theatre, 1707), cxiv, col. 2.

[266] Stephanus designó la Complutense por la letra α (el número 1 en griego) en las variantes marginales. Las 16 fuentes se describen, aunque con poco detalle, en el prólogo al lector de la edición.

[267] Las diferencias de Stephanus frente a la edición de Beza de 1565 están resaltadas en la edición del NT griego de F. H. Scrivener (ed.), Ἡ Καινὴ Διαθήκη. *Novum Testamentum. Textus Stephanici A.D. 1550. Cedunt variae lectiones editionum Bezae, Elzeviri, Lachmanni, Tischendorfii, Tregellesii. / Curante F. H. Scrivener. Editio auctior et emendatior* (Cambridge: Deighton, Bell & Soc., 1875; edición enmendada, 1877).

las aprovechara.[268] Hay pequeñas diferencias en el texto griego entre una y otra. Ambas ofrecen el griego, la *Vulgata* ('Vetus interpretatio') y una nueva versión latina ('Nova interpretatio') hecha por Beza mismo —que Frederick Scrivener calificó de 'elegante'—, en tres columnas. La que tiene más interés para nuestro estudio de Reina es la primera, de 1565. Su valor radica, sobre todo, en las anotaciones extensas redactadas por Beza sobre lecturas alternativas y el sentido del griego, cuya influencia (como veremos) se detecta en la Biblia del Oso.

Como interesante acotación, cabe mencionar el *Codex Bezae,* que contenía los Evangelios y los Hechos y que mostraba importantes diferencias frente a aquellas ediciones. Este códice del siglo V fue a parar en 1562 en Ginebra, en manos de Beza. Es tentador imaginarnos que pudo influir en la traducción de Reina. Pero si hubo tal influencia habrá sido indirecta, mediante la edición de Stephanus de 1550, que ya había recogido lecturas de este códice.[269] Por su parte, Beza se manifestó cauteloso ante las importantes diferencias del códice que hoy lleva su nombre, y prefirió no resaltarlas en sus propias ediciones del Nuevo Testamento.[270]

---

[268] Theodorus Beza (ed.), *Iesu Christi D.N. Novum testamentum, sive Novum foedus. Cuius Graeco textui respondent interpretationes duae: una, vetus: altera, nova, Theodori Bezae diligenter ab eo recognita. Eiusdem Th. Bezae annotationes* (Ginebra: Henri Estienne (Henricus Stephanus), 1565). La edición de 1567 también salió del taller de Stephanus.

[269] En la edición de 1550, la letra β corresponde a *'exemplar vetustissimum, in Italia ab amicis collatum',* que contenía los Evangelios y los Hechos de los Apóstoles, y que hoy se identifica con el *Codex Bezae Cantabrigiensis.* Este códice pertenecía al monasterio de San Ireneo, en León de Francia. Fue llevado al Concilio de Trento en 1546, y en torno a esa fecha algunos eruditos hicieron una colación del manuscrito para Stephanus. Devuelto luego a León, cayó en manos de los hugonotes en 1562 y fue enviado a Ginebra. En 1581, Beza lo donó a la Universidad de Cambridge. F. H. Scrivener aseveró en 1864: 'Ninguno que usara las herramientas a nuestra disposición para comprobar la exactitud de Stephanus como editor debería haber dudado jamás de la identificación de Codex Bezae con la β marginal de la edición de Stephanus' (*Bezae Codex Cantabrigiensis, being an exact copy, in ordinary type, of the celebrated uncial Graeco-Latin manuscript of the four Gospels and Acts of the Apostles, written early in the sixth century, and presented to the University of Cambridge by Theodore Beza, A.D. 1581* [Cambridge: Deighton, Bell, & Co., 1864], ix). Esta identificación es aceptada por la Universidad de Cambridge. El análisis de Bernad detectó dos instancias de la aparente influencia del *Codex Bezae* (Ms. D) sobre notas marginales de Reina en Mc 3:21 y 6:2: J. S. Bernad, "El texto griego de la versión de Casiodoro de Reina", *Estudios bíblicos* 33, n. 2 (1974): 181–185.

[270] Véase la introducción en Scrivener, *Bezae Codex Cantabrigiensis*, pp. vii-xiv (x).

c. Las fuentes en castellano

Enzinas, 1543.[271] Francisco de Enzinas, cuando traducía el Nuevo Testamento hacia principios de los años 40, no tuvo a su alcance la gama de ediciones que nombramos previamente. Existían entonces pocas posibilidades para hacer crítica textual del texto griego usando libros impresos. La fuente principal del griego fue el texto publicado por Erasmo. Existía también, como queda dicho, la Políglota Complutense, obra de inmensa importancia, con variantes notables frente a las ediciones erasmianas, pero difícil de obtener para consultas directas. Enzinas se limitaba a un puñado de fuentes: el griego y el latín de Erasmo, la *Vulgata*, la versión francesa de Olivétan y algunos comentarios; a los que hay que añadir la ayuda considerable del gran helenista Felipe Melanchthon, tutor y guía de Enzinas en el proceso de completar la traducción durante todo un año (1542) en Wittenberg.

Pérez de Pineda, 1556.[272] Cuando Juan Pérez se planteó la tarea de corregir la versión de Enzinas hacia principios de la década de los 50, tuvo —por lo menos en teoría— razones de peso para emprenderla, sobre todo a la luz de la producción de la imprenta de Stephanus. No es el cometido del presente estudio emitir ningún juicio sobre el uso por Pérez de fuentes más recientes que las que tuvo Enzinas. Pero lo que he podido ver sugiere que la revisión de Pérez, generalmente, siguió la versión de Erasmo, aunque en algunos pasajes tomó en cuenta lecturas de la Políglota Complutense. Un detalle sugerente es que la edición de 1556 carece de numeración de versículos, aun cuando Stephanus había fijado un sistema de números (el que seguimos usando a día de hoy) en la edición trilingüe de 1551 impresa en Ginebra. Si Pérez en realidad siguió generalmente el texto de Erasmo, Reina se vería más que justificado en hacer una traducción nueva o mayormente nueva, aprovechando las ediciones de Stephanus.

La 'Amonestación' en ningún momento menciona otras traducciones al español del Nuevo Testamento. En cuanto a la versión pionera de Francisco de Enzinas de 1543, no he visto ninguna evidencia de que Reina la usara directamente. Por otra parte, no cabe duda que Reina ya conocía la edición de 1556 cuando comenzó su propia traducción. La habrá visto en

---

[271] *El Nuevo Testamento de nuestro redemptor y salvador Iesu Christo, traduzido de Griego en lengua Castellana, por Françisco de Enzinas, dedicado a la Cesárea Magestad* (Amberes: Steven Mierdmanns, 1543).

[272] *El Testamento Nuevo de nuestro Señor y salvador Iesu Christo. Nueva y fielmente traduzido del original Griego en romance Castellano. En Venecia, en casa de Iuan Philadelpho* ([Ginebra: Jean Crespin], 1556).

Sevilla o —lo que es más probable— tan pronto como llegara a Ginebra en 1557. Es más, estuvo al tanto de las revisiones posteriores que Pérez hacía a su Nuevo Testamento después de que se trasladara de Ginebra a la región de Orléans en 1560. Ambos traductores coincidieron durante unas semanas del año 1565 en la corte de la Duquesa de Ferrara en Montargis.

Reina sabía que Pérez, antes de su muerte en octubre de 1566, estaba planificando la impresión en París de dicha nueva revisión y estuvo al tanto de los intentos de editarla en 1567-1568, después de la muerte de Pérez. Desde Basilea el 30 de junio de 1568, un allegado de Reina, Marcos Pérez, escribió a otro español asentado en Flandes (probablemente Diego López), que estaba gestionando la impresión de la Biblia castellana en Francia. En la carta hace referencia tanto al proyecto de Reina en Basilea como a la revisión más reciente del Nuevo Testamento de Juan Pérez cuya publicación estaba a cargo de López.[273] Esta edición —que ha desaparecido por completo— es por sí misma de sumo interés. ¿Pérez la corrigió según las ediciones de Stephanus? Sería lógico. ¿Contenía notas teológicas, al estilo de las Biblias de Ginebra en francés o inglés? Las noticias en la correspondencia diplomática española sugieren que sí. Es más, en torno a 1574 la Facultad de Teología de la Sorbona sometió a examen un Nuevo Testamento en castellano con 'glosas' ginebrinas (otra edición de la que hoy no tenemos ningún ejemplar).[274] En cualquier caso, las autoridades hacían todo lo posible para que Diego López y los socios del difunto Juan Pérez fracasaran en sus intentos de editar lo que hubiera sido la segunda edición de Pérez —la tercera (revisada) de Enzinas—, hecho que Marcos Pérez lamentaba desde Basilea:

> Pésame del impedimento que hay en la impresión del testamento nuevo, y así imperfecto como está recibiré merced que con la primera oportunidad vuestra merced me envíe un ejemplar o dos.[275]

Está claro que el proyecto de los socios de Pérez y el de Reina de alguna manera estaban en competencia. Las diferencias se remontaban, quizá, al disgusto que el último sentía en Ginebra, mientras que el primero

---

[273] Real Academia de la Historia, *Archivo documental español [...] XIV: Negociaciones con Francia, X (21 de octubre 1567 al 30 de junio 1568)* (Madrid: Real Academia de la Historia, 1959), 494–496 (doc. 1.664).

[274] C. du Plessis D'Argentre, *Collectio judiciorum de novis erroribus* (París, Andreas Cailleau, 1728), 2:420–425.

[275] El original de la carta se conserva en el Archivo de Simancas, *Estado*, leg. K.1509, n. 80; fechado en Basilea a 30 de junio de 1568. Está transcrito en Real Academia de la Historia, *Archivo documental español*, 494–496 (doc. 1.664).

colaboraba tranquilamente con Calvino durante media década. Sin embargo, cabe mencionar que el año anterior Reina había escrito a Beza para investigar las posibilidades de imprimir la Biblia en Ginebra con Jean Crespin, el impresor de Juan Pérez. En cualquier caso, Marcos Pérez por su parte veía los dos proyectos como complementarios, no competitivos. Incluso, sugirió que quizá se pudiera sacar dinero de la venta de la Biblia de Reina para costear la impresión de la nueva revisión del Nuevo Testamento hecha por Pérez. Sin duda, fue Reina quien instigó a Marcos Pérez a solicitarle a Diego López un ejemplar de esa versión.[276] No sabemos si le llegó o no. En cualquier caso, los rasgos de la edición previa de Pérez (1556) se ven claramente en la versión de Reina.

2. Las fuentes que se detectan en el texto de Reina

De todas las fuentes que Reina pudo tener a su alcance ¿cuáles se detectan mediante el análisis de textos? A la hora de hacer un estudio comparativo, tenemos la ventaja de saber que Reina tuvo a mano la versión de Pérez. Este hecho queda enteramente comprobado con respecto a los últimos nueve libros del Nuevo Testamento, ya que desde Santiago capítulo uno hasta el final del Apocalipsis, la versión de Reina *es* la de Pérez, salvo algunos cambios leves.[277] Por lo tanto, puede sospecharse de entrada que, para el resto de los libros, Reina tuvo a mano la versión de su predecesor. Creo que nuestro análisis confirma esta hipótesis. Veamos algunos ejemplos de los primeros cinco capítulos de Romanos. Para este análisis, he señalado supresiones con <corchetes>, adiciones en **negritas**, cambios de vocabulario subrayados y cambios de orden de palabras /entre barras/.

Romanos 1:2

> *Pérez:* el qual él avía antes prometido por sus Prophetas en las Escripturas sanctas
>
> *Reina:* el qual <> avía antes prometido, por sus Prophetas en las /sanctas Escripturas/

---

[276] *Archivo documental español, publicado por la Real Academia de la Historia*, XIV: *Negociaciones con Francia, X (21 de octubre 1567 al 30 de junio 1568)* (Madrid: Real Academia de la Historia, 1959), doc. 1664, pp. 494-496.

[277] Véase el análisis de pasajes de Stg, Jud, 1 Jn y Apoc en Bada, "La Biblia del Oso", 316–338.

Romanos 1:29-30

> *Pérez:* Siendo llenos de toda injusticia, de fornicación, de malicia, de avaricia, de maldad; llenos de invidia, de homicidios, de contención, de engaño, de perversa condición; murmuradores, maldizientes, aborrecedores de Dios, injuriadores, sobervios, vanagloriosos, inventadores de males, desobedientes a padres y a madres...

> *Reina:* Atestados de toda iniquidad, de fornicación, de malicia, de avaricia, de maldad; llenos de embidia, de homicidios, de contiendas, de engaños, de malignidades; murmuradores, detractores, aborrecedores de Dios, injuriosos, sobervios, altivos, inventores de males, desobedientes a sus padres <>...

Romanos 4:1

> *Pérez:* Pues ¿qué diremos que Abraham nuestro padre según la carne halló?

> *Reina:* /¿Qué pues diremos que halló Abraham nuestro padre según la carne?/

Romanos 4:12

> *Pérez:* Y que él fuese Padre de la Circuncisión, no solamente a los que son de la Circuncisión, pero también a los que siguen las pisadas de la fe, que estuvo en el prepucio de nuestro padre Abraham.

> *Reina:* Y que <> sea padre de la circuncisión, no solamente a los que son de la circuncisión, mas también a los que siguen las pisadas de la fe, que fue en <> nuestro padre Abraham **antes de ser circuncidado**.

Romanos 5:10-11

> *Pérez:* Porque si siendo enemigos, fuemos reconciliados con Dios por la muerte de su Hijo, muncho mejor estando ya reconciliados, seremos salvos por su vida. Y no tan solamente esto, pero aún también nos gloriamos en Dios por nuestro Señor Iesu Christo, por el qual agora avemos alcançado reconciliación.

> *Reina:* Porque si siendo enemigos, fuemos reconciliados con Dios por la muerte de su Hijo, mucho más <> ya reconciliados seremos salvos por su vida. Y no <> solo esto, mas aún <> nos gloriamos en Dios por el / Señor nuestro/ Iesús el Christo, por el qual /hemos aora/ recebido la reconciliación.

Creo que estas breves comparaciones ponen de manifiesto la presencia de Pérez en la Biblia del Oso en una parte del Nuevo Testamento que —a diferencia de Santiago a Apocalipsis— recibió una revisión profunda. Vemos también técnicas típicas del proceso editorial de Reina: (a) la supresión de pronombres (1:2; 4:12) y de otras partículas superfluas, especialmente algunos adverbios que estorban el flujo de la lectura (5:10-11); (b) el cambio de orden de las palabras (1:2; 4:1; 5:11); (c) la sustitución de sinónimos y términos afines (1:29-30; 5:11) y su preferencia por ciertas conjunciones, como 'mas' en vez de 'pero' (4:12; 5:11); y (d) adiciones (con o sin supresiones correspondientes) que aclaran el significado del pasaje (4:12) y la típica adición del artículo ante 'Cristo' (5:11).

d. *Análisis de varias lecturas*

Reconocer que hay un texto de base detrás de la traducción de Reina facilita la comprobación de las variantes tomadas de otras fuentes. El siguiente análisis tomará en cuenta todas las fuentes antes mencionadas: (1) del **griego**: Erasmo (ed. de 1535), Stephanus (ed. de 1550), Beza (ed. de 1565), cuyas pequeñas variantes entre sí posibilitan su diferenciación; y la Políglota Complutense; (2) del **latín**: la *Vulgata* (tomada de Erasmo 1527, de la Complutense y/o de Beza); las versiones latinas de Erasmo, Beza, Pagnini-Servet (Lyons, 1542), Vatablo (ed. de Stephanus, 1545) y Castellion (1551); (3) del **castellano**: Enzinas y Pérez; (4) y las **notas** de Erasmo (1535) y Beza (1565). En las siguientes citas, las lecturas griegas tomadas de Erasmo, Stephanus, Beza y la Políglota Complutense se designan **E, S, B y C**.

Los siguientes cinco pasajes fueron seleccionados debido a las variantes que diferencian las principales fuentes griegas. En cada caso, Reina optó por la lectura corregida por Stephanus y/o Beza contra Erasmo, siguiendo la Políglota Complutense. Por otra parte, el procedimiento de Pérez había sido inconsistente, pues en el pasaje de Lucas siguió la Complutense (directamente o mediada por Stephanus), mientras que en los otros pasajes reprodujo las lecturas de Erasmo.

Mateo 22:13

> *Reina*: Entonces el Rey dixo a los que servían, Atado de pies y de manos tomaldo y echaldo en las tinieblas de a fuera...

Δήσαντες αὐτοῦ πόδας καὶ χεῖρας καὶ ἐκβάλετε ('Atadlo de pies y manos y echadlo') (**E**). Δήσαντες αὐτοῦ πόδας καὶ χεῖρας ἄρατε αὐτὸν καὶ ἐκβάλετε ('Atadlo de pies y manos y tomadlo y echadlo') (**S, B, C**).

Stephanus tomó las palabras ἄρατε αὐτόν ('tomadlo') de la Complutense. Faltan en la versión de Enzinas, y Pérez *no* las suplió.

Mateo 23:7

> *Reina*: Y las salutaciones en la plaças, y ser llamados de los hombres, Rabbí, Rabbí.

ῥαββὶ (**E**).

ῥαββί ῥαββί (**S, B, C**).

En Enzinas y Pérez encontramos un solo 'Rabbí', siguiendo a Erasmo.

Lucas 2:22

Reina: Y como se cumplieron los días de la purificación de María conforme a la Ley de Moysén, truxéronlo a Hierusalem para presentarlo al Señor.

αἱ ἡμέραι τοῦ καθαρισμοῦ αὐτῶν ('los días de la purificación de ellos') (**E, S**).

ἀι ἡμέραι τοῦ καθαρίσμοῦ αὐτῆς ('los días de la purificación de ella') (**B, C**).

Beza tomó su lectura de la Complutense (se lee también en el margen de Stephanus 1550).[278] Enzinas pone 'la purgación d'ellos' pero Pérez reza: 'la purgación d'ella', lo cual demuestra que él manejaba en este lugar o la edición de Stephanus de 1550 (fol. 103, lin. 3, margen) o bien la Complutense misma. La lectura de Reina va más allá: 'la purificación de María'. Esta interpolación depende directamente de Beza, pues él explica en sus anotaciones que tomó αὐτῆς ('de ella') de la Complutense, siendo la lectura lógica ya que la purificación se refería solo a la mujer. Beza en su versión latina lo hace explícito: 'purgationis Mariae', y Reina traduce directamente de allí.

Romanos 14:9

Reina: Porque el Christo para esto murió, y resuscitó, [y bolvió a bivir]...

Χριστὸς καὶ ἀπέθανε καὶ ἀνέστη καὶ ἀνέζησεν ('Cristo murió y resucitó y volvió a la vida') (**E, S, B, C**).

Vulgata: 'Christus et mortuus est et resurrexit' ('Cristo murió y resucitó'). A diferencia de la *Vulgata*, el latín de Erasmo y de Beza (también de Santes Pagnini) sigue el griego con sus tres verbos: 'murió, resucitó, volvió a la vida'. No obstante, Beza en sus anotaciones expresó dudas sobre esta lectura, puesto que los códices griegos no estaban de acuerdo: algunos decían 'murió y volvió a vivir' (a día de hoy, es la lectura preferida

---

[278] El pronombre en la *Vulgata* es singular, pero de género ambiguo: 'dies purgationis eius'.

de Nestle-Aland y de la *Vulgata* crítica) y otros, con la *Vulgata*, 'murió y resucitó'. La lectura de Reina, con sus corchetes, refleja estas dudas y se inclina por la *Vulgata*.

Hebreos 10:2

> *Reina*: De otra manera cessarían de offrecerse...

ἐπεὶ οὐκ ἄν ἐπαύσαντο προσφερόμεναι ('de otra manera no habrían cesado de ser ofrecidos') (**E, S**).

ἐπεὶ ἄν ἐπαύσαντο προσφερόμεναι ('de otra manera habrían cesado de ser ofrecidos') (**B, C**).

Pérez pone: 'De otra manera no hubieran ya cesado de ser ofrecidos', respetando la partícula de negación οὐκ de Erasmo, pero Reina sigue la lectura de Beza, que a su vez siguió la Complutense. En este caso, el consenso crítico a día de hoy es que Beza y la Complutense transmitían un error por omisión.

e. *Análisis de Romanos 1–5*

Aparte de estos textos sueltos, he hecho un análisis detallado del texto completo de los primeros cinco capítulos de Romanos (y los mismos del Apocalipsis, que se verán más adelante) en las tres versiones castellanas del siglo XVI. El texto de Pérez, como queda dicho, fue una revisión del de Enzinas. En general, la depuración hecha por Pérez produjo un texto levemente más 'ligero'. En cambio, el efecto de la mano de Reina en el texto de Pérez fue notable; los primeros cinco capítulos de Romanos suman, respectivamente, Enzinas: 3 163 palabras, Pérez: 3 145, Reina: 2 860. Este dato, sin que entremos más a fondo, sugiere que una de las metas de Reina en hacer una versión nueva fue la de crear un texto más refinado y ameno para el lector.

Nuestro análisis divide los cambios en dos grupos: *sustanciales* y *menores*. Los cambios *sustanciales* son: (1) modificaciones de *vocabulario*: o sea, la sustitución de sinónimos o términos próximos, y el ajuste de tiempos verbales; (2) algunas *supresiones* que responden a consideraciones críticas y; (3) *adiciones*, que suelen ser (a) artículos ante sustantivos genéricos, (b) palabras suplidas en cursiva para completar el sentido de una frase u oración, (c) la inserción de adverbios o conjunciones para ayudar a la comprensión. He pensado que todas las adiciones al texto deben considerarse como sustanciales, ya que de alguna forma modifican el sentido, incluso el sentido teológico.[279] Algunos cambios sustanciales responden a cuestiones críticas, cuya intención fue la de corregir un error o una imprecisión en el texto a la luz de las fuentes. Estos pueden ser cambios de sintaxis, vocabulario, tiempos verbales, o adiciones o supresiones de palabras. Varios de estos cambios críticos se describen en el análisis de versículos particulares más adelante.

Los cambios que he considerado *menores* son: (1) las *supresiones* que no responden a criterios críticos: las más comunes son de pronombres cuando el sujeto queda claro por el verbo y/o una referencia previa; esta técnica es casi una manía con Reina y ayuda a explicar por qué su texto es notablemente más corto que el de Pérez. Hay también (2) cambios menores de varios tipos, en particular la modificación del orden de palabras.

He aquí los datos:

Análisis de los cambios hechos por Reina frente al texto de Pérez en Romanos 1–5					
Capítulo	1	2	3	4	5
Total de palabras en Reina	689	599	551	518	503
Total de palabras en Pérez	758	658	611	571	536
Total de palabras en Enzinas	765	663	605	576	554
Cambios sustanciales					
Vocabulario	105	96	78	70	69
Adiciones	20	11	18	11	23
Supresiones	5	1	1	1	1
Cambios menores					
Supresiones menores	18	23	17	7	12
Cambio de orden de palabras	14	10	10	11	14

[279] Por ejemplo, Reina casi siempre cambia 'Iesu Christo' (Pérez) a 'Iesus el Christo' y 'Christo' a 'el Christo'. ¿Tendrá algún significado teológico? Compárese también la diferencia entre Pérez y Reina en estos ejemplos (en cada caso el segundo es la modificación de Reina): 'recibimos gracia' y 'recibimos la gracia' (Rom 1:5); 'el justo vivirá por fe' y 'el justo vivirá por la fe' (Rom 1:17); 'para que él sea justo' y 'para que él sea el Justo' (Rom 3:26); '[Dios] justificará de fe' y '[Dios] justificará de la fe' (Rom 3:30); 'justicia sin obras' y 'justicia sin las obras' (Rom 4:6); 'la gracia reine por justicia' y 'la gracia reine por la justicia' (Rom 5:21).

Totales en cada capítulo: (a) total de cambios sustanciales en Reina y el porcentaje del texto de Pérez cambiado. (b) como comparación: el total de cambios sustanciales en Pérez y el porcentaje del texto de Enzinas cambiado.				
(a) Reina	130 = 17,2%	108 = 16,4%	97 = 15,9%	82 = 14,4%	93 = 17,4%
(b) Pérez	99 = 12,9%	81 = 12,2%	76 = 12,6%	75 = 13%	72 = 13%
(a) Reina	162 = 21,4%	141 = 21,4%	124 = 20,3%	100 = 17,5%	119 = 22,2%
(b) Pérez	125 = 16,3%	94 = 14,2%	90 = 14,9%	88 = 15,3%	90 = 16,2%

La suma de palabras en las tres versiones y el total de los cambios son los siguientes. Los porcentajes representan el total de los cambios dividido por la suma de palabras de la versión *anterior*.

Romanos cap. 1–5	Total de palabras	Diferencia	Cambios sustanciales	Todos los cambios
Enzinas	3 163	--	--	--
Pérez	3 145	(-18)	403 (12,7%)	487 (15,3%)
Reina	2 860	(-285)	510 (16,2%)	646 (20,5%)

Hay que señalar que este proceso no es exacto; solo nos da una idea aproximada del proceso editorial. El recuento de cambios no es equivalente a un recuento de palabras. Aunque la mayoría de los cambios constan de una sola palabra, la supresión de una palabra en Enzinas (por ejemplo) puede tener su contrapartida en una frase de tres o cuatro en la edición de Pérez. Esto ocurre, por ejemplo, en Romanos 1:28, donde Pérez sustituyó 'menospreciaron' por 'no se dieron nada en conocer'. El proceso inverso también ocurre. A fin de cuentas, me parece que lo que nos interesa es saber la frecuencia con que Pérez o Reina intervinieron en la traducción de su predecesor, y poder comparar los dos procesos editoriales.

f. *Siete lugares en Romanos 1–5*

A continuación, presento el análisis de lugares que revelan fuentes usadas por Reina a la hora de tomar decisiones críticas.[280] La primera cita de cada sección es de la versión de Reina.

---

[280] Dicho sea de paso, en Rom 1–5, no hay ninguna diferencia entre el texto griego de Stephanus y el de Beza, 1565.

Romanos 1:3-4

> de su Hijo, (el qual [le] fue hecho de la simiente de David, según la carne:

> el qual fue declarado Hijo de Dios con potencia según el Espíritu de sanctificación, por la resurreción de los muertos) de Iesús el Christo Señor nuestro.

El primer asunto es cómo traducir τοῦ γενομένου en el v. 3, περὶ τοῦ υἱοῦ αὐτοῦ τοῦ γενομένου ἐκ σπέρματος Δαυὶδ —'acerca de su Hijo (que vino a ser del linaje de David según la carne'[281]—. La *Vulgata* reza 'qui factus est ei...' ('el que le fue hecho...'). Erasmo, por su parte, rechazó tanto *factus* ('hecho') como la partícula *ei* ('le') y tradujo esta frase 'qui genitus fuit...' ('el que fue engendrado...'). En sus *Annotationes* sugirió como alternativa, *natus* ('nacido'). Enzinas, como buen erasmista, puso 'el qual fue engendrado'. Pero Pérez lo cambió a 'hecho'. Pongo aquí ambos versículos de la versión de 1556:

> tocante a su hijo Iesu Christo, nuestro Señor (el qual fue hecho de la simiente de David según la carne,

> y fue declarado Hijo de Dios con potencia según el Espíritu de sanctificación, porque resucitó de los muertos:[282]

En todo caso, 'hecho' se aproxima más al significado de γενόμενος (γίνομαι, 'llegar a ser, originarse, surgir') que 'engendrado', el acto del padre en la producción de un hijo. Como se puede apreciar, Reina mantuvo esta lectura, quizás a la luz de lo que opinaba Beza en sus notas: que Erasmo no acertó con cambiar *factus* a *genitus,* 'como si el evangelista hubiera escrito γεννηθέντος' (γεννάω, 'engendrar'). Beza citó el apoyo de varios Padres de la Iglesia, incluyendo a Tertuliano, Ireneo y Agustín, y también el uso de γίνομαι en Juan (Jn 1:15; 8:58; etc.).[283] Lo que presta especial interés a este lugar es que Reina incorporó de la *Vulgata* el pronombre dativo del latín, *ei* —aunque entre corchetes— partícula que carece de apoyo en los manuscritos griegos. Es más, colocó en el margen, 'i.e., nació', reconociendo la sugerencia *natus* de Erasmo.

Otra cuestión en estos versículos es la posición de la frase 'Jesucristo, Señor nuestro'. En el texto griego viene al final del v. 4, en caso genitivo.

---

[281] *Biblia Textual Reina-Valera: el Nuevo Testamento* (Barcelona: Sociedad Bíblica Iberoamericana, 1999).

[282] El cierre de paréntesis está al final del versículo seis.

[283] Beza, *Novum Testamentum*, 130.

La *Vulgata* dice 'ex resurrectione mortuorum Iesu Christi domini nostri' ('de la resurrección de los muertos de Jesucristo nuestro Señor'). Tanto Erasmo como Beza rechazaron esta lectura, interpretando el genitivo como dependiente, no de 'resurrección', sino de περί al inicio del v. 3 ('de' en Reina, 'tocante a' en Pérez) siendo, por lo tanto, el complemento de 'su Hijo'. La solución de Pérez, siguiendo a Enzinas, fue la de trasponer la frase al inicio para relacionarla directamente con 'tocante a su Hijo'. La solución de Reina es más elegante y fiel al original, cerrando los corchetes al final del par de frases subordinadas (introducidas por 'el qual') para separarlas de las dos referencias a la persona de Jesucristo[284] y haciendo eco del 'de' que introduce el v. 3, que no consta en el original, pero que se entiende por el anterior.

Romanos 1:5

> Por el qual recebimos la gracia y el Apostolado para *hazer* que se obedezca a la fe en todas las Gentes en su Nombre.

Aquí Reina reproduce con pocas diferencias el texto de Pérez. La principal diferencia es la introducción del vocablo 'Apostolado'; Enzinas y Pérez dicen 'oficio de Apóstol'. Reina pone una nota al margen vinculada con 'en su nombre' que dice, 'va con la fe'. Esta es la interpretación de Erasmo en sus *Annotationes*. Beza alega en sus notas que la frase se refiere a la vocación de apóstol. En este caso, pues, Reina siguió a Erasmo contra Beza.

Romanos 1:16

> Porque no me averguenço del Evangelio, porque es potencia de Dios para *dar* salud a todo aquel que cree: al Judío primeramente, y también al Griego.

Este versículo es otro ejemplo de cómo Reina usó a Pérez como texto de base, al mismo tiempo haciendo importantes correcciones y sustituciones. Aquí Pérez:

> Porque no me averguenço del Evangelio de Cristo, porque es la potencia de Dios para dar salud a todos los que creen: al Judío primero, después también al Griego.

---

[284] Compárese la versión *Biblia Textual Reina-Valera* (1999): allí se mantienen los corchetes de la Biblia del Oso: 'acerca de su Hijo (que vino a ser del linaje de David según la carne, designado Hijo de Dios con poder, conforme el Espíritu de santidad, por la resurrección de los muertos) Jesucristo, nuestro Señor'.

Reina aligera el texto suprimiendo un artículo; señala que 'dar' es una interpolación poniéndolo en cursiva; y corrige 'todos los que creen', pues el griego está en singular. Lo más notable es que Reina suprimió 'de Cristo'. En este punto siguió la *Vulgata* ¡contra todas las versiones griegas![285] ¿Por qué? Primeramente, parece que entendió una verdad que ni siquiera Erasmo pudo admitir: que muchas lecturas de la *Vulgata* resultaban más fiables que las ediciones griegas, puesto que representaban manuscritos antiquísimos que con el tiempo se habían perdido (al menos no se conocían en la Europa Occidental del siglo XVI). Reina afirma esto explícitamente en la 'Amonestación':

> Algunas veces hallamos que la vieja versión latina añade sin ninguna autoridad de texto griego, y ni aún esto quisimos dejar, por parecernos que no es fuera del propósito, y que fue posible haber tenido también texto griego de no menos autoridad que los que ahora se hallan.

En segundo lugar, Erasmo en sus *Annotationes* (en una adición de su cuarta edición) señaló que en algunos manuscritos griegos —no dice cuáles— faltaba la frase, y que no se encontraba tampoco en Juan Crisóstomo. En este caso el olfato crítico de Reina acertó, porque hoy sabemos que la frase no se encuentra en ninguno de los manuscritos más fiables.

Romanos 1:32

> Que habiendo entendido la justicia de Dios, no entendieron que los que hacen tales cosas son dignos de muerte; no solo los que las hacen, más aun los que consiente a los que las hacen.

Aquí también Reina decidió seguir la *Vulgata* contra Beza y todos los testimonios griegos. La frase 'no entendieron' no consta en los manuscritos griegos y, es más, introduce un cambio de sentido frente a la lectura de Erasmo y Beza (la que hoy solemos usar). Reina la tomó de la *Vulgata*: 'non intellexerunt quoniam...'. Beza dice en sus notas que encontró esta frase en la *Vulgata* y en Cipriano, pero que ningún manuscrito griego la traía. De hecho, hoy sabemos que esta lectura corresponde a manuscritos griegos que Erasmo y Beza no conocían. En revisiones posteriores de la versión Reina-Valera (aunque no en la edición de 1602) los editores suprimieron la frase. Hoy sigue siendo una de las diferencias notables entre las versiones protestantes y las católicas (compárese, por ejemplo, la versión de Torres Amat).[286]

---

[285] La frase consta en Enzinas, Pérez, Vatablo, Santes Pagnini y Castellion.

[286] *La Sagrada Biblia, nuevamente traducida de la Vulgata latina al español ... / por Don Félix Torres Amat*, 2 tomos (Madrid: Imprenta de Don León Amarita, 1823).

Incluyo aquí observaciones adicionales sobre el capítulo uno: los vv. 4-6 siguen más o menos el texto de Pérez. En cambio, los vv. 9-12 ofrecen ejemplos de una producción propia de Reina que tiene poco que ver con la versión anterior. Estos versículos siguen el griego y/o el latín de Beza y frecuentemente toman en cuenta también las lecturas y comentarios de Erasmo. Reina vuelve a seguir el texto de Pérez en los vv. 21-31, en particular tomando de su predecesor español la mayoría de los términos que describen los pecados de la humanidad, como ya se ha señalado (vv. 29-31).

Romanos 3:5b

¿Será *por esso* injusto Dios que da castigo?

En el margen, vinculado con 'castigo', Reina pone 'Yra'. El procedimiento de Pérez fue el inverso: '¿Es Dios injusto, que trae ira?' y al margen, 'que castiga'. El problema se radica en cómo traducir ὁ ἐπιφέρων τὴν ὀργήν ('el que está llevando la ira'). Erasmo lo traduce: 'qui inducat iram'; la *Vulgata*, 'qui infert iram', literalmente: 'el que trae la ira'. Pero la traducción de Beza es: 'qui inferat poenam', 'el que trae castigo'. El argumento de Beza es que no se debe traducir textualmente τὴν ὀργήν ('la ira') como hicieron Erasmo y la *Vulgata*, ya que es frecuente en Pablo el uso, al estilo hebreo, de 'ira' por 'aquellos efectos de los cuales uno llega a comprender que Dios está airado', es decir, los castigos.[287] Reina aquí siguió la interpretación de Beza sin dejar de indicar la traducción literal en la nota.

Romanos 5:2b

y nos gloriamos en la esperança de la gloria [de los hijos] de Dios.

El texto que Reina pone entre corchetes aparece solamente en la *Vulgata*: 'et gloriamur in spe gloriae filiorum dei'. Beza en sus anotaciones señalaba que ningún manuscrito griego apoyaba 'de los hijos'; no obstante, reconocía que detrás de esta lectura de esta versión latina debía de haber una fuente griega, e incluyó el equivalente en griego en su nota: τῆς δόξης τῶν υἱῶν τοῦ θεοῦ. Reina habrá tomado su interpolación de allí. Valera la suprimió en su revisión de 1602. Compárese Torres Amat: 'y nos gloriamos, esperando la gloria de los hijos de Dios'.

---

[287] Beza, *Novum Testamentum*, 148.

Romanos 5:18

> Ansí que de la manera que por un delicto *vino el juyzio* a todos los hombres para condenación, ansí por una justicia *vino la gracia* a todos los hombres para justificación de vida.

Aquí la cuestión es cómo interpretar los artículos que van con 'delicto' y 'justicia'. ¿Modifican dichos sustantivos, como los ha interpretado Reina? ¿O se refieren más bien al 'uno / un hombre' del anterior διὰ τοῦ ἑνὸς Ἰησοῦ Χριστοῦ ('por medio de uno, Jesucristo')? El griego es ambiguo, ya que el genitivo ἑνός puede ser masculino (refiriéndose en este caso a Jesucristo) o neutro (refiriéndose entonces a los sustantivos, ambos neutros). Erasmo y la *Vulgata* los interpretan en género masculino: 'per unius delictum ... per unius iustificationem' ('por el delito de uno ... por la justicia de uno'). Y así Pérez pone: 'por el delicto de uno ... assí también la justicia de uno'. Pero aquí tenemos uno de los ejemplos más claros de la intervención de la versión de Beza, en este caso de su traducción latina:

> Nempe igitur sicut per unam offensam *reatus venit* in omnes homines ad condemnationem: ita per unam iustificationem *beneficium redundavit* in omnes homines ad iustificationem vitae.

Notamos que Reina sigue no solamente las interpretaciones 'unam offensam' ('un delicto') y 'unam iustificationem' ('una justicia'), sino que reproduce las dos interpolaciones que van en cursiva.

En general, estos breves análisis nos indican que la influencia primaria o más frecuente sobre Reina fue el texto de Beza (en particular su traducción latina) y sus notas. No obstante, a veces Reina se decanta por Erasmo, contra la crítica de Beza a este, y a veces por la *Vulgata*. Incluso, el respeto que Reina demuestra en la práctica por la *Vulgata* es mayor de lo que se podría suponer de su valoración en la 'Amonestación'. No estaría demás recalcar que Reina parece haber sospechado, correctamente, que las fuentes griegas disponibles entonces, con sus variantes entre sí, no eran del todo fiables, y que la *Vulgata* debería de representar, en ciertos casos, lecturas aún más antiguas y cercanas al original. Reina, pues, estaba atento siempre a las distintas posibilidades presentadas en fuentes de peso y las manejaba críticamente.

g. *Análisis de Apocalipsis 1–5*

En primer lugar, con respecto a Pérez, su tarea al corregir la versión de Enzinas en Apocalipsis parece haber sido la de mejorar algunos términos para facilitar la lectura y comprensión, pulir expresiones algo torpes; y en algunos casos encontrar una palabra más ajustada al sentido del griego. Con todo, son menos los cambios que Pérez hizo a Enzinas en Apocalipsis que los que vemos en Romanos: un total de 289 cambios, el 10%. El porcentaje de cambios que he considerado sustanciales (sobre todo la sustitución de vocabulario) es de un 7,4%.

En general, el método de Reina en estos capítulos fue dar un toque ligero al texto, siempre atento a corregir errores e inexactitudes y a alisar la lectura cambiando palabras y expresiones que la entorpecían. Reina suprimió muchos pronombres superfluos y algunas otras expresiones (por ej., suprimió tres veces 'mano' en la expresión de Pérez, 'en su mano diestra': Apoc 1:16, 17; 2:1). De hecho, las supresiones representan el 46% del total de los cambios introducidos por Reina en estos cinco capítulos. En un par de lugares cambió el orden de palabras. Sustituyó algún que otro vocablo para mejorar la lectura: por ej., Apocalipsis 3:18: 'que compres de mí oro afinado en fuego', donde Pérez había puesto 'oro encendido', que dejaba poco claro el significado de la imagen. Los cambios sustanciales (cambio de vocabulario, cambio de tiempo verbal, inserción o supresión de un vocablo importante) son realmente pocos: los lugares modificados por Reina de una forma significativa en estos capítulos representan apenas el 2,2% del texto de Pérez. Cuando se suman los cambios menores (alteración del orden de palabras, sustitución de un sinónimo cercano, supresión de un pronombre superfluo), la cifra sigue estando muy por debajo del total de las intervenciones análogas llevadas a cabo por Pérez en el texto de Enzinas, como se puede apreciar en las tablas adjuntas.

Análisis de los cambios hechos por Reina frente al texto de Pérez en Apocalipsis 1–5					
Capítulo	1	2	3	4	5
Total de palabras en Reina	577	767	604	349	385
Total de palabras en Pérez	587	800	619	355	415
Total de palabras en Enzinas	603	824	646	364	426
Cambios sustanciales hechas por Reina frente al texto de Pérez					
Vocabulario	13	7	5	6	6
Adiciones	8	3	2	1	0
Supresiones	5	3	0	0	1
Cambios menores					
Supresiones menores	11	18	6	2	2
Cambio de orden de palabras	0	5	0	0	1

Totales en cada capítulo: (a) total de cambios sustanciales en Reina y el porcentaje del texto de Pérez cambiado. (b) como comparación: el total de cambios sustanciales en Pérez y el porcentaje del texto de Enzinas cambiado.					
(a) Cambios, Reina (b) Cambios, Pérez	26 = 4,4% 28 = 4,6%	13 = 1,6% 68 = 8,3%	7 = 1,1% 48 = 7,4%	7 = 2% 35 = 9,6%	7 = 1,7% 33 = 7,7%

(a) Total de
    cambios, Reina
(b) Total de
    cambios, Pérez
	37 = 6,3%
	47 = 7,8%
		36 = 4,5%
		82 = 10%
			13 = 2,1%
			66 = 10,2%
				9 = 2,5%
				48 = 13,2%
					10 = 2,4%
					46 = 10,8%

Apocalipsis cap. 1–5	Total de palabras	Diferencia	Cambios sustanciales	Todos los cambios
Enzinas	2 863	--	--	--
Pérez	2 776	(-87)	212 (7,4%)	289 (10,1%)
Reina	2 682	(-94)	60 (2,2%)	105 (3,8%)

h. *Cinco lugares en Apocalipsis 1–5*

En general, observamos que la labor de Reina en esta parte del Apocalipsis fue ligera, pero deliberada, respondiendo a cuestiones críticas que merecían su intervención. Veamos algunos ejemplos en detalle.

Apocalipsis 1:7

> y todo ojo lo verá, y los que lo traspassaron

Aquí 'traspasaron' es ἐξεκέντησαν (ἐκκεντέω). Enzinas había puesto 'punzado', fiel al sentido del griego, pero poco común. Pérez lo cambió a 'hirieron', más corriente en español, pero menos fiel al griego. Reina intervino aquí: encontró una expresión fiel al griego y que era el término preciso castellano para la acción de una lanza o puñal. Se ha mantenido a lo largo de la tradición Reina-Valera. La expresión ἐκκεντέω ocurre solo dos veces en el Nuevo Testamento, y en ambas, Reina puso 'traspasaron'. La otra es Jn 19:37, donde tanto Enzinas como Pérez habían puesto 'herido'.

Apocalipsis 2:1

> Escrive al Ángel de la Iglesia de Épheso

Para 'de la Iglesia de Éfeso', las tres fuentes principales griegas que Reina usaba dicen τῆς Ἐφεσίνης ἐκκλησίας (**E, S, B**, 'de la iglesia Efesina'). Es una lectura curiosa y poco probable. Andrew Brown, editor de la edición crítica del *Novum testamentum* de Erasmo, opina que fue un error de un copista de Erasmo. En cualquier caso, la lectura persistió en el *Textus receptus*. Aunque la edición de Stephanus de 1550 la reproduce, en el margen pone una alternativa, ἐν Ἐφέσῳ, tomada de la Complutense. Enzinas había puesto 'al ángel de la iglesia Ephesina', pero Pérez tiene 'al ángel de la iglesia de Éfeso'. Es otro dato que sugiere que Pérez —por lo menos a veces— manejaba lecturas de la Complutense. Reina acertó en no intervenir aquí.

Apocalipsis 2:13

> y no has negado mi fe, aun en los días en que fue Antipas mi testigo fiel

La frase controvertida es: ἐν ταῖς ἡμέραις ἐμαῖς ('en los días míos') (**E**), ἐν ταῖς ἡμέραις ἐν αἷς ('en los días en los cuales') (**S, B, C**). La lectura de Erasmo ('en mis días') parece haber sido un error de un copista suyo por ἐν αἷς. Stephanus lo corrigió según la Complutense. Sin embargo, aquí Pérez siguió la lectura de Erasmo y Enzinas, pero Reina intervino correctamente.

Apocalipsis 4:10

> Los veyntiquatro Ancianos se prostravan delante del que estava sentado en el throno, y adoravan al que bive para siempre jamás, y echavan sus coronas delante del throno...

Los tres verbos que describen la acción de los ancianos están en tiempo presente en Enzinas: 'se echan ... adoran ... ponen', pero en tiempo perfecto en Pérez: 'se postraron ... adoraron ... echaron'. Reina los cambió a tiempo imperfecto. Los verbos en griego están en tiempo futuro, aunque algunos manuscritos los tienen en presente, como también las versiones latinas de Santes Pagnini y Vatablo. Pero la *Vulgata* y la versión latina de Beza los ponen en imperfecto, y Reina siguió estas aquí.

Apocalipsis 5:11

> y de los Ancianos, y la multitud de ellos era millones de millones

Las fuentes griegas rezan, καὶ πρεσβυτέρων, καὶ χιλιάδες χιλιάδων ('y de los ancianos, y miles de miles') (**E, S**). καὶ πρεσβυτέρων, καὶ ἦν ὁ ἀριθμὸς αὐτῶν μυριάδες μυριάδων ('y de los ancianos, y su número era de miríadas de miríadas') (**B, C**). Enzinas, siguiendo a Erasmo, dice 'y miles millares'. El cambio a la lectura de la Complutense fue hecha por Pérez, y Reina le sigue al pie de la letra. Stephanus 1550 pone la lectura alternativa en el margen (fol. 180), tomada de la Complutense. Puesto que Reina aquí sigue textualmente a Pérez, no es de valor crítico para nuestro estudio, pero sí es un dato innegable para demostrar que Pérez manejaba la Políglota Complutense, o directamente o mediante las lecturas marginales de Stephanus, y que Reina, una vez más, estuvo conforme con esa fuente.

Conclusión

En primer lugar, las evidencias apoyan la hipótesis que Reina en su Nuevo Testamento se remitía al sentido original, al texto griego y a las traducciones y notas que contenían y explicaban dicho texto. Reina usó las versiones de Erasmo (probablemente las posteriores, de 1527 y/o 1535) y de Beza (1565) con sus anotaciones; la Políglota Complutense (sin que este estudio haya podido determinar si el uso fue directo o mediado por versiones como Stephanus o Beza) y la *Vulgata*; y que sopesó las diversas opciones, tratando el texto críticamente y haciendo una selección de textos, como él mismo afirma en la 'Amonestación':

> conferirlos entre sí para poder escoger lo más conveniente conforme al sentido y noticia que Dios nos ha dado de su Palabra.

En segundo lugar, la evidencia de los pasajes estudiados demuestra que Reina usó la versión de Pérez como texto de base, pero no siempre en la misma medida. Desde Mateo hasta Hebreos —el 86% del texto—, Reina corrigió concienzudamente la versión de Pérez, depurándola, agilizando la lectura, cambiando vocablos y frases para que se ajustaran lo más cerca posible al griego sin que se perdiera el buen gusto español, dando como resultado, en cuanto a lo que refiere a esos libros, una traducción esencialmente nueva. Pero, al parecer, algo —probablemente la premura de tiempo en la imprenta de Basilea— impidió que terminara de hacer esa corrección profunda del Nuevo Testamento.[288] Desde Santiago capítulo uno hasta el final de Apocalipsis, Reina reprodujo el texto de Pérez con pocos cambios. Entrando más en detalle, las cifras demuestran que Reina, en Romanos, donde hizo una revisión profunda, modificó el 20% del texto de Pérez, 5% más de lo que este había cambiado de la traducción

---

[288] Tan temprano como noviembre de 1565, Reina anunció que "ya traduje ... el texto entero" de la Biblia al castellano, y que se lanzaba a la corrección del texto. Me parece lógico que Reina concibió su trabajo en el NT como una "corrección" ('correctio'), a diferencia de la labor de traducir ('vertere') el AT. Véase la carta de Reina a los Escolarcas de Estrasburgo, s.f. [noviembre, 1565], Estrasburgo, Archives et Bibliothèque de la Ville, Archives S. Thomas, 48/29. Agradezco a A. Messmer el haberme indicado este dato y facilitado la reproducción archivada en la Kinder Collection (U. de Manchester).

de Enzinas; mientras que, en Apocalipsis, Reina alteró menos del 4% del texto de su predecesor, muy por debajo de lo que Pérez había hecho con Enzinas (10%).

El presente estudio es solo una tentativa inicial de aclarar dudas sobre las fuentes y los procedimientos de Casiodoro de Reina en la traducción de su Nuevo Testamento. He querido sugerir líneas de investigación y ofrecer pistas para que otros profundicen en el tema. Queda fuera del alcance de este estudio el indagar en los motivos que indujeron a Reina a privilegiar una lectura sobre otra. Es mi deseo que otros estudiosos emitan juicios más precisos, sobre todo con respecto a posibles motivaciones teológicas. Espero que este estudio haya al menos demostrado que Reina reconocía el valor de la obra de sus predecesores españoles, de los comentarios de eruditos como Erasmo y Beza, y de las fuentes originales y las traducciones latinas, y que los aprovechó sin dar demasiado peso a ninguna fuente en particular, para crear la mejor versión posible para el pueblo hispánico.

CAPÍTULO 7
El material no bíblico de la Biblia del Oso

Dr. José Luis Fortes Gutiérrez, Facultad Teológica Cristiana Reformada

Casi todas las versiones bíblicas editadas a lo largo de la historia han lle-vado incorporadas un material anexo extrabíblico, unas veces ubicado en una zona aparte, anterior o posterior, o dentro del texto mismo, al centro entre dos columnas, al margen izquierdo o al derecho de ellas o en la zona baja de cada página, con el propósito de ayudar al entendimiento sano y libre de la Biblia o, en ocasiones, para asegurarse de que el lector siguie-ra la particular teología de los editores. En relación a esto último el pro-blema se agrava cuando el mismo texto bíblico incluye palabras o frases ajenas para torcer su significado original según los espurios intereses de sus autores.[289]

Algunas Biblias antiguas, anteriores y posteriores a la Reforma, han contenido consentimientos eclesiásticos para autorizar su lectura,[290] prefacios, dedicatorias, palabras del autor explicando asuntos relevantes para él, sumarios, imágenes para ilustrar, que en algunos casos eran verdaderas obras de arte,[291] notas o glosas al margen con aclaraciones o referencias, resúmenes a cada libro o a cada capítulo bíblico, fe de erratas, etc.

Las Sagradas Escrituras surgidas de la Reforma también cuentan con un material extrabíblico. Ese es el caso de la Biblia de Lutero, de la Biblia de Ginebra y, por supuesto, de la Biblia del Oso. En relación con la última, que es de la que hablamos en este trabajo, presenta las siguientes partes adicionales al texto bíblico: la portada, el decreto de Trento, el prefacio o dedicatoria, algunas ilustraciones en el prefacio, la "Amonestación al lector", las notas y referencias al margen, los libros apócrifos, los resúmenes al inicio de los capítulos de los libros y, al final de la obra, la fe de erratas. Sobre la presencia de los libros deuterocanónicos en la Biblia del Oso, hemos de decir que históricamente los protestantes hemos seguido el canon judío y la tradición (jerónima) de no considerarlos canónicos.[292]

1. Material extrabíblico de la Biblia del Oso

a. *La portada de la Biblia del Oso*

En el siglo XVI el contenido de la portada de la edición de una parte o de la totalidad de las Sagradas Escrituras podía crear problemas a su autor, y condicionar su aprobación y posterior difusión por parte de las autoridades civiles y eclesiásticas. Un ejemplo de ello fue lo sucedido a Francisco de Enzinas. Cuando pretendió publicar su Nuevo Testamento con el título de El Nuevo Testamento o La nueva alianza de nuestro Redentor y solo Salvador, Jesucristo, fue advertido de que podía despertar sospechas

---

[289] Por ejemplo, la Biblia de los Testigos de Jehová (cf. Jn 1.1; Ro 9.5; Tit 2.13).

[290] Las Biblias católicas debían llevar hasta hace pocos años el *Nihil Obstat* (literalmente: nada obstaculiza o no existe impedimento [para su impresión]) que era la aprobación y permiso oficial que un censor eclesiástico daba, desde el punto de vista moral y doctrinal, para que un libro pudiera ser publicado.

[291] Como los dibujos de Gustave Doré.

[292] Para más información sobre el canon veterotestamentario y los libros apócrifos, cf. Roger Beckwith, *The Old Testament Canon of the New Testament Church* (London: SPCK, 1985).

de protestantismo, por el uso del término "alianza" y por la expresión "solo Salvador". Así que sus parientes le aconsejaron que cambiase el título anterior por el de "El Nvevo Testamento de nueftro Redemptor y Saluador Iesv Christo", cosa que hizo en su publicación final de 1543 para evitarse problemas. A pesar de ello, no consiguió eludir la represión, dos años después fue temporalmente encarcelado, acusado entre otras cosas de luteranismo y de imprimir su Nuevo Testamento en lengua castellana, según se afirma en la acusación elevada al Consejo del Emperador en agosto del año 1544.[293]

En el contexto adverso mencionado, Casiodoro de Reina usó para su Biblia un frontispicio que ocultase su procedencia protestante. En él aparece un dibujo simbólico que en el centro contiene un árbol sin copa y con cinco ramas. En la parte superior derecha hay dos pájaros y en la parte inferior derecha más abejas, un libro abierto con el tetragramón hebreo del nombre de Jehová y muchas flores. En el centro superior pende un mazo de una rama, que se supone ha golpeado el árbol abriéndole un agujero, que ha dejado al descubierto un panal de miel que estaba en su interior, y que está rodeado de abejas. Y en la parte inferior izquierda más flores, un oso apoyado en el árbol tratando de alcanzar la miel para comerla, más

---

[293] Marcelino Menéndez Pelayo, *Historia de los heterodoxos españoles* (Madrid: Ed. BAC, 1998), 1:853–861.

abejas y una araña que cuelga de su tela. ¿Cuál es el significado de esta imagen emblemática?

Hay una primera interpretación que dice que la imagen de la portada de la Biblia del Oso representa el antiguo escudo tipográfico del impresor llamado Matthias Apiarius,[294] que su hijo Samuel Biener había heredado, como se demuestra en la imagen bajo este párrafo, y que subcontrataba trabajos a la imprenta de Thomas Guarin,[295] como posiblemente fue el

---

[294] Apiarius significa en latín "colmena", y el apellido alemán de Samuel, que era Biener, de "biene", significa "abeja".

[295] Según Carlos Gilly, "La impresión tuvo lugar en los talleres del mismo Guarin y no, como se viene de antiguo diciendo, en la minúscula imprenta de Samuel Apiario, de la que entonces no salían sino libros de pequeño formato y texto limitado. Pero a Casiodoro debió gustar enormemente la simbólica estampa con el oso y la colmena que Apiario ya no utilizaba como marca tipográfica desde mucho tiempo atrás, y le compró o le pidió prestado el susodicho clisé para ilustrar la portada de la después llamada Biblia del Oso. En todo caso, el mismo Casiodoro confirmó en su dedicatoria autógrafa del ejemplar regalado a la Universidad de Basilea que la impresión había sido efectuada en la tipografía de Guarin (*typis ab honesto viro Thoma Guarino cive Basiliensi excusam*). Además, en el catálogo o cartel de ventas que Guarin imprimió para la feria de libros de Fráncfort de 1578 figura la Biblia de Casiodoro: *Biblia in Hispanicam linguam traducta*" (citado en José Manuel Díaz de Bustamante, "About the *visio Ezechielis*, the Fathers of the Church, the emblematic tradition and the latin *praefatio* to the 'Biblia del Oso' (1569) of Casiodoro Reyna", en Andreas Bihrer y Elisabeth Stein (eds.),

de imprimir la Biblia del Oso. En el escudo el panal, la miel y las abejas harían referencia a su apellido y el oso a la ciudad de Berna, donde se casó y vivió un tiempo. Dado que no se quería publicar ni el nombre del autor ni el del impresor por razones de seguridad, nótese que en la imagen anterior de la portada de la Biblia del Oso no aparece el nombre de ninguno de ellos, se recurrió al simple uso del escudo tipográfico en el frontispicio para introducir y distribuir la Biblia en España dificultando la labor de la Inquisición.[296]

Y hay una segunda interpretación, que ofrecen distintos autores, que entienden que el árbol representa a la Iglesia Católica Romana, sin posibilidad de crecimiento porque está desmochada por su pecado, que vive al margen de la Biblia, que esconde tras una práctica ceremonial, ritualista y supersticiosa la dulzura del mensaje de la palabra de Dios, que es como la miel. El mazo sería el poder divino (a través de la obra de la Reforma) que golpea el árbol que tiene cautiva la verdad y pone al descubierto la palabra de Dios. Y las abejas y sus picaduras representarían el sufrimiento y el dolor temporal que experimentan aquellos que, como el oso, comen (oyen y entienden) la palabra de Dios.[297]

Nova de veteribus: *Mittel- und neulateinische Studien für Paul Gerhard Schmidt* [Leipzig: K. G. Saur Verlag, 2004], 914, n. 4).

[296] María Dolores Alonso Rey, "Los emblemas de la Biblia del Oso y del Cántaro, Hipótesis interpretativa", *Revista de Emblemática y Cultura Visual* 4 (2012): 55–61.

[297] Alonso Rey, "Los emblemas".

Desde mi punto de vista, las dos interpretaciones tienen aspectos dignos de ser tenidos en cuenta y que de forma conjunta podrían dar lugar al entendimiento final del simbolismo que Reina quiso transmitirnos en su portada. Porque, aunque es evidente que la imagen de la portada de la Biblia del Oso es el escudo tipográfico de los Apiarius, también es probable que Reina pudiese ver en él toda la simbología expuesta en los párrafos anteriores, coincidente con algunas ideas del pensamiento bíblico expresadas a través de diferentes figuras literarias,[298] e identificarse con ellas para su obra.

b. *El Decreto del Concilio de Trento, regla cuarta y tercera del catálogo de los libros prohibidos*

El Concilio de Trento elaboró en 1564 un Índice de Libros Prohibidos, en el que la Iglesia Católica catalogó todas aquellas obras que consideraba perniciosas para la fe, y que los católicos no estaban autorizados a leer. Más tarde, en 1571, el papa Pío V creó la Congregación del Índice para mantener actualizado el índice.

En su Biblia, Reina hace referencia en latín y en castellano a las reglas cuarta y tercera (en ese orden) de dicho índice. Estas reglas dicen lo siguiente:

> Regla 4.[299] "Como sea manifiesto por la experiencia, que si los sacros libros en lengua vulgar se permiten a cada paso a todos, nace de ello más daño que provecho por la temeridad de los hombres: en esta parte se esté por el juicio del obispo o del inquisidor, para que con consejo del cura o del confesor puedan conceder lectura de la Biblia en lengua vulgar, trasladada por autores católicos, a los que entendieren que de la tal lectura antes recibirán aumento de fe y de piedad, que algún daño: la cual facultad

---

[298] La Biblia habla de los justos, tanto a nivel individual como colectivo, como árboles del huerto de Dios (Sal 1:3), (Os 61:3), (Mt 7:17–18:20); dice que el juicio de Dios sobre quien no hace su voluntad conlleva perder la copa de su árbol o ser desmochado (Dn 4:14-15); dice que la palabra de Dios es dulce como la miel (Sal 19:10), (Sal 119:103); dice que el poder de Dios es como martillo (Jer 23:29); y dice que las abejas son causa de molestia para las personas (Is 7:18-19). El mundo aborrece, molesta y persigue a quiénes siguen a Jesús y su verdad (Jn 15:18-21; 16:1-4).

[299] En las citas del castellano antiguo, por lo general, usamos el texto en su formato original, pues ofrece una estética literaria más erudita. Pero, en pocas ocasiones, transcribimos el texto al castellano actual, para priorizar el entendimiento del fondo sobre la forma. Esto sucede cuando el texto trata de un asunto que deseamos exponer con la mayor claridad posible, entonces preferimos actualizarlo para facilitar su comprensión, a riesgo de parecer incoherentes.

obtengan por escrito: y el que sin tal facultad presumiere leerla, o tenerla, no puede recibir absolución de sus pecados, sin haber primero vuelto la Biblia al Ordinario".

Regla 3. "Y si algunas anotaciones andan con las traslaciones que se permiten, se podrán permitir a los mismos, a quien (se permiten) las traslaciones, quitados los lugares sospechosos por alguna facultad Teológica de alguna Universidad católica, o por la Inquisición General".

De las reglas mencionadas, Reina interpreta que la Iglesia Católica Romana autoriza al pueblo español a leer la Biblia en lengua vernácula, siempre que las traducciones sean realizadas por autores católicos. Así pues, su Biblia puede y debe ser leída por los españoles, dado que él se considera un fiel y fervoroso miembro de la Iglesia Católica Romana:

"Cuanto a lo que toca al autor de la Traducción, si Católico es, el que fiel y sencillamente cree y profesa lo que la santa Madre Iglesia Cristiana Católica cree, tiene y mantiene, determinado por el Espíritu Santo, por los Cánones de la divina Escritura, en los Santos Concilios, y en los Símbolos, y sumas comunes de la Fe, que llaman comúnmente el de los Apóstoles, el del Concilio Niceno, y el de Atanasio, Católico es, e injuria manifiesta le hará quien no lo tuviere por tal; y como tal ningún bueno, pío, santo, y sano juicio recusa, no solo de la Iglesia Cristiana, a la cual reconoce todo respecto de verdadero y vivo miembro, más aún de cualquier particular que con caridad lo corrigiere, si en una obra tan larga y tan trabajosa se hallare haber errado como hombre" (Amonestación).

Las palabras anteriores de Reina generan alguna inquietud con respecto a la motivación y propósito de las mismas. Podríamos hacernos un par de preguntas. La primera sería si Reina consideraba que la Iglesia Católica Romana fue iglesia pura de Cristo hasta un momento histórico pasado, más o menos hasta el siglo V, y que después, aunque había perdido su fulgor y santidad, seguía siendo Iglesia del Señor, hasta el punto de afirmar que se sentía miembro y parte de ella. De esta manera si él era un buen católico, sus escritos pertenecían a un "autor católico" y, por tanto, debían ser sancionados como correctos por Trento y dignos de ser leídos por los españoles católicos. Y el segundo interrogante que nos plantea la misma afirmación, yéndonos al otro extremo del pensamiento, sería preguntarnos si las palabras de Reina fueron solo un ardid retórico para eludir a la Inquisición. Hipotéticamente ambas respuestas son posibles, pero recordemos que ninguna hipótesis de trabajo puede elevarse a la categoría de verdad y establecer juicios de valor sobre ella.

Pero lo que está fuera de toda duda, por muchísimas fuentes, es el pensamiento de la Iglesia Católica Romana sobre la obra literaria de la Reforma, incluyendo a las distintas traducciones bíblicas emanadas de ella. En los índices de libros prohibidos se afirma dogmáticamente que los libros sagrados editados por los autores protestantes fueron producto de la soberbia y malicia que los inquisidores les adjudican gratuitamente:

"... no han perdonado á los Sagrados Escritores de uno y otro Testamento. Unos dan principio á su impiedad por las Traslaciones de la Divina Escritura: dicen que estan mal traducidas, adulteradas en muchos lugares, mutiladas, añadidas, mal dispuestas en todo: dicen hay necesidad, para entender los Sagrados Libros, de buenas Versiones: sacaronlas, sacrilegamente blasfemos, Pelicano, Zuinglio, Lutero, Munstero, Erasmo, Castalio y otros. La Biblia Griega y Hebrea trasladaron en varias lenguas, como les dictaba su antojo, y como necesitaba el apoyo de sus dogmas. Añadieron escolios, glosas, argumentos pestilentisimos".[300]

Como era de esperarse, y según nos muestra el párrafo anterior, todas las obras de Casiodoro de Reina estaban catalogadas como heréticas y prohibidas en los Índices de Libros Prohibidos. En 1571, el Consejo de la Inquisición prohibió la lectura de la Biblia del Oso y ordenó decomisarla. Y a partir de 1583 figuró en todos los índices de libros prohibidos con esta mención en la letra R: "Reyna (Casiodoro de la). I.cl.". Entre las señales para la calidad de censura de las obras y autores incluidos en los índices está la de I.cl., que significa de "primera clase", es decir que todos los libros producidos por Reina estaban prohibidos. Más adelante, en el mismo índice y en la letra B se dice: "Biblia en lengua española, traducida de la Verdad Hebraica: que falsamente se dice ser vista y examinada por la Inquisición, impr. en Ámsterdam".[301] Seguramente esta referencia es a la Biblia de Cipriano de Valera, por el lugar de impresión. Pero, según la regla V del índice que estamos mencionando, es válida para todas las versiones bíblicas en lengua vernácula: "con justísimas causas... se prohibió la impresión y lectura de las Versiones á Lengua vulgar de los Libros Sagrados", salvo que, dice más adelante, "sean aprobadas por la Silla Apostólica, o dadas á luz por Autores Católicos".[302]

---

[300] *Índice Último de los Libros Prohibidos* (Madrid: Editorial Librería París-Valencia S.L., facsímil de 1999).

[301] *Índice.*

[302] *Índice.*

c. *El Prefacio*

En relación con la autoría de la *Praefatio* latina de la Biblia del Oso hay que decir que no hay unanimidad. Unos dicen que fue Reina y otros que fue Johann Sturm, el rector y fundador de la Universidad de Estrasburgo en 1538. Los que apoyan la autoría de Reina se basan, entre otros argumentos, en la semejanza de tono entre la *Prefatio* y la Amonestación y que al final del mismo se encuentran las iniciales CR, de Casiodoro de Reina. No olvidemos que esta es la única parte de la Biblia del Oso donde aparece el nombre de su autor.[303] Pero de algunos escritos de Reina se desprenden argumentos que apoyan la segunda opinión o una intermedia cercana a la primera. En una carta a Hubert de fecha 24 de junio de 1569 se menciona sus contactos con Sturm para redactar la *Prefatio* latina a su Biblia. Y dos cartas, de 24 de junio y de 3 de agosto del mismo año, "demuestran que efectivamente el traductor espera un texto de Sturm; la primera deja entender que el Prefacio sería enteramente de Sturm, la segunda parece indicar que Reina lo elaboró a partir de un texto de este último".[304]

Sobre los destinatarios del prefacio, originalmente Casiodoro quiso dedicarlo a la reina de Inglaterra,[305] pero al final, prefirió encomendar su Biblia a todos los gobernantes europeos, independientemente de que apoyasen a la Reforma: "A los reyes, electores, príncipes, condes, barones, caballeros, magistrados de los ciudadanos de toda Europa, así como en primer lugar al Sacro Imperio Romano" (*Prefatio*), con el propósito de convencerlos de que debían promover la traducción de la Biblia a la lengua vernácula de los habitantes de cada reino. Para ello, parte de un texto simbólico del capítulo primero del libro del profeta Ezequiel.

El texto en cuestión habla de unas visiones de Dios que tiene el profeta (Ez 1:1), en las que en medio de viento, nube y fuego descienden

---

[303] Cf. José Manuel Díaz de Bustamente, "Sobre el lastre Medieval de Casiodoro de Reina", en José Manuel, Lucía Megías, Paloma García Alonso y Carmen Martín Daza (eds.), *Actas II Congreso Internacional de la Asociación Hispánica de Literatura Medieval* (Universidad de Alcalá, 1992), 246; ídem, "About the *visio Ezechielis*, the Fathers of the Church, the emblematic tradition and the latin *praefatio* to the 'Biblia del Oso' (1569) of Casiodoro Reyna", 914–926 en Andreas Bihrer y Elisabeth Stein (eds.), Nova de veteribus: *Mitte- und neulateinische Studien für Paul Gerhard Schmidt* (München: K. G. Saur Verlag, 2004), aquí 916–917 (y dependiendo de Carlos Gilly).

[304] El breve estudio introductorio a la edición facsímil de la Biblia del Oso editado por la Sociedad Bíblica de España y otros editores en 2001, CLIE, Barcelona, se apoya en la opinión de Menéndez Pelayo.

[305] Cartas de Reina: 15 de mayo de 1569; 24 de junio de 1569.

cuatro seres vivientes, más tarde llamados querubines en (Ez 10:19-22), que mezclan rasgos antropomorfos y zoomorfos (hombre, león, becerro y águila) (Ez 1:4-14), situados dentro de una estructura que parece una especie de carroza con ruedas (Ez 1:15-21), cuyo techo o cúpula de cristal lleva encima un trono con un hombre sentado en él (Ez 1:22-26).

Todo ello es interpretado por el profeta como la gloria de Jehová (Ez 1:27-28, cf. Ez 10:18). Este texto ha tenido y tiene diferentes interpretaciones. Reina menciona algunas de ellas, en primer lugar, la de los antiguos padres de la Iglesia, que "interpretaron los animales como los cuatro evangelistas [...] nos la presentan humana para Mateo, leonina para Marcos, taurina para Lucas, aquilina para Juan". El personaje a "semejanza de hombre" (Ez 1:26), y que aparece sentado sobre el trono, sería "Cristo". Después, habla de otra interpretación: "aquellos animales son los querubines [...] guardianes del Propiciatorio y del Arca de la Alianza". Termina añadiendo a esta última su propia opinión, según la cual las figuras zoomórficas representan a "todos los reyes y magistrados piadosos a los que [...] coloca Dios en aquel elevado grado de honor, en el que en cierto modo ya no son hombres, sino querubines [...] puestos por el mismo Dios para que por la recta senda manifiesten su gloria a todos los cuatro puntos cardinales del [...] orbe universal para que sea temida y adorada" (*Prefatio*).

Así pues, Reina, fundándose en un pasaje simbólico del profeta Ezequiel, cap. 1, recuerda a los gobernantes europeos su deber de ayudar a difundir la palabra de Dios en lengua vernácula incluso entre los alejados españoles junto a las columnas de Hércules" (*Prefatio*). Lejos de pensar en ninguna profecía particular para él, puede ser que Reina se sintiera identificado con las palabras de Ezequiel 2:1-7:

> "Me dijo: Hijo de hombre […] yo te envío a los hijos de Israel, a gentes rebeldes que se rebelaron contra mí […] hasta este mismo día […]. Yo, pues, te envío a hijos de duro rostro y de empedernido corazón; y les dirás: Así ha dicho Jehová el Señor. Acaso ellos escuchen; pero si no escucharen […] siempre conocerán que hubo profeta entre ellos. Y tú, hijo de hombre, no les temas, ni tengas miedo de sus palabras […]. Les hablarás, pues, mis palabras, escuchen o dejen de escuchar; porque son muy rebeldes".

d. *La Amonestación del Intérprete de los Sacros Libros al Lector*

En la parte de su obra denominada "Amonestación al lector",[306] Reina explica las razones que le han movido a traducir la Biblia al castellano. En ella enumera las fuentes utilizadas y detalla algunas cuestiones metodológicas que considera interesante precisar, todo ello en distintos bloques temáticos:

1. Los obstáculos a la divulgación y lectura de las Santas Escrituras, pasados y presentes, han sido obra de Satanás para frenar la salvación, nadie debería colaborar a este nefando propósito.

Reina considera que Satanás está detrás de todos los obstáculos, prohibiciones y persecuciones que impiden que la palabra de Dios, que es la luz que desvanece todo tipo de mentira y de oscuridad, llegue a los hombres con el fin de mantenerlos en las tinieblas, esclavitud y muerte. Esto había sucedido durante años porque así Dios lo había permitido, pero había llegado el momento de propagar la verdad y la luz de las Escrituras con fuerza por todas partes, y la Biblia que él había traducido a la lengua del pueblo iba a ser un medio para ello.

Cree que cuantos tienen autoridad y se consideran cristianos no deberían prohibir la lectura de la palabra de Dios en la lengua de pueblo, pues esto supondría ofender a Dios e impedir que la salvación llegase a los hombres haciéndoles permanecer en sus errores abominables. Sabe por las mismas Escrituras que no todos los que leen u oyen la palabra de Dios serán librados de su ceguera y esclavitud del pecado, y que persistirán en

---

[306] "Amonestación del Traductor de los Sacros Libros al Lector y a toda la Iglesia del Señor en que da razón de su traducción en general, así como de algunas cosas especiales", en la Biblia del Oso.

la perdición en la que se encuentran, no obstante, esto no debería ser excusa para dejar de compartir su mensaje redentor. Nada ni nadie debería frenar que el mensaje de la Biblia corriese por toda la tierra.

2. Reina reafirma que las decisiones del Concilio de Trento avalan su obra traductora y divulgadora de las Sagradas Escrituras.

Para ello interpreta muy positivamente el decreto de los padres tridentinos, expuesto al principio de su obra en las reglas cuarta y tercera, a los que considera asistidos de la luz de Dios, por permitir la lectura de la Biblia en la lengua vernácula a los españoles, siempre que esta sea de autoría católica y bajo la supervisión y autorización eclesiástica. Considera que su Biblia es de autor católico, fiel y respetuoso con la Santa Madre Iglesia Cristiana Católica, por lo que no debería tener obstáculo alguno en la edición y divulgación de su traducción entre los católicos.

3. Detalla las fuentes textuales usadas para su traducción de la Biblia para enfatizar su deseo de transmitir la verdad de Dios con la mayor pureza.[307]

Con ese propósito se ha alejado bastante de la *Vulgata* latina, que considera llena de errores, y se ha servido de las mejores fuentes en las lenguas originales sobre los textos bíblicos de las que pudo disponer, para transmitir la palabra de Dios en toda su pureza. Cita esas fuentes por nombre, tanto las del Antiguo Testamento como las del Nuevo, y las alaba por las características que hacen excelentes a cada una de ellas y dignas de usarlas para su traducción de la Biblia. Y, finalmente, pone algunos ejemplos de cómo esas fuentes aportan luz al conocimiento más preciso de la verdad de Dios comentando distintos pasajes bíblicos.

4. Reina expone algunas cuestiones metodológicas que le ayudaron a conseguir su buen fin.

Estima que el uso que ha hecho de las bastardillas (cursivas) y de las vírgulas (apóstrofos) en su traducción fue el más justo y prudente posible, siempre con el propósito de atender al significado más exacto posible del texto bíblico y así proporcionarlo a sus lectores. Tuvo muy en cuenta que no se debe añadir ni quitar nada a la palabra de Dios, pero sobre los libros del Antiguo Testamento, sin fuentes en lengua hebrea para los deuterocanónicos, no tuvo más remedio que seguir a la *Vulgata* latina cotejándola con las fuentes griegas (la Septuaginta). En relación con el Nuevo

---

[307] Para más detalles al respecto, cf. los capítulos por Luttikhuizen y Nelson en este volumen.

Testamento, se tuvo que emplear más a fondo en su propósito debido a las diferencias existentes en los textos griegos y se lamenta de no haber podido aprovechar la edición de la Peshitta que salió poco después de la impresión de su Biblia.

> Sobre el uso que hace en su traducción de la Biblia del término Jehová, como nombre propio de Dios, necesita justificar su presencia en su obra porque en otras Biblias de la época, como la *Vulgata*[308] o la Biblia de Lutero,[309] están ausentes, afirmando Reina que este nombre forma parte del texto hebreo (יהוה) y que de no haberlo puesto habría sido infiel a la propia palabra de Dios.[310]

Acerca de los términos "testamento" y "pacto", Reina considera que, desde el punto de vista teológico, en algunas ocasiones, sería más adecuado traducir el vocablo en el texto bíblico por pacto, pero finalmente escoge hacerlo por testamento (Mt 26:28; Lc 1:72; 1 Cor 11:25; 2 Cor 3:6, 14; etc.) para favorecer el entendimiento común del término y evitar confusiones o burlas. Dice que "del Pacto sacaron refrán contra ellos: Aquí pagaréis el pato". También se "disculpa" del uso de los vocablos reptil (Hab 1:14; Hch 10:12; 11:16), escutil y escultura (Lv 26:1; Dt 4:16; Hch 17:29) "por ser extraños a la lengua española".

5. Algunas palabras últimas que buscan la gloria de Dios.

Finalmente, en su amonestación al lector, Reina termina ofreciendo las razones por las que decidió traducir la Biblia al castellano. Estas tenían que ver con la necesidad que el pueblo español tenía de las Sagradas Escrituras en su propia lengua. Considera humildemente que él no era la persona más sabia y docta para haber acometido esa importante labor, pero que sin embargo ninguno de los que pudieran encontrarse en esa categoría vieron la urgencia de hacerlo. Habla del trabajo que le supuso traducir la Biblia, por las limitaciones propias de su persona y por las constantes situaciones de destierro, enfermedad y pobreza que había padecido. Pero reconoce que siempre había sido asistido por la gracia de Dios y que había podido superar cuantos obstáculos le había puesto Satanás para impedirle su labor. Por otro lado, está convencido de que el resultado final de su obra tiene la suficiente calidad para afirmar que será un instrumento en las manos de

---

[308] La *Vulgata* traduce el tetragrama por el nombre "Señor": "istae generationes caeli et terrae quando creatae sunt in die quo fecit Dominus Deus caelum et terram" (Gn 2:4).

[309] Lutero usó "der Herr" el Señor.

[310] La Biblia del Oso, Amonestación.

Dios para comunicar fielmente la verdad de su palabra redentora. Todo su trabajo había sido hecho para la gloria de Dios y espera que así lo entendieran las autoridades civiles y religiosas de la cristiandad.

e. *Los fallos de impresión subsanados al final de la Biblia*

Al final de la Biblia del Oso, su autor hace un listado de correcciones sobre los errores o fallos[311] cometidos durante la impresión de la obra, lo que hoy llamaríamos una fe de erratas. Sobre ella dice Reina: "Los errores que en la imprefion no se pudieron efcufar. El primer numero es del capitulo del libro: el fegundo es del verfo. Cuando despues del numero del verfo se figuiere alguna letra sola, es feñal que la falta es en la anotacion en el mifmo verfo, a la mifma letra".[312]

¿Era necesario recurrir a una fe de erratas? Sí, en el siglo XVI, a pesar del gran avance técnico que suponía la imprenta, la edición de un libro requería de un procedimiento rudimentario y laborioso que requería de tiempo, relativamente breve para la época, pero larguísimo para nosotros hoy en día. La fe de erratas fue una necesidad frecuente en la edición de libros debido a que se imprimía primero el grueso de la obra completa y se revisaba posteriormente por un comité. Los pequeños fallos de ortografía o de puntuación encontrados se corregían al final en unas páginas añadidas al final del libro. Si estos fallos afectaban de forma importante al significado de la idea a transmitir (hoy errores), entonces había que rehacer la impresión completa de la página corregida, con el costo económico y el tiempo que ello suponía.[313] Así pues, era natural en la época en que se editó la Biblia del Oso que la obra tuviera fallos de impresión y una fe de erratas al final para corregirlos.

Una breve mención de dos fallos de la Biblia del Oso y sus posteriores correcciones nos ayudan a entender que dichas erratas no alteraron en ningún modo el pensamiento principal transmitido por el texto bíblico. El texto de Génesis 4:15 decía "entunces", donde debía decir "entonces". El texto de Eclesiastés 7:9 decía "en el seno locos", donde debía decir "en el seno de los locos"; etc. La mayor parte de estas erratas, que pudieron suceder por lo que hoy conocemos como lapsus cálami, fueron cometidas con

---

[311] Aunque Reina habla de errores, preferimos emplear la palabra fallos porque hoy en día no es lo mismo decir "fe de erratas" que "fe de errores".

[312] *Biblia del Oso*, 508–510.

[313] Jaime Moll, "Problemas bibliográficos del libro del Siglo de Oro", Biblioteca virtual Miguel de Cervantes (www.cervantesvirtual.com).

toda probabilidad por los operarios de la imprenta en la colocación de las letras y signos de escritura en las planchas de impresión.

2. El aparato paratextual de Reina

a. *Los encabezamientos*

Los encabezamientos que usa Reina en su Biblia, los coloca después del argumento y antes del inicio del capítulo, tal y como los encontramos en nuestras versiones de Reina Valera actuales. La única diferencia es de traducción en alguna palabra. Por el ejemplo, en el encabezamiento al Salmo 22 de la Biblia del Oso, Reina traduce: "Al Vencedor: fobre Aieleth-haffahar, Pfalmo de David". Hace igual en todos los demás salmos donde aparece la misma expresión, como en los salmos 12 al 14 y 18 al 21, y así siempre. Como todos sabemos, en la RV60 el encabezamiento de estos salmos va dirigido "al músico principal",[314] de forma semejante a otras versiones de la Biblia actuales, tanto protestantes como católicas (LBLA, Jer2001, NC, etc.) que lo traducen por "al maestro o director del coro".

Esta muestra que hemos analizado es una excepción. Lo general en los encabezamientos de Reina es la perfecta armonía de interpretación con futuras revisiones. Como muestra un botón: Dice el encabezamiento del salmo 34: "De David, quãdo mudó fu femblãte delante de Abimelech, y el lo echó, y fe fué". En definitiva, los encabezamientos de la Biblia del Oso están en los mismos libros, capítulos y lugar y, por lo general, dicen exactamente lo mismo que los de las Biblias actuales.

b. *Los resúmenes al inicio de cada capítulo*

Para facilitar el entendimiento de cada capítulo de todos los libros de la Biblia, Reina incluyó un resumen escueto y claro al principio del mismo, que él llama argumento,[315] con el propósito de hacer una breve semblanza introductoria que ayudase a su lectura y comprensión. Un ejemplo de estos resúmenes cortos lo encontramos en el capítulo dos del libro de Job:

> "Experimentada la cõftancia de Iob, alarga Dios la facultad à Satanas, para tocarle en su persona, falua la vida. II. El qual lo hiere de lepra. III. Su

---

[314] Esta traducción permanece en todas las versiones de Reina Valera hasta 1865, siendo la de 1909 la primera en usar la forma actual de "al músico principal".

[315] "En cuanto a los sumarios de los capítulos, advertirá al lector, que no pretendimos tanto hacer sumarios que se quedasen siempre por leer, como argumentos que sirviesen para la comprensión del capítulo" (Amonestación).

muger combate fu fe. IIII. Vienen a confolarle tres amigos fuyos, Eliphaz Themanita, Baldad Subita, y Sopbar Naamathita".

Otros resúmenes son mucho más cortos como el de Eclesiastés 1, y otros bastante más largos como, por ejemplo, los de las epístolas a los Romanos 1 y las dos epístolas a los Corintios 1. Suponemos que la brevedad o extensión en ellos tiene que ver con la naturaleza y complejidad de dichas obras. Cipriano de Valera mantuvo estos argumentos iniciales a los capítulos en la primera revisión de la obra de Reina, en 1602, llamada Biblia del Cántaro, y añadió otro argumento al comienzo de cada libro de la Biblia.[316]

c. *Las citas bíblicas al margen del texto*

Para aportar luz al entendimiento de vocablos o de versículos enteros, que Reina consideraba difíciles de entender, por causas atribuibles al contenido del texto (como costumbres o formas de hablar antiguas, hebraísmos, rabinismos, palabras en desuso, etc.) o a la ignorancia o incapacidad espiritual del lector, puso notas explicativas y referencias cruzadas, entre textos bíblicos o en los márgenes de los mismos.

Para alcanzar su objetivo de aclarar el significado del texto de forma adecuada, sin desviarse de su firme objetivo de comunicar de forma fiel la verdad de Dios, se propuso que nunca su remedio mutilara el texto y su enseñanza original.[317] Un ejemplo de notas al margen de Reina son las que detallamos a continuación sobre el capítulo primero de Job:

> (Job 1.8) Y dixo Iehoua à Satan,[c] No has confiderado à mi fieruo Iob, que no ay otro como el en la tierra, varon perfecto, y recto, temerofo de Dios, y apartado de mal? Nota c – Heb. Si has puefto tu coraçon fobre mi fieruo &c.

> (Job 1.11) Mas eftiende ahora tu mano, y toca à todo lo que tiene y verás fino[d] te bendize en tu roftro. Nota d – Te blafphema.

> (Job 1.14) Y vino un menfajero à Iob, que le dixo, Eftando arando los bueyes, y las afnas paciendo[e] donde fuelen. Nota e – Heb. en fus lugares.

> (Job 1.22) En todo efto no peccó Iob, ni atribuyó[a] locura à Dios. [Nota marginal a: Falta de prouidēcia.

---

[316] No será hasta después de la revisión de 1865 que estos resúmenes dejarán de estar en las Biblias Reina-Valera.

[317] "Para remedio de la dificultad que consiste en las palabras solas, procuramos en nuestra versión, toda la claridad que nos fue posible, pero de tal manera que el texto quedase siempre en su integridad" (Amonestación).

Como vemos, las notas de Reina aportan cierta información o aportan luz al entendimiento del texto, pero en ningún modo distorsionan su sentido primero y único en la lengua hebrea. Sin embargo, estas inserciones marginales no estuvieron siempre presentes. Hay textos que contienen expresiones antiguas, no muy fáciles de entender, y que Reina tradujo literalmente sin considerar conveniente poner alguna nota aclaratoria. Un ejemplo de ello está en 1 Samuel 25:22. Dice el texto: "Aſſí haga Dios, y aſſí añida à los enemigos de David, que no tengo que dexar de todo loque fuere ſuyo de aquí a mañana meante à la pared.".[318] La dificultad del texto se encuentra en la frase "meante à la pared", ¿qué significa esta frase? Para entenderla acudamos a la Reina Valera de 1960, que traduce el texto mencionado de la siguiente manera: "Así haga Dios a los enemigos de David y aun les añada que, de aquí a mañana, de todo lo que fuere suyo no he de dejar con vida ni un varón". En definitiva, un meante a la pared no es otra cosa que un varón que orina de pie sobre una pared.

d. *Las anotaciones breves finales*

Tienen el mismo objetivo que las notas aclaratorias situadas al margen del texto bíblico, pero son mucho más extensas y por ello ocupan un lugar aparte, al final de la parte introductoria. El mismo Reina las define así: "ANNOTACIONES BREVES SOBRE LOS LVGARES MAS DIFICILES ANSI EN el Viejo Teſtamento como enel Nueuo, algunas de las quales quedaron ſeñaladas en el texto en ſus propios lugares, y dexaron de ponerſe por no auer cabido en la margen, como auiſamos al lector en nueſtra Prefacion Caſtellana".

Estas cinco páginas y media de anotaciones breves, en algunas ocasiones, son pequeños comentarios al texto bíblico, acompañados de otros pasajes de las Escrituras como referencia o apoyo a lo que se dice. En cuanto a la forma de indicar en el texto que existe una referencia o nota a un versículo, frase o palabra, es la misma que se usa para las notas que aparecen incorporadas en el mismo margen, es decir, mediante una letra pequeña como superíndice, pero es el lector quien debe deducir que la anotación se encuentra al final, dado que no aparece en el margen. Un ejemplo de ello es la nota a Efesios 5.16, se advierte de ella con (n) junto al versículo mencionado.

---

[318] Las RV1862, RV1865, RV1909, y BTX lo traducen igual.

Conclusión

Hay que entender las partes extrabíblicas de la Biblia del Oso como per-
tenecientes a un momento histórico en el que es comprensible el contenido de un material, como los libros deuterocanónicos, presentes en todas
las Biblias de la época, y no tanto de otras, como la afirmación de Casiodoro de Reina en su "Amonestación al Lector" de ser fiel y leal miembro
de la Santa Madre Iglesia Cristiana Católica, con un propósito que no
estamos seguros de conocer del todo.

No obstante, hay que recordar que todas las Escrituras Sagradas de
la época de Reina incluían algunos de esos anexos, como los prefacios de-
dicatorios, entendidos estos como un recurso para legitimar o buscar el
apoyo de las autoridades civiles o religiosas a la edición y distribución de
los textos bíblicos en lengua vernácula. El Nuevo Testamento de Francisco de Enzinas (1543) fue dedicado a Carlos V; el Antiguo Testamento de
Ferrara (1553) fue dedicado al cuarto duque de Ferrara; el Nuevo Testamento de Juan Pérez de Pineda fue dedicado al Señor Jesucristo, a los ciudadanos del reino del Señor y al rey Felipe II, en ese orden; y la Biblia del
Oso fue dedicada "A los reyes, electores, príncipes, condes, barones, caballeros, magistrados de los ciudadanos de toda Europa, así como en primer
lugar al Sacro Imperio Romano" (*Prefatio*).

En cualquier caso, las partes extrabíblicas de la Biblia del Oso en
general contienen explicaciones necesarias para justificar su traducción y
edición en la lengua del pueblo español, así como las herramientas básicas
fundamentales para ayudar al entendimiento y conocimiento del mensaje de las Sagradas Escrituras en una época y país en el que este era una
necesidad espiritual indispensable, así como en el resto de Europa y del
mundo. Puedo afirmar, sin temor a equivocarme, que la Biblia del Oso fue
parte de la providencia de Dios para avivar a un pueblo, el español, que
agonizaba por la falta de su palabra viva y eficaz.

CAPÍTULO 8
La recepción de la Biblia del Oso

Dr. Constantino Bada, Centros Superiores de Estudios Teológicos
de la Diócesis de Oviedo[319]

Introducción

Sabemos que Casiodoro de Reina había contratado con el impresor Oporino la cantidad de 1100 ejemplares de su traducción de la Biblia, número que al final quedó reducido a unos exiguos 900 ejemplares, descontando los 200 ejemplares que habrían de quedar en manos del impresor. Aún así, ya el traductor se planteaba con bastante preocupación la dificultad de su posible distribución futura. Tenemos aquí una primera percepción de las dudas del propio Reina sobre la recepción que su obra iba a tener, siendo el número de ejemplares editados, tal como vemos, no excesivamente numeroso. Habida cuenta de que Thomas Guarin imprime definitivamente más del doble de lo estipulado en un principio por Oporino —unos 2600 ejemplares—, la distribución se auguraba entonces más bien poco halagüeña.[320]

---

[319] El presente capítulo es una adaptación del que, bajo el mismo titulo, forma parte de mi tesis doctoral, *La Biblia del Oso de Casiodoro de Reina, primera traducción completa de la Biblia al castellano* (Universidad Pontificia de Salamanca, 2017).

[320] Recordemos que de la Políglota de Alcalá (1517) solo se editaron 600 ejemplares y de la Políglota de Amberes (1572) el doble, 1200 ejemplares. De la primera edición impresa de la Biblia, traducida al castellano a partir de la Vulgata —la Biblia del escolapio Felipe Scío de San Miguel (1791–1793)— se limitó la tirada a 2000 ejemplares, en 10 volúmenes en folio. Es pues, esta Biblia del Oso, la edición más numerosa en ejemplares aunque, víctima de los avatares de la historia, sea actualmente la más escasa.

Por ello parece que cuando Cipriano de Valera excusa la aparición de su nueva edición de la Biblia, asegurando que la de Reina es ya muy difícil de hallar en el mercado, no está diciendo toda la verdad. El hecho es que todavía en 1622, como a continuación veremos, se intentaba seguir vendiendo ejemplares camuflados de esa primera edición de 1569, que él consideraba casi agotada: "imprimiò dos mil y seyscientos exemplares: Los quales por la misericordia de Dios se han repartido por muchas regiones. De tal manera que hoy casi no se hallan exemplares, si alguno los quiere comprar".[321]

Para trazar un análisis de cómo fue la acogida de la traducción de Casiodoro de Reina, convendría estudiar cuál fue tal recepción en los distintos ámbitos religiosos de la época. Las primeras dos partes de este capítulo resumen la recepción de la Biblia del Oso en los ámbitos católico y protestante, respectivamente, y la tercera resume la primera revisión de la Biblia del Oso realizada por Cipriano de Valera.

1. La recepción de la Biblia del Oso en el ámbito católico

En esta sección, veremos la recepción católica de la Biblia del Oso: su recepción en España en el s. XVI, su relación con la traducción de Felipe Scío de San Miguel, su impacto en la obra de Antonio Pellicer y Saforcada, su relación con la traducción de Félix Torres Amat y finalmente su valoración por Marcelino Menéndez Pelayo.

a. *La recepción de la Biblia del Oso en España en el siglo XVI*

En el ámbito católico, la persona de Casiodoro de Reina estaba totalmente vetada, y por ende toda obra suya, en tanto que enjuiciado y condenado *in absentia* como hereje por el Tribunal de la Inquisición (y habiendo sido, como lo fue posteriormente, quemada su efigie en Sevilla). Dada la pública *damnatio memoriae* del traductor se imponía la prudente eliminación en la edición de toda referencia respecto a su autoría, dato que solo llegamos a atisbar en la mínima presencia de las iniciales "C. R." al final de la *Praefatio*.

En la pragmática firmada en Valladolid el 7 de septiembre de 1558 por la princesa Doña Juana, en ausencia de su hermano el rey Felipe II, se

---

[321] Cipriano de Valera, "Exhortación al lector" en *La Biblia que es los sacros libros del Viejo y Nuevo Testamento, segunda edición, revista y conferida con los textos Hebreos y Griegos y con diversas translaciones por Cipriano de Valera* (Ámsterdam, 1602), [9].

establecía la pena de muerte para los libreros e impresores que vendiesen o imprimiesen libros desprovistos de la correspondiente licencia de impresión y también para quienes introdujesen libros del extranjero que estuviesen prohibidos por la Inquisición:

> que ningún librero ni mercader de libros, ni otra persona alguna, de cualquier estado ni condición que sea, traiga ni meta, ni tenga ni venda ningun libro, ni obra impresa ó por imprimir, de las que son vedadas y prohibidas por el Santo Oficio de la Inquisición en qualquier lengua, de qualquier calidad y materia que el tal libro y obra sea; so pena de muerte y perdimiento de todos sus bienes y que los tales libros sean quemados públicamente.[322]

El Concilio de Trento, en las sesiones 18 y 25 se proponen unas normas precisas en lo concerniente a la impresión de libros, que serán promulgadas posteriormente por Pío IV en su Índice de libros prohibidos de 1564.[323] El 2 de septiembre de 1558, once años antes de la publicación de la Biblia del Oso, se publica una legislación precisa sobre la imprenta que estará en vigor durante varios siglos. Si el ejercicio de la censura preventiva se reservaba a la autoridad civil, la censura represiva quedaba en manos de la Inquisición.[324]

Al tanto de toda esta circunstancia, Reina quiere presentar su traducción como católica, citando al inicio de la publicación el decreto de Trento sobre la traducción de la Biblia a las lenguas vernáculas y

---

[322] *Novísima recopilación de las leyes de España en que se reforma la recopilación publicada por el Señor Don Felipe II en el año de 1567, reimpresa últimamente en el de 1775: y se incorporan las pragmáticas, células, decretos, órdenes y resoluciones reales, y otras providencias no recopiladas, y expedidas hasta el de 1804 / mandada formar por el Señor Don Carlos IV* (Madrid: BOE, 1976), 152–153.

[323] Cf. D. de Pablo Maroto, "El índice de libros prohibidos en el Concilio de Trento", en *Revista Española de Teología*, 36 n. 1–2 (1976): 39–64. Las reglas tridentinas para la prohibición de libros fueron confirmadas en la constitución *Dominici gregis custodiae*, de 24 de marzo de 1564. Las reglas fueron confeccionadas por 22 sinodales tridentinos que habían recibido el encargo de elaborar un nuevo Índice de libros prohibidos, pero que no pudieron terminar su labor antes del final del concilio, por eso este Índice no parece en las actas del concilio, sino en la bula posterior arriba señalada. Cf. H. Denzinger – P. Hünermann, *El magisterio de la Iglesia. Enchiridion symbolorum, definitionum et declarationum de rebus fidei et morum* (Barcelona: Herder, 1999), 559–562.

[324] Jesús Martínez de Bujanda, *Index de L´Inquisition Espagnole, 1551, 1554, 1559*, Index des Livres Interdits V (Québec: Centre d´Études de la Renaissance, 1984). La Inquisición había prohibido en el *Index* de 1551 "la biblia en romance castellano o en cualquier otra lengua", estando solo permitidas las traducciones parciales.

expresando, en un tono no exento de matices irónicos, que al no expresar abiertamente a qué naciones atañe, se supone que incluirá también la española, so pena de hacerla parecer "más apocada y vil" que las otras a quienes se concede tan gran bien. Y no solo la traducción se propugna como católica, sino que también se presenta como católico al mismo traductor, si por católico se entiende: "[…] el que fiel y senzillamente cree y professa lo que la Santa Madre Iglesia Christiana Catholica cree, tiene, y mantiene, determinado por el Espíritu Santo, por los Canones de la Divina Escriptura, en los Santos Concilios, y en los Symbolos y Concilio Niceno, y el de Athanasio".[325]

Lo cierto es que en España la Inquisición seguía, o pretendía seguir de cerca las actividades literarias de Casiodoro, si bien parece que no con mucho acierto. El 4 de junio de 1568, por tanto, un año antes de la publicación de la traducción, la Inquisición granadina se hace eco de una inquietante noticia:

> Casiodoro fraile que fue en el monasterio de San Ysidro extramuros de la ciudad de Sevilla que al presente está en Ginebra ha hecho imprimir la Biblia en romance y porque será cosa muy perniciosa que este libro entrase en estos reinos convenga que luego que recibáis esta, déis Señores orden como se tenga así que no entre dicho libro y si algunos se hallasen procederéis contra los que los hubieren metido […].[326]

Parece que los inquisidores de Granada habían oído campanas, pero no acertaban a señalar el correcto lugar donde tañían. Desconocían de modo claro, a partir del contenido de estas directrices prohibitorias, que en aquel preciso momento ni la impresión se había terminado aún, ni Ginebra era, desde luego, el lugar determinado para su ejecución.

El 19 de enero de 1571 volvemos a encontrar nota del Consejo Supremo de la Inquisición española señalando la publicación que ahora es descrita de modo más parco: "Biblia publicada en Basilea, en romance".[327]

El 30 de junio de 1581, Jacobo Cristobal Blarer de Wartensee, restaurador del obispado de Basilea, envía desde su palacio en Birsek un ejemplar de esta Biblia del Oso al cardenal de Milán Carlos Borromeo,

---

[325] "Amonestación al lector" en *La Biblia que es los sacros libros del nuevo y viejo testamento* (Basilea: [Thomas Guarin], 1569).

[326] *Noticia de la impresión de la Biblia de Casiodoro de Reina 4 de junio de 1568*, AHN, Inquisición de Granada, Libro 1254, fol. 344 ʳ.

[327] *Noticia de publicación de una Biblia en romance, enero 1571*, AHN, Inquisición de Granada, Libro 1254, 350ʳ.

añadiendo una extraña información sobre la impresión en ese mismo año de 1600 ejemplares en Basilea. De ellos, 1400 parece que ya habían sido enviados a Amberes *via* Fráncfort.[328] El obispo no acaba de entender por qué en lugar de la fecha de 1581 se hace figurar la de 1569. El obispo desconocía el hecho de que, en realidad, no hubo edición alguna posterior a esta primera tirada de 1569, hasta llegar a la revisión de Cipriano de Valera de 1602. De hecho, es el mismo Valera quien nos aclara que el total de la edición de Basilea, ejecutada por Thomas Guarin fue de "dos mil y seyscientos exemplares".[329]

Con el paso del tiempo y ante la dificultad para la distribución de los mismos (que se prolongó durante décadas) se fueron "refrescando" las portadas de la Biblia, asignándole a la traducción las respectivas fechas de 1586 o 1587 (luego todavía en vida de Casiodoro), y las de 1596, 1602, 1603 y 1622, estas últimas ya tras su muerte acaecida el 15 de marzo de 1594. La manipulación de las portadas era claramente un intento —en primera instancia por parte de Reina y después por parte de sus herederos—, de favorecer la reentrada en el mercado de los ejemplares no vendidos. Además, ya la singular portada mostrando al oso atacando un panal de abejas debía de ser muy conocida por los inquisidores. Cambiar su diseño se convertiría en algo imperativo si lo que se pretendía era facilitar de nuevo su circulación.

A fin de burlar los controles inquisitoriales, a algunos ejemplares también se les añadieron falsas portadas y páginas iniciales del famoso diccionario del lexicógrafo Agustino Ambrosio de Calepino, pretendiendo hacerlos así pasar por auténticos "Calepinos".[330] De ello da cuenta la Santa Inquisición que anota en la lista de los libros prohibidos, establecida después del catálogo de 1583: "Biblias en español cubiertas con hojas del Calepino, se prohíben".[331]

---

[328] Cf. Ernst Staehelin, "Der Basler Bischof Wlarer von Wartensee und die Baärenbible", en *Zeitsrichritf für Schweizerische Geschichte* 10 (1930): 203.

[329] Valera, "Exhortación al lector", [9].

[330] El famoso diccionario plurilingüe del fraile Agustino Ambrosio Calepino (1440–1510) fue publicado por primera vez en 1502, con referencias latinas, griegas e italianas. En las numerosas ediciones sucesivas fue añadiendo voces de diversas lenguas, hasta once, entre ellas la española. Se hizo tan famoso que, por sinécdoque, pasó a denominarse "calepino" todo diccionario de latín; cf. Luís Pablo Núñez, *El arte de las palabras: diccionarios e imprenta en el siglo de oro* (Mérida: 2010), 257–297.

[331] *Libros que los Señores del Consejo de su Magestad de la general Inquisición han mandado prohivir y enmendar después del cathálogo que se publicó año de 1583*, AHN, Inquisición, leg. 4426, 31.

La entrada en la península de la traducción fue más que dificultosa, pues si bien algunos ejemplares de esta Biblia del Oso lograron traspasar las barreras fronterizas, tal como ahora veremos, más hubieron de ser las Biblias del Oso confiscadas y destruidas. Tras el episodio sevillano de Julianillo Hernández como introductor de libros prohibidos en España, las autoridades estaban muy al tanto de la acechante amenaza.

En España, la red de protección estatal estaba muy al corriente de los potenciales peligros que la evangelización luterana y calvinista podría suponer para la estabilidad de la nación. Por ello la llegada y recepción de textos impresos, como la Biblia del Oso, provenientes de las imprentas protestantes, llevó a la Inquisición a mantener una especial alerta. Felipe II había decidido reforzar las defensas religiosas para así impermeabilizar a la nación. Un año después de la huida de Casiodoro de Sevilla y seguramente espoleado por la gravedad de los episodios heréticos vallisoletanos y sevillanos, Felipe II promulga la llamada "ley de sangre" de 1558. Se prohibía, ahora bajo pena de muerte y confiscación de bienes, la importación de cualquier texto impreso que figurase en el *Índice* definitivo de libros prohibidos.

La Biblia del Oso no tenía, pues, nada fácil la entrada en España tras su publicación. Con todo, a pesar de los Índices de libros prohibidos y/o expurgados y de la aplicación de la "ley de sangre", los libreros españoles no cejaron en su empeño de importar estos libros a la península. Fuese por motivos ideológicos o por intereses mercantilistas, lo cierto es que desarrollaron más que ingeniosas tretas para seguir disponiendo de estos ejemplares prohibidos y ponerlos a disposición de sus clientes más transgresores.

En el Índice de libros prohibidos de 1583, se registra la prohibición de la Biblia del Oso bajo la nueva entrada "Biblia imprenta, obra del monje Casiodoro" (*Biblia impressa opera Cassiodori monachi*), con el número 164 del apartado de las Biblias prohibidas. Martínez de Bujanda la describe como "la traducción castellana de Casiodoro de Reina, imprimida también en Basilea por Samuel Apario para Tomás Guarin en 1569".[332]

---

[332] Jesús Martínez de Bujanda, *Index de L'Inquisition Espagnole, 1583, 1584*, Index des Livres Interdits VI (Québec: Centre d'Études de la Renaissance, 1993), 88: "la traduction castillaine de Casiodoro de Reina imprimée aussi à Bâle par Samuel Apiarius pour Thomas Guarin en 1569".

Siguiendo con la valoración católica de la traducción de Casiodoro, en el s. XVIII Fray Martín Sarmiento (1695–1772) vierte una de las peores valoraciones sobre esta Biblia, parece que desde el desconocimiento material de la misma y espoleado por su apriorismo antiprotestante: "Hay otra versión castellana de toda la Biblia, que es obra de calvinistas, y para maldita la cosa se necesita".[333]

A la luz de estas informaciones hemos de concluir que muy pocos españoles católicos, salvo los censores e inquisidores, tuvieron la oportunidad de tener la Biblia del Oso entre sus manos.[334]

b. *La Biblia del Oso y la traducción de Felipe Scío de San Miguel*

En pleno siglo de la Ilustración, a finales del siglo XVIII —y dado que ya en otras naciones se habían editado traducciones católicas de la Biblia en lengua vernácula— en España parecía echarse de menos la aparición de una nueva Biblia en castellano. Se necesitaba una versión propia para el ámbito hispano, y esta necesidad abarcaba tanto intereses culturales como pastorales. El Papa Benedicto XIV mediante un Breve fechado el 23 de diciembre de 1757 permite que se manejen las ediciones en lenguas vernáculas siempre que hayan sido aprobadas por las autoridades competentes y vayan acompañadas de notas de los Santos Padres y exegetas católicos notables que expliquen los lugares difíciles. En España, la prohibición de la Inquisición no se levanta hasta el 20 de diciembre de 1782. El Padre Scío (1738–1796) había recibido el encargo real de traducir la Biblia de la *Vulgata* en 1780, y se publicó en 1791.[335]

En la disertación preliminar a su traducción de la Biblia, hace Scío un somero repaso a la historia de la traducción de los textos sagrados y su publicación a lo largo del tiempo. Al llegar al siglo XVI, tras aludir a las distintas traducciones parciales católicas y protestantes y después de

---

[333] Fray Martín Sarmiento *OSB, Catálogo de algunos libros curiosos y selectos, para la librería de algún particular, que desee comprar de tres a quatro mil tomos* ([Madrid,] 1787), 148.

[334] Una excepción importante es Don Juan Isidro Faxardo (1683–1726, también conocido como Juan Yañez de Monroy), un español que sí tuvo la suerte de poder leer la Biblia del Oso con todo detenimiento y tranquilidad, y contando además con el permiso de la Santa Inquisición.

[335] La Biblia de Scío tuvo unas ochenta ediciones realizadas en un plazo de cien años después de su aparición. Curiosamente el número mayor de estas se produjo sobre todo en medios evangélicos, siendo editada esta versión despojada de las notas y en ocasiones, obviando los libros deuterocanónicos.

comentar de modo general las particularidades de la Biblia de Ferrara, menciona la traducción de Casiodoro de Reina. Scío la clasifica erróneamente como la "segunda" versión impresa de la Biblia al español, reservando el primer puesto para la Biblia de Ferrara que, como sabemos, no es sino una traducción del Antiguo Testamento y no de la Biblia completa. La recepción por parte del escolapio del traductor y de la traducción de la Biblia del Oso, como es de suponer, se revela más bien pesimista: "Es un tomo en cuarto mayor: tuvo en vista los originales griegos y hebreos, y conforme a ellos trabajó su versión, pues al confesar él en su prólogo que tuvo también la Vulgata latina, más fue por seducir a los incautos que por efecto de verdad".[336]

Si ahora califica a Casiodoro de Reina como "seductor de incautos", pocas líneas antes había hecho referencia a las traducciones no católicas *in genere* en términos no menos negativos: "la multitud de las infieles é impías traducciones que habían publicado los herejes de diferentes sectas […] las cuales emponzoñan al pueblo con el pretexto de la autoridad divina".[337]

El traductor escolapio valora las publicaciones del momento que van viendo o han visto la luz al margen de la Iglesia de un modo comprensiblemente negativo:

> Fuera de nosotros todos aquellos libros que bajo la apariencia de miel dulce y sabrosa ocultan hiel amarga, y un cruel y pestífero veneno con que matan. Fuera todo aquello que probado a la piedra de la divina Palabra, interpretada según el sentido y tradición de la Iglesia, y de sus Padres y Doctores que constantemente han seguido nuestros mayores, y bajo el aparente brillo de oro puro, si se reconoce a la luz de la verdad, si se examina el fuego y crisol de las Sagradas Escrituras, se hallará ser todo   escoria, y no para otro uso sino para ser arrojado y deshecho con el mayor desprecio.[338]

La expresión "miel dulce y sabrosa" bien pudiera ocultar una velada alusión a la portada de la Biblia de Casiodoro y su conocido escudo tipográfico de Apiarius figurando un panal de abejas atacado por un oso. En la página dedicada a las advertencias, señala Scío que hace referencia en sus notas a varios manuscritos que se conservan en la Real Biblioteca del Monasterio del Escorial y a la traducción de Ferrara, identificada

---

[336] "Disertación preliminar" en *La Sagrada Biblia traducida al español de la vulgata latina y anotada al sentido de los Santos Padres y Expositores Católicos* (Barcelona, 1791), XXIII.

[337] "Disertación preliminar", XXI–XXII.

[338] "Disertación preliminar", XXXIII.

con la abreviatura "Ferrar". Y aunque diga desdeñarla, sin embargo, la tiene en cuenta, y no poco, señalando ocasionalmente con la abreviatura "C. R." la traslación de Casiodoro de Reina respecto al Antiguo y Nuevo Testamento.

En definitiva, a pesar de la opinión negativa que al Padre Scío parece suscitarle la traducción de Reina, esta viene generosamente cotejada en la traducción católica. De hecho, en la "Disertación Preliminar" del tomo I, antes de pasar a la traducción del Antiguo Testamento, el escolapio adelanta el que va a ser su método de traducción, literal y no perifrástico, al modo de Casiodoro de Reina y de fray Luis de León, este último en su traducción del Cantar de los Cantares.[339]

c. *La Biblia del Oso en la obra de Antonio Pellicer y Saforcada*

A lo largo del siglo XVIII —y partiendo de la idea de que la experiencia humana es universal y una de las fuentes de conocimiento más importante para el ser humano (al margen de épocas o culturas a las que se pertenezca)—, se sintió la necesidad y la conveniencia de aunar y difundir el conocimiento de los distintos autores de diversas épocas. Así se fueron recopilando unas obras que desplegaban una temática tan interesante como heterogénea, contándose entre ellas también las traducciones de la Biblia.[340] Siguiendo esta premisa proliferaron notoriamente las traducciones de textos científicos, filosóficos, históricos y literarios. Comenzó así a adquirir especial relevancia la tarea del traductor, ya no solo en la época contemporánea concreta, sino también en su evolución a lo largo de la historia. Este es el marco en que nace el *Ensayo de una biblioteca de traductores españoles*, de Juan Antonio Pellicer y Saforcada (1738–1806), publicado en Madrid por Antonio de Sancha el año 1778.

Pellicer se cura en salud ante los ojos inquisitoriales y excusa su alusión a traductores no ortodoxos, como es el caso de Casiodoro de Reina, aplicándoles descripciones de tintes negativos. A Reina, por ejemplo, le adjetiva como aquel "desgraciado sacerdote natural de Sevilla".[341] También dice:

---

[339] "Disertación preliminar", XXIV–XXXI.

[340] Para un estudio de las versiones castellanas de la Biblia que ven la luz en este siglo XVIII, véase José Manuel Sánchez Caro, *Biblia e ilustración: versiones castellanas de la Biblia en el siglo XVIII* (Vigo, 2012).

[341] Cf. Juan Antonio Pellicer y Saforcada, *Ensayo de una biblioteca de traductores españoles* (Antonio de Sancha: Madrid, 1778), 33.

En cuanto a los traductores de la Sagrada Escritura he tenido por conveniente advertir para evitar todo escrúpulo, que como por lo común prevaricaron en la fe, me he visto en la necesidad de citar algunos autores heterodoxos, en cuyas obras se conservan todavía noticias de aquellos traductores; pues los de nuestra nación hacen generalmente estudio de callarlas. Pero en el uso de estos libros he procedido con dos precauciones: la primera, de no copiar de ellos sino puramente las noticias históricas y literarias, como lo hace D. Nicolás Antonio en su Biblioteca, y otros autores catolicísimos; y la segunda, de advertir expresamente la profesión del autor que se cita.[342]

El autor se hace eco de numerosas informaciones en torno al traductor y a la traducción que describe de modo bastante pormenorizado, aclarando ya en esta época que tras las distintas portadas de la Biblia del Oso en realidad se esconde una sola edición, la de Basilea de 1569. Alude también a una supuesta impresión de esta Biblia mencionada de modo desconcertante por Jacques Le Long en su *Biblia Sacra* y al parecer impresa en "Cosmópoli" a cargo de un tal "Christobal Philaletes" en el año de 1567, pero de la que ni el mismo Le Long parece estar seguro. Nos hallamos claramente ante una notoria confusión, pues tanto la fecha de 1567 como los datos que se dan de esta impresión carecen de sentido alguno a la luz de los estudios sobre la obra.[343] Menéndez Pelayo considera esta hipotética edición como un claro caso de mito o superchería editorial.[344] Después de estas consideraciones, Pellicer pasa a describir físicamente la Biblia "que por ser tan rara merece describirla individualmente". De la lectura del prólogo latino llega a deducir que Casiodoro manifiesta abiertamente su apostasía:

declarando en el Prologo latino que la Iglesia verdadera era la que pretendió reformar Lutero: pues hablando principalmente con los Príncipes de Alemania que habían admitido en sus dominios la Nueva Reforma, da gracias inmortales a Dios porque los había constituido en tan calamitosos tiempos *protectores de su Iglesia que renacía*, pidiéndole que tuviese a bien de continuar su providencia, declarada a favor de la Iglesia *recién fundada y que estaba aun llorando en la cuna*, contra cuyo *nuevo parto* el mundo se enfurecía impíamente con armas y castigos.[345]

---

[342] *Ensayo*, prólogo, [8–9].

[343] Jacques Le Long, *Bibliotheca sacra seu syllabus omnium ferme Sacrae Scripturae editionum ac versionum* (Parisiis: apud Andream Pralard, 1709), 1:363.

[344] Menéndez Pelayo, *Historia de los Heterodoxos españoles* (Madrid: BAC, 1956), 4:114–115 n. 2.

[345] *Ensayo*, 38 (las cursivas son del original).

A continuación, se compendia el contenido de la exhortación al lector. Todo el empeño de Casiodoro "fue expresar bien o en el texto o en las notas lo que halló en el original". Pellicer trae aquí a colación la opinión de Richard Simon respecto al hecho de que, hipotéticamente, Casiodoro no consultaba por sí mismo los originales y por ello se habría visto obligado a hacer uso de las notas de la Biblia latina de León de Judá y de las que poseen las antiguas Biblias francesas de Ginebra.

Vemos Pellicer y Saforcada, si bien lastrado por los prejuicios católicos ante esta traducción heterodoxa de la Biblia, le hace un hueco —y no pequeño— en su consideración sobre las traducciones de la Biblia, parciales o totales (como lo es esta), a la lengua española.

d. *La Biblia del Oso en la traducción de Félix Torres Amat*

Treinta años después de haberse publicado la Biblia de Felipe Scío, aparece la de Torres Amat, que ofrece ahora una traducción más libre y menos ajustada al texto latino de la *Vulgata*. Torres Amat comienza su traducción en 1808, por orden y con permiso de Carlos IV, permiso que será después renovado también por Fernando VII en 1815, una vez finalizada la guerra de la independencia. La obra se termina hacia 1822 y se publica en nueve volúmenes entre los años 1823 y 1825.[346]

En el inicio del prólogo, Torres Amat hace referencia a la traducción de Scío, a la que "los sabios han hecho la debida justicia al mérito del digno traductor, elogiando sus laboriosas tareas". Apenas una línea antes expresaba, quizás un tanto exageradamente, que la nueva versión se había esparcido por todo el vasto territorio de la monarquía española. En su deseo de alabar la traducción del escolapio la compara con las Biblias de Ferrara y Valera (sin mencionar a Reina), que presenta como más anticuadas y confusas y cuya lectura resulta pesada por su apego a las lenguas bíblicas hebrea y griega.[347]

Es evidente que la edición de 1602 de Ámsterdam, a cargo de Cipriano de Valera, era más fácil de hallar en España que la *editio princeps* de Basilea. Así tenemos noticias de su existencia en los fondos bibliotecarios de algunas universidades españolas, como el Índice de libros prohibidos

---

[346] Sobre el traductor y la traducción, cf. Julián Barrio Barrio, *Félix Torres Amat (1772–1847). Un obispo reformador* (Roma, 1976). La traducción tiene un tratamiento específico en las pp. 82–109.

[347] "Prólogo" en *La Sagrada Biblia nuevamente traducida de la vulgata latina al español... por D. Felix Torres Amat...* (Madrid, 1823), i.

de la Universidad de Santiago de Compostela, que atestigua la presencia de una "Biblia del Cántaro", confinada en el "cajón 120, núm° 6°", tal como aparece registrado en el Índice de prohibidos de la biblioteca de la Universidad.[348]

En el discurso preliminar de la segunda edición de 1832, Torres Amat menciona de nuevo las antiguas versiones castellanas, "la de Ferrara, la de Casiodoro de Reina, la de Cipriano de Valera; y es muy notable la catalana o valenciana, que hizo el Padre Don Bonifacio Ferrer". Exculpa la prohibición del pasado de leer la Biblia en lengua vulgar porque:

> abusábase de su lectura por la malignidad de los hereges, y la triste situación en que se hallaba la Iglesia. Los sectarios esparcían sus errores, valiéndose de sus versiones de los Libros Santos, que publicaban inficionados de sus venenosas ideas. Llegaba a lo sumo la osadía y el maligno empeño en querer desacreditar la Vulgata latina, venerada de todos los cathólicos.[349]

El obispo de Astorga afirma que en las demás naciones católicas se procura también perfeccionar las versiones de la Sagrada Escritura en lengua vulgar, "con el loable fin de prevenir á los fieles contra las malas traducciones de los impíos ó hereges". Alude, más bien en tono negativo, a las Sociedades Bíblicas "que se esfuerzan en extender la Escritura por todas partes, y las entregan al pueblo en traducciones sin calor, sin unción, en las cuales no se halla ni la gracia, ni la energía y magnificencia del texto sagrado".[350]

Al abordar el método de traducción que ha seguido para elaborar su versión, y al socaire de algunas disquisiciones en torno a la dificultad de traducción del hebreo de algunos términos que al pasarlos al latín resultan ambiguos, como [flgš] (literalmente "esposa a medias") mal traducido por *concubina*, Torres Amat vuelve a mencionar la versión de Valera, destacando ahora su buen tino al traducir el equívoco término por "reina", y no por

---

[348] *Índice de los libros prohibidos que la biblioteca de la Universidad de Sant° tiene en la actualidad como asimismo de los que se agregaron à* [sic] *ellos como sospechosos: por cuyo motivo se separaron de los Estantes de uso común (1801)*, AHUS, Universidad, Ser. Hca., Leg. 534; cf. Concha Varela Orol y Martín González Fernández, *Heterodoxos e malditos, lecturas prohibidas na universidade de Santiago* (Santiago de Compostela 2002), 436. En el elenco de libros prohibidos de 1813, vuelve a parecer esta Biblia, con dos entradas distintas, una bajo el término "Biblia" y otra por el apellido "Valera"; cf. Orol y Fernández, *Heterodoxos*, 467, 489.

[349] Discurso preliminar en *La Sagrada Biblia* (Madrid, 1832), VI–VII.

[350] Discurso preliminar, XVII.

el negativo término latino, pues se trata en verdad de una de las segundas esposas de un rey.

En conclusión, en la Biblia de Félix Torres Amat percibimos un escaso eco de la Biblia del Oso. Ahora bien, cuando esta se menciona, bien sea aludiendo a Reina o a Valera, el traductor parece tener una buena opinión del método de traducción en ella empleado. Ello no le impide, sin embargo, destacar el excesivo y defectuoso apego de esta versión a las lenguas hebrea y griega. En algunas ediciones posteriores de la Biblia traducida por Torres Amat y enriquecidas con las notas del P. Scío de San Miguel, vuelven a aparecer las iniciales "C. R.", para aludir a la traducción consignada en la Biblia del Oso, tal como hacía en su obra Scío.

e. *La Biblia del Oso y Marcelino Menéndez Pelayo*

Marcelino Menéndez Pelayo escribe y comienza a publicar su más conocida obra *Historia de los heterodoxos españoles*, entre 1880 y 1882, cuando apenas tiene veinticuatro años. La tesis principal de esta obra pretende demostrar que en España apenas hubo reformados ya que los españoles, casi por ley de raza y de historia, somos refractarios a toda herejía y heterodoxia. Si bien es evidente que algunos de sus postulados se revelan tan discutibles como disculpables a causa de la juventud y la inexperiencia pareja con que los vertió, ello no invalida toda la riqueza e ingente erudición de este escrito y de sus escritos en general.

Cuando Menéndez Pelayo, bajo el epígrafe *nuestros protestantes expatriados*, aborda la figura de *Casiodoro de Reina, su vida, sus cartas, su traducción de la Biblia*, comienza por presentar los antecedentes de las traducciones de la Biblia como "ocupación predilecta de las sectas protestantes" que, en su opinión, las consideraban instrumentos de propaganda. Tras hacer un sucinto repaso a los trabajos bíblicos de los reformados españoles del siglo XVI, termina aludiendo a la Biblia de Ferrara, "que por lo sobrado literal y lo demasiado añejo del estilo, lleno de hebraísmos intolerables, ni era popular, ni servía para los lectores del siglo XVI". Tras esta negativa valoración de las traducciones protestantes, Menéndez Pelayo pronuncia una primera valoración positiva, no por tibia menos importante:

> Uno de los protestantes fugitivos de Sevilla se movió a reparar esta falta, emprendió y llevó a cabo, no sin acierto, una traducción de la Biblia y logró introducir en España ejemplares a pesar de las severas prohibiciones del Santo Oficio. Esta Biblia, corregida y enmendada después por Cipriano de Valera, es la misma que hoy difunden, en fabulosa cantidad de ejemplares,

las sociedades bíblicas de Londres por todos los países donde se habla la lengua castellana.[351]

Poco más tarde, Menéndez Pelayo escribe ya la que será la mayor alabanza que de labios católicos recibirá jamás la Biblia del Oso de la que dice ser "como hecha en el mejor tiempo de la lengua castellana, excede mucho la versión de Casiodoro, bajo tal aspecto, a la moderna de Torres Amat y a la desdichadísima del Padre Scío".[352] Resume el autor cántabro el recorrido vital de Casiodoro, entonces casi desconocido, convirtiéndose su texto en fuente bibliográfica para las noticias que sobre el exmonje hispalense se irán vertiendo a posteriori.[353] Tras describir el proceso editorial de la traducción, Marcelino valora en su conjunto el resultado obtenido:

> Esta Biblia es rarísima; llámasela comúnmente del Oso por el emblema o alegoría de la portada. Tiene año (1569), pero no lugar de impresión ni nombre del traductor; solo sus iniciales C. R. al fin del prólogo. Doce años invirtió Casiodoro en su traslación, aunque como trabajo filológico no es el suyo ninguna maravilla. Sabía poco hebreo, y se valió de la traducción latina de Santes Pagnino (muy afamada por lo literal), recurriendo a la verdad hebraica solo en casos dudosos. De la Vulgata hizo poca cuenta, pero mucha de la Ferrariense.[354]

A continuación, resume las consideraciones de la "Amonestación al Lector" del propio Casiodoro sobre su método de traducción y el uso de las fuentes disponibles.

En palabras del santanderino "ni el traductor ni el prologuista disimulan su herejía", pues el primero bendice a los príncipes alemanes por su protección a la Iglesia, "que acaba de renacer y está aún en la cuna", y el traductor se apellida católico, "quizá para engañar a los lectores españoles".[355] Hace también referencia Menéndez Pelayo al malogrado Nuevo Testamento (sin mencionar a su autor, Juan Pérez de Pineda) que se editaba en París poco antes de que la traducción de Reina viese la luz.

Completa las noticias sobre el resto de la vida del traductor, sin narrar su muerte, pues afirma no disponer de más datos sobre el reformado

---

[351] Menéndez Pelayo, *Heterodoxos*, 2:111.

[352] *Heterodoxos*, 2:116.

[353] Como el mismo Menéndez Pelayo señala, no se disponía entonces de ninguna biografía sobre él, siendo su relato el primer ensayo fundado sobre Casiodoro de Reina.

[354] *Heterodoxos*, 2:114-115.

[355] *Heterodoxos*, 2:116-117.

desde la última de sus cartas fechada el 09 de enero de 1582: "Poco más debió de vivir, a juzgar por el tono lacrimatorio de las últimas cartas, en que se declara viejo, enfermo y agobiado de mil penalidades y molestias. En cuanto a aquella raquítica y desconcertada Iglesia de Amberes, pronto dieron cuenta de ella, las armas de Alejandro Farnesio".[356]

Con todo, la obra de Marcelino Menéndez Pelayo constituye uno de los referentes clásicos más relevantes en cualquier aproximación a la Biblia del Oso que, al margen de confesiones, se precie de rigor. Expurgados sus claros prejuicios —que por otra parte no pareció ya compartir al final de su vida—, su recepción y el tratamiento que de esta traducción hizo D. Marcelino supone, como hemos mencionado, la mejor valoración que el mundo católico había hecho hasta entonces de la magna labor traductora de Reina. Hasta tal punto de ponerla por encima de las muy católicas versiones de Felipe Scío de San Miguel y de Félix Torres Amat.

Aunque la encumbrada alabanza (en claro detrimento de las versiones católicas) haya de ser sopesada en el contexto de una polémica entre eruditos, viniendo de quien viene y claramente atestiguado el nulo filo-protestantismo del autor, el cumplido del polígrafo santanderino a la Biblia del Oso parece resonar aquí con especial fuerza.

2. La recepción de la Biblia del Oso en el ámbito protestante

Aunque entre los exiliados la obra parece ser apreciada, no nos atreveríamos a decir que la traducción fuese un "*bestseller*" bíblico entre los españoles reformados de la época. La larga y penosa distribución de la edición es buena prueba de ello. Las complicadas circunstancias religiosas del momento, junto con las suspicacias constantes en torno al traductor (cuando no directamente las envidias) crearon un caldo de cultivo nada favorable a su difusión. La triste realidad es que Casiodoro pudo claramente percibir que su traducción, si por "protestante" suscitaba ardiente inquina entre católicos, por "calvinista" levantaba no menos recelos entre protestantes.

Algunos autores, como Plutarco Bonilla, aseveran que la obra experimentó una gran acogida: "Tal ha sido la acogida que el mundo protestante de habla castellana le dispensó a la traducción de Reina, que son muchísimas las revisiones a las que ha sido sometida".[357] Pero es evidente

---

[356] *Heterodoxos*, 2:123.

[357] Plutarco Bonilla Acosta, "Traducciones castellanas de la Biblia", en Harold Willmington, *Compendio manual Portavoz* (Grand Rapids, MI: Editorial Portavoz, 2001), 956–962.

que Bonilla ha de referirse aquí a la acogida que la posteridad reformada le concedió y no a la escasa recepción contemporánea de la publicación. Hubieron de pasar más de dos siglos tras su primera impresión, para que comenzasen a aparecer las revisiones del texto original de Reina, ya reeditado por Cipriano de Valera en 1602. Nos hallamos en el inicio de las numerosas revisiones sucesivas que de la versión conocida como "Biblia Reina-Valera" se irán haciendo a lo largo de los siglos posteriores.

Las dificultades en la distribución de los 2600 ejemplares, como ya se ha reseñado, fueron más que notables, y si bien es verdad que el número de potenciales lectores españoles en el exilio hubo de ser reducido, sorprende de todos modos el largo periodo que un gran número de ejemplares de esta Biblia permaneció almacenado. Como ya hemos señalado, el "refresco" de portadas, que llevó en el pasado a pensar en distintos años de reedición, 1586, 1587, 1596, 1602, 1603 y 1622, no fueron sino intentos de volver a poner en circulación los ejemplares de la primera edición de 1569.[358]

Sostenemos la afirmación de que la Biblia de Casiodoro de Reina suscitó suspicacias entre los propios calvinistas, basándonos principalmente en el juicio que Nicolás Balbani, ministro calvinista italiano en Ginebra, vierte sobre esta traducción en una carta fechada el 20 de agosto de 1571. En la carta Balbani expresa su opinión sobre la inminente recepción de Reina en la parroquia de extranjeros de Fráncfort:

> De Casiodoro, del que se ha tenido opinión siniestra por alguna disputa que tuvo con los ministros de Heidelberg en torno a la Cena y en torno a otras cosas. Y me parece que por esto no fue aceptado como ministro de la iglesia francesa en Estrasburgo. Además de esto, había hecho algunos escolios sobre la Biblia donde en algunos lugares ofendía a muchos. Recuerdo haber visto uno sobre el séptimo capítulo de Isaías, donde el hijo de la virgen como otro distinto de Jesucristo; y otros igualmente habían notado otros pasajes de no limpia harina, de los cuales no me recuerdo ahora. Estos escolios no los ha impreso siguiendo a consejos más sanos. En cuanto a la Biblia traducida por él, yo no sabré alegar cosa alguna, por que no entiendo la lengua. En mi opinión no creo que allí haya cosa sospechosa o menos sincera. Hay allí, en el capítulo primero del Génesis, un error notable en el versículo 27 donde dice que Dios creó al hombre varón mujer, como si Adán fuese hermafrodita. Pero creo que se ha excusado, como si fuese error de la impresión o de inadvertencia. Por lo demás, teniendo yo malísima

---

[358] Edward Boehmer, *Spanish reformers of two centuries from 1520. Their lives and writings, according to the late Benjamin B. Wiffen's plan and with the use of his material* (Strasbourg: Karl Trübner, 1883), 2:235–246.

relación con un Corro, que permanece en Inglaterra, el cual tiene estrecha coincidencia con este Casiodoro, yo no puedo tener de él buena opinión.[359]

Balbani confiesa abiertamente que no puede juzgar la obra pues no conoce la lengua española, y que sus negativas apreciaciones sobre el autor le vienen más de terceros (en concreto de su antipatía personal hacia Antonio del Corro, el amigo íntimo de Casiodoro), que de un conocimiento directo del aludido.

La percepción que el propio Casiodoro de Reina tiene sobre la valoración de su labor, a ojos de sus contemporáneos y tal como es descrita en la "Amonestación al Lector" de su Biblia, parece ser también negativa. La refiere como "poco ayudada de los hermanos y muy estorbada de Satanás", subrayando así que los calvinistas españoles no parecieron mostrarse especialmente felices con la aparición de esta traducción, aún reconociendo las capacidades exegéticas y lingüísticas de su compatriota. De hecho, la revisión a la que la Biblia de Reina fue sometida por Cipriano de Valera, completando las notas marginales con comentarios teológicos tomados sobre todo de la Biblia de Ginebra, parece denotar esta deficiencia que la obra de Reina podía padecer a ojos calvinistas. Además, Valera introdujo en esta nueva edición de 1602 —y también según el modelo de Ginebra—, la estricta separación entre libros canónicos y "apócrifos" que no había sido hecha en la primigenia Biblia del Oso.

El orden de los libros presente en la Biblia del Oso es plenamente católico. No disponemos de referencia alguna personal del autor que nos ilumine sobre su intencionalidad al respecto. Algunos, como Menéndez Pelayo, piensan que Reina quizás simplemente respetó este orden, en un deseo de concordar con la *Vulgata* y así guardar las apariencias católicas de su traducción, conforme con el canon tridentino.[360] Pero quizás la cuestión sea más simple. Puede que Casiodoro de Reina colocase los libros bíblicos en su traducción en este orden porque este es el modo al que estaba acostumbrado en sus tiempos monacales sevillanos, aún muy recientes. Tengamos también muy en cuenta que en el propio mundo protestante aún se estaba dirimiendo la cuestión de si estos libros, deuterocanónicos en términos católicos, habían de guardarse, separarse o quitarse de modo definitivo.

---

[359] "Quanto alla Bibbia tradotta da lui io non saprei allegare alcuna cosa, percio che io non intendo la lingua"; cf. *Carta de Niccolò Balbani 20 de agosto de 1571*, Frankfurt Stadtarchiv, Sammelband Kirchendokumente B Französisch-reformierte Gemeinde, B 165, 613. La traducción del original italiano es mía.

[360] Menéndez Pelayo, *Heterodoxos*, 2:116-117.

3. La primera revisión de la Biblia del Oso, por Cipriano de Valera

Cipriano de Valera (ca.1532 - ¿†?), treinta y tres años después de la publicación de la Biblia del Oso, lleva a cabo una revisión de la primera edición y la publica en Ámsterdam en 1602, en la imprenta de Lorenzo Jacobi. Ya en 1596 había revisado e impreso el Nuevo Testamento de Reina, que a su vez volvió a ser reimpreso en Ámsterdam en 1625, ya tras su fallecimiento, en la imprenta de Henrico Lorençi.

En el escudo tipográfico de Lorenzo Jacobi que ofrece la portada se muestran dos hombres, uno de ellos está plantando un árbol mientras el otro lo riega abundantemente ayudándose de una jarra o cántaro. Este es el motivo por el que esta primera revisión de la Biblia del Oso recibió con posterioridad el apelativo de "Biblia del cántaro". La estampa parece sugerir el texto "yo planté, Apolo regó; pero el crecimiento lo ha dado Dios" que leemos en 1 Corintios 3:6, y que muy bien podría ser el trasfondo interpretativo de esta peculiar imagen. Si esto fuese así, podría parecer un sutil pero falso reconocimiento de la doble autoría o autoría colectiva de la traducción, por parte del revisor de la Biblia, Cipriano de Valera. El "plantón" original y principal de la obra ya había sido sembrado por Reina y él "regaría" ese primer plantón. Sin embargo, esta apreciación parece ser discordante con el hecho de que, si era esta la intención real de Valera, ¿por qué entonces obvió luego toda referencia expresa al sembrador principal en la portada, habiéndole además robado toda la cosecha?

Han sido muchas y muy diversas las valoraciones que sobre esta primera revisión se han hecho, desde las que subrayan los cambios y mejoras efectuados por el revisor hasta las que acentúan tanto la continuidad del texto de Reina en el nuevo texto propuesto, que llegan a hablar de Valera como de un verdadero plagiario.[361]

---

[361] Entre los primeros hemos de mencionar a Plutarco Bonilla siguiendo los postulados del Dr. Jorge A. González en su tesis doctoral inédita defendida en la Universidad de Emory (Atlanta, EEUU) y Ricardo Moraleja Ortega, coordinador del Departamento de Traducciones de la Sociedad Bíblica de España, se postula del mismo modo muy a favor de Valera en lo referente a su autoría como revisor, pero no hace sino repetir los mismos argumentos que el propio Cipriano ya ofrecía en su *Exhortación al Christiano Lector* ("Casiodoro de Reina y Cipriano de Valera, dos vidas al servicio de la Palabra", en *La Biblia del Siglo de Oro* [Madrid: Sociedad Bíblica de España, 2009], xi-xx)*;* Entre los que defienden la prevalencia del trabajo de Reina en la edición de Valera, se cuentan los mencionados Menéndez Pelayo, Gordon Kinder y Carlos Gilly (cf. *Spanien und der Basler Buchdruck*, 353–434).

Menéndez Pelayo dice de Valera que escribe con "donaire y soltura" y que "hubiese sido en nuestros tiempos un periodista de éxito". Como es habitual en el polígrafo santanderino, de la alabanza pasa directamente a la descalificación mordaz al tildarle, a renglón seguido, de "sectario de reata".[362]

En su "Exhortación", Valera alude en términos muy encomiosos a la labor del Cardenal Cisneros y su Biblia Complutense, y posteriormente hace referencia a la nueva impresión hecha en Amberes por Arias Montano, natural también de Fregenal de la Sierra, y a quien dice que conoció cuando era estudiante en Sevilla. Después de animar encarecidamente al estudio de las Escrituras, cita ilustrando su explicación, además de la propia Biblia, a autores judíos y a padres de la Iglesia,[363] explica con todo detalle, por qué elimina del *corpus* canónico los libros "apocryphos". Intenta demostrar que el canon hebreo, que es el único que ha de aceptarse, solo contiene los 39 libros de nuestro Antiguo Testamento, o 22, de acuerdo con las letras del alefato hebreo y considerando que Jueces y Rut son un solo libro, al igual que ocurre con los doce profetas menores, y los siguientes pares de libros: 1 y 2 de Samuel; 1 y 2 de Reyes; 1 y 2 de Crónicas; Esdras y Nehemías; y Jeremías y Lamentaciones.

Cipriano de Valera incluye también en su edición los libros deuterocanónicos, aunque lo hace en una sección aparte, en lugar distinto al orden católico de Reina. No los elimina porque ya muchos escritores antiguos consideraron que tales libros sirven para edificación (cita incluso aquí Valera un comentario al Antiguo Testamento del cardenal Gaetano donde expresa que estos libros deuteronómicos: "puédense llamar canónicos, para la edificación de los fieles"). Valera elimina en las notas marginales de los textos canónicos toda referencia a los deuterocanónicos (que en cambio sí incorporaba, de modo natural, Reina).

Tras confesar que su versión es un fruto de un trabajo que "avemos conferido con hombres doctos y píos, y con diversas traslaciones, que por la misericordia de Dios ay en diversas lenguas el día de hoy", poco después reafirma su autoría, "leer, escrevir, o corregir. Todo lo he hecho yo solo". Valera afirma haber leído y releído con gran detenimiento la obra de Reina y, en sus palabras, "la avemos enriquecido con nuevas notas, y aun algunas vezes avemos alterado el texto". Su opinión sobre la labor

---

[362] Menéndez Pelayo, *Heterodoxos*, 4:138–140.

[363] Menciona a "los Doctores antiguos, assi Griegos, como Latinos, y algunos Hebreos, y muchos de los modernos Latinos" (*Exhortación al Christiano Lector*, 2 [13].)

traductora llevada a cabo por su excompañero de monasterio no puede ser mejor: "la version conforme à mi juyzio, y al juyzio de todos los que la entienden, es excelente; y assi la avemos seguido, quanto avemos podido, palabra por palabra".[364]

El mismo Valera señala en esta "Exhortación al Christiano Lector", cuáles son los cambios que ha introducido en la nueva revisión del texto canónico, con respecto a la anterior versión de Reina:

1) Ha eliminado las expresiones "por ventura" y "por saber a Gentilidad".

2) El vocablo "capullo" es sustituido por "prepucio". Hay que decir que, en este cambio, el autor no se revela muy insistente, pues deja en varios textos la primera de las palabras. Según Valera la razón para este cambio es la siguiente: "que es [prepucio] vocablo admitido ya mucho tiempo ha, en la Iglesia christiana".

3) Elimina todo lo que Reina había incluido procedente de la versión de los LXX o de la versión Vulgata y que no se halla en el texto hebreo (sobre todo en el libro de Proverbios).

4) También decide eliminar de los libros canónicos toda referencia y acotación respecto a los libros "apocryphos".

5) Añade nuevas notas, en letra distinta, en los libros canónicos "para declaración del texto". También introduce nuevos signos de llamada de notas, bien sean asteriscos para señalar algunas acotaciones al margen, o bien letras para añadir otras notas.

6) Emplea las abreviaturas "q.d." para expresar "quiere decir", "Ab." para indicar "Abaxo", "Ar." para expresar "arriba" y "S" igual a "a saber".

7) Decide retener los nombres propios tal "como comúnmente se pronuncian", "María" en lugar del hebreo "Myriam", "Moysen" en lugar de "Moxeh", etc.

8) A continuación, y de modo muy extenso, Valera defiende el hecho de conservar el nombre "Jehovah". Además de "por las doctas y pias razones que el primer Traductor da en su Amonestación", añade otras dos de cosecha propia. La primera es que hasta "los Gentiles idolatras que tuvieron algun commercio y trato con el pueblo Hebreo pronunciaron el nombre de Ieovah". La segunda razón se apoya en las citas del libro del Deuteronomio (Deut. 6:13 y 10:20): "A Iehovah tu Dios temerás, y â el serviràs, y por su nombre jurarás". Por ello, según Cipriano de Valera, "quando no en vano, sino con verdad, juyzio y justicia se toma el nombre Iehovah, no es pecado sino parte del culto que Dios demanda".

---

[364] "Exhortación al Christiano Lector", [10].

Valera, según él "movido de un pio zelo de adelantar la gloria de Dios y de hazer un señalado servicio a su nación" en realidad lo que con su nueva edición podría pretender, no era solo suplir la falta de ejemplares (que, como hemos comprobado, no era tal), sino que su verdadero interés, fuese este más o menos consciente, parecía ser el intentar finiquitar, de una vez por todas, "el vergonzoso hecho a los ojos de algunos estrechos calvinistas españoles, de tener que servirse de una Biblia, que tanto en el orden de los libros, como en las anotaciones teológicas marginales, no correspondía exactamente a las Biblias oficiales de Ginebra".[365] En otras palabras, la Biblia del Oso resultaba en su forma "demasiado católica" para el gusto reformado.

Los censores de Ginebra habían examinado la obra sin encontrar nada que reprocharle salvo errores tipográficos, como el conocido gazapo de Génesis 1:27: "macho hembra los crio". Por ello en muchos ejemplares observamos una minúscula pegatina tapando el error anterior y ofreciendo la correcta versión "y hembra", que parece que el mismo Reina insertó en la correspondiente línea de muchos ejemplares.

Carlos Gilly, a pesar de esta aprobación tácita de la versión de Casiodoro por los pastores de Ginebra, piensa que Valera se puso a enmendar por cuenta propia la versión de Casiodoro de Reina hacia 1580 en Londres, ya que su compañero le era doblemente sospechoso, tanto por sus servetismos pasados como por su posterior condición de pastor de la iglesia luterana. Para evitar la acusación de comportarse como un plagiario, Valera habría esperado hasta la muerte de Casiodoro en 1594 para convertirse en un verdadero "asaltatumbas literario", al publicar en Londres, en 1596, una edición "propia" del Nuevo Testamento.

A pesar de los esfuerzos de Valera, esta edición suya no parece haber tenido tampoco mucha difusión en el continente. De hecho, tres años más tarde, con ocasión de la edición de Elias Hutter (1553–c. 1605) del *Nuevo Testamento en doce lenguas*, el texto español consignado allí no es el de Valera, sino el de Casiodoro.[366]

---

[365] Entrecomillamos el texto por ser las palabras del Dr. Carlos Gilly quien, sin ambages, refleja su clara opinión sobre la labor plagiaria que Valera ejerce con respecto a Casiodoro de Reina (Gilly, *Defensa de Casiodoro de Reina*, en "Antigua versión Reina Valera 1909, la Palabra en español", http://www.valera1909.com/defensa.htm [Consulta 13 septiembre 2014]).

[366] Elias Hutter, *Novum Testamentum Dni. Nri. Iesu Christi: syriace, ebraice, graece, latine, germanice, bohemice, italice, hispanice, anglice, danice, polonice, / studio & labore Eliae Hutteri*, (Noribergae, 1599–1605).

De todas formas, el texto no presentaba grandes diferencias, pues Valera en su edición del *Nuevo Testamento* se había limitado también a quitar o añadir notas marginales, alterando ligeramente el texto (todo ello sin mencionar en absoluto el nombre del ya fallecido Casiodoro). Esta omisión total del nombre del difunto traductor que hizo Valera en su versión del Nuevo Testamento, no la mantuvo ya en su edición de la Biblia completa, impresa en Ámsterdam en 1602. Aunque es muy notorio como en tan amplio prefacio le dedica al traductor original apenas unas palabras, mientras que dispone que su propio nombre figure trazado con grandes letras en medio de la portada.

Hechas estas consideraciones hemos de señalar, no obstante, y en favor de Valera, el hecho de incluir en su revisión la "Amonestación" completa de Casiodoro, precedida por el título, *Amonestacion de Cassiodoro de Reyna Primer Interprete de los Sacros Libros al Lector y a toda la Iglesia del Señor, en que da razón de su traslación en general, ansi como de algunas cosas especiales.* Además, Valera califica a Reina como el "Primer Interprete", luego de modo muy explícito le concede la preeminencia, al menos cronológica, de su trabajo.

A tenor de los datos recabados sobre la labor de ambos personajes, autor y revisor, la conclusión es que Cipriano de Valera ciertamente y según mi propio parecer no siente haberse comportado como un "asaltatumbas literario" de Reina, o al menos no parece ser esa su primera intención. Nadie que meramente copiase (y quisiera postularse como totalmente original) confesaría haber seguido "palabra por palabra" la que además ya había calificado como una "excelente traducción". Incluir la "Amonestación" de la versión anterior tampoco encaja en el perfil de plagiario, ni tampoco la mención en portada de "segunda edición", que ya reconoce explícitamente la existencia de una primera de la que todo el mundo sabía que él no era el autor. Es muy probable que un cierto exceso de prurito académico le hubiese llevado a silenciar el nombre de Reina como responsable principal en el lugar donde este debería estar por justo mérito, es decir en la portada. Si Valera se hubiese colocado como mero revisor de la edición primera, hecho que creemos fue su papel real, no estaríamos ahora efectuando este tipo de consideraciones al respecto.

En definitiva, vemos como en esta primera revisión Valera empleó todo su esfuerzo en acomodar el orden de los libros bíblicos de la Biblia del Oso al canon protestante que seguía el canon hebreo. Además, quitó o añadió notas marginales, siguiendo especialmente las notas de las Biblias de Ginebra. Valera señala, en letra cursiva, los añadidos propios en las notas marginales, pero no deja referencia alguna a las notas que decidió eliminar. En líneas generales se aprecia una gran similitud entre las dos Biblias, salvo la ya mencionada disposición de los libros deuterocanónicos y la eliminación de las notas a ellos referidas.

Después de la versión que supone esta primera revisión de la Biblia del Oso, en realidad no se realizaron más ediciones de revisiones completas de la Biblia hasta 1850. Se constata que las primeras ediciones que se llevaron a cabo a partir de 1602 y hasta 1850 fueron sobre todo revisiones del Nuevo Testamento, como la que ya en 1596 había publicado Cipriano de Valera en Londres.

La revisión de la Biblia de Casiodoro de Reina por Cipriano de Valera, editada en Ámsterdam en 1602, supuso el primer hito en la sucesión de revisiones que irán viendo la luz con el paso de las centurias. La edición del Nuevo Testamento más arriba aludida que Valera ya había publicado en 1596 será reimpresa de nuevo en el año 1625. La primera gran revisión de la Biblia Reina-Valera es la revisión de Lorenzo de Santa María Pedrosa (1862) y sus secuelas.

Una de las revisiones más importantes es la que se llevó a cabo en 1960 a partir de la edición Reina-Valera de 1909. Esta revisión es la que ha hecho mejor fortuna y más se ha difundido en el mundo hispanohablante evangélico.

A modo de colofón bien podemos decir que lo cierto es que le costó muchísimo al texto de Casiodoro de Reina ser aceptado en el ámbito reformado. No fue sino a partir del momento en que la Biblia del Oso se transmutó en la Biblia del Cántaro, sin perder por ello su esencia, que las ediciones posteriores hicieron posible que se cumpliese con creces el sueño del esforzado traductor. Leemos sus anhelos expresados, de una forma tan bella como vehemente, en la "Amonestación". En este fragmento percibimos la honda pasión por las Escrituras de un hombre que entregó toda su vida a su difusión y cuyo encomiable deseo no era otro que la Santa Biblia fuese conocida y difundida libremente en castellano:

> Que ni las disputas inoportunas, ni las defensas violentas, ni los pretextos cautelosos, ni el fuego, ni las armas, ni toda la potencia del mundo junta podrá ya resistir, que la Palabra de Dios no corra por todo tan libremente como el sol por el cielo, como ya lo vamos todos probando por experiencia; y sería prudencia no poca aprender de lo experimentado para lo porvenir, y tomar otros consejos.[367]

---

[367] Reina, "Amonestación".

CAPÍTULO 9

Los 'instrumentos externos de justificación' y la reforma de la identidad eclesial en la *Declaración de fe* de Casiodoro de Reina

Steven Griffin, Alexandria School of Theology (Egipto)
y Ryle Seminary (Canadá)

Introducción

El interés que he tenido en la teología de Casiodoro de Reina ha sido motivado, en gran medida, por la convicción de que su trabajo puede servir a un propósito constructivo. Me refiero al hecho de que el llamado a volver a las fuentes protestantes viene con el reconocimiento de que gran parte de ese movimiento fue esencialmente católico en su visión.[368] Es decir, sus líderes buscaron renovar dentro de la Iglesia nada menos que la antigua fe apostólica. Este fue, ciertamente, el caso de Reina, quien en su *Declaración de fe* expone su doctrina de la obra de Cristo en términos eclesiológicos, así como su eclesiología —por el otro lado— tiene una forma cristológica. Esto implica el deseo de buscar la identidad y el propósito de la Iglesia específicamente en Cristo y no en su propia autoridad o recursos.

Un aspecto de la enseñanza de Reina sobre la identidad de la Iglesia en Cristo lo he considerado en un capítulo sobre el tema de

---

[368] Ver, por ejemplo, J. Todd Billings, "The Catholic Calvin", *Pro Ecclesia* 20, n. 2 (2011): 120–134. Del mismo modo, la visión del *Davenant Institute* incluye el deseo de demostrar "que la tradición protestante es vibrante, intelectualmente convincente y comprensivamente católica" (https://davenantinstitute.org/about/).

desplazamiento.[369] Me refiero al aspecto *desparramado* de la Iglesia, al que Reina dedica aproximadamente la segunda mitad de su *Declaración*. La Iglesia que encontramos allí es principalmente la Iglesia de peregrinos elegidos de Dios que han salido con Cristo "fuera de los reales, llevando alguna parte del oprobio que él llevó por nosotros" (*Apéndice*).[370] En ese trabajo resalté la preocupación por la unidad de la Iglesia que se refleja en la exposición de las marcas por las que los creyentes podrían reconocerse durante su estadía terrenal. Estas son las marcas de la Iglesia invisible, por las cuales la Iglesia da testimonio de su participación en la triple obra de Cristo como Profeta, Rey y Sacerdote (*munus triplex*), en el poder del Espíritu Santo.

En el presente capítulo ofrezco una vez más una lectura detallada de la *Declaración*, pero elijo como punto de partida el aspecto *recogido* o *congregado* de la Iglesia, que encontramos en la primera mitad de la obra. Me refiero a la Iglesia tal como llega a encontrarse en Cristo en primer lugar, tal como se mantiene en Él, y por cuáles medios.

Aquí nuevamente una dialéctica interna/externa (invisible/visible) sustenta el proceso. De manera que los pecadores son llamados por Cristo mediante la proclamación del Evangelio; habiendo sido llamados, pertenecen a una comunidad visible; siendo comunidad, surge la cuestión de los medios por los cuales los creyentes se mantienen en Cristo; finalmente, estos instrumentos —los sacramentos y la disciplina eclesiástica— se entienden, junto con la proclamación del Evangelio, como los "instrumentos externos de justificación" que el Espíritu Santo utiliza para comunicar al pueblo de Dios los beneficios que fluyen del *munus triplex* de Cristo. La comprensión de la justificación como un beneficio mediado por los medios que Cristo ha elegido, como trataré de explicar en la conclusión, da como resultado una visión específicamente cristológica para la reforma de la formación espiritual.

---

[369] Steven Griffin, "Desde el exilio alemán y londinense. Casiodoro de Reina y la eclesiología del desplazamiento" en Michel Boeglin, *et al.* (eds.), *Reforma y disidencia religiosa. La recepción de las doctrinas reformadas en la península Ibérica en el siglo XVI* (Madrid: Casa de Velázquez, 2018), 277–290.

[370] Aquí Reina alude al llamado en Heb 13:12-13 a seguir a Aquel que para santificar al pueblo sufrió fuera de la puerta del Templo. Casiodoro de Reina, *Declaración, o confesión de fe, edición moderna de la versión de 1577 con las variantes más importantes de la versión latina* (editado por Andrés Messmer; publicado de forma independiente, 2019). Las citas a lo largo de este ensayo son de esta edición.

Pero es aquí donde nos encontramos con un problema. El hecho de asociar esas tres marcas —Palabra, Sacramentos y Disciplina— con la justificación que viene de Cristo ciertamente subraya el deseo de Reina de relacionar la eclesiología y la cristología íntimamente. Al mismo tiempo, la idea de que la justificación podría depender de ellas de alguna manera parecería socavar la doctrina de la *sola fide*. Por esta razón, lo primero que debemos hacer es considerar la doctrina de la justificación de Reina antes de pasar a su contribución a una eclesiología protestante.

1. La justificación y el triple oficio de Cristo

La doctrina de la justificación de Reina debe en primer lugar situarse dentro de la narrativa de la redención que comienza con la promesa de salvación en Cristo (Capítulo V) y conduce directamente a una doctrina de "la justificación por la fe" (Capítulo X). El motivo es que la justificación se introduce, desde el principio, como un beneficio que se fundamenta en una promesa de Dios, y que se abraza por la fe, como dice el título del Capítulo V: "De las promesas de Dios y de la fe con que los pecadores son justificados y se levantan a mejor esperanza". Lo que la narrativa deja en claro es que, en el plan de redención de Dios, la justificación es obra de Cristo (XI.2). Aquí esbozaré el desarrollo de esa afirmación desde la entrega de la Promesa bajo el Antiguo Pacto, hasta la ascensión de Jesús y su sesión celestial.

Antes de la venida de Cristo en la carne, el remedio para el pecado era, de la parte de Dios, únicamente su gracia y misericordia, ya que como esclavo del pecado el hombre no podía ser salvo "por su propia justicia" (V.1) y, de la parte del hombre, únicamente la fe en la promesa de salvación en Cristo (V.3).[371] Sin embargo, dado que del lado de Dios una manifestación de poder estaba vinculada a la Promesa (V.1), y que del lado del hombre el ejercicio de "muchas y diversas maneras de mandamientos, de ceremonias y de figuras" estaba de alguna manera vinculada a la fe (como algo que Dios usó para preparar a los fieles para el Evangelio de Cristo, VI.2), lo que ya notamos en la *Declaración* es que Reina ofrece una clave para comprender la estructura del plan de redención de Dios que asume la continuidad entre el Pacto antiguo y el nuevo [Diagrama I]. Primero, un *beneficio divino* se considera con referencia a lo que es de la parte

---

[371] Compárese con el Concilio de Trento, *Decreto sobre la Justificación* (1547), Cap. V: prevenido por la gracia divina, el pecador puede prepararse para la justificación (*El Sacrosanto y Ecuménico Concilio de Trento*, trad. I. López de Ayala [Madrid: Imprenta Real, 1785], 68–69).

de Dios, por un lado, y por otro lo que es de la parte del hombre; a partir de ahí, el beneficio se describe como un doble beneficio, entendido con referencia a lo que es como *manifestación divina*, y a lo que se declara en relación con ella (una *promesa*); luego el medio por el cual se recibe el beneficio también se entiende de una manera doble, ya que incluye tanto el acto interior de *fe* (que está ligada a la promesa, V.3) como el *instrumento externo* que Dios elige (que corresponde a la manifestación divina, ya que se trata de una obra visible).

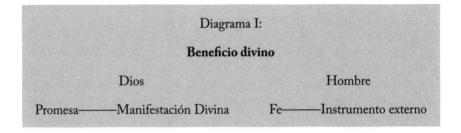

Diagrama I:

Beneficio divino

Dios   Hombre

Promesa———Manifestación Divina   Fe———Instrumento externo

Cuando avanzamos hacia el evento de Cristo y la buena noticia de Jesús, notamos que el instrumento externo de la "viva y eficaz fe" que ahora justifica es el Evangelio, dado que los sacrificios y ceremonias de la ley se han cumplido en Cristo (VII.2). Del lado de Dios, la fe justificadora resulta, por un lado, de la *manifestación divina* que incluye tanto el "deshacimiento" del pecado que se logró mediante la muerte, resurrección y ascensión de Jesús como el don del Espíritu Santo para la obediencia (VII.1) y, por otro lado, de la *promesa* del perdón de los pecados, proclamada en el nombre de Cristo.

En este punto, la narración procede a la persona de Cristo (VIII), y especialmente a su obra, que se describe en el segundo capítulo más extenso de la *Declaración* (IX).[372] Allí Reina señala que la obra de Cristo debe ser considerada por lo que es *para con el Padre* (IX.1) y lo que es *para con nosotros* (IX.1) [Diagrama II]. Esto es consistente con la naturaleza dual de Cristo, ya que como "verdadero Dios y verdadero hombre", él media la salvación de una manera doble. En su obra de representar al Padre ante nosotros, Jesús es *Profeta*: es Aquel "ministro" de Dios, enviado al mundo para dar a conocer el Evangelio de nuestra redención (IX.1), hacer visible a Dios (como su "expresa imagen", I.2) y anunciar la justicia (IX.11) y voluntad (IX.12) de Dios.

---

[372] Si se toma en cuenta el texto principal solamente, el cap. IX tiene 1756 palabras, y el XIX 1831.

En su obra de representarnos ante el Padre, Cristo es *Rey* y *Sacerdote* (IX.3). Aquí notamos en la narrativa un punto de inflexión, porque entramos en una realidad posterior a la ascensión. Habiendo sido nombrado por Dios, por su obediencia, "supremo Monarca" sobre todas las cosas (IX.2), Cristo es en primer lugar Rey, porque por su muerte en la cruz y victoria sobre el pecado ha liberado a los pecadores de la esclavitud del pecado, Satanás y la muerte (IX.4), y porque con su Espíritu los sigue protegiendo y defendiendo (IX.5). En segundo lugar, Cristo es Sacerdote, porque ahora y siempre intercede por su pueblo ante el Padre, ya que el poder y eficacia de su sacrificio perduran eternamente (IX .8); y porque por el Espíritu regenera al pecador; lo adopta, y lo hace participar de su herencia como Primogénito de entre los muertos (IX.7; cf. Heb 7:24 y 9:26).

Diagrama II:

Obra de Cristo

Para con el Padre	Para con nosotros
Profeta	Rey y Sacerdote

En este momento en la *Declaración* se destaca una característica bastante singular, porque aquí, en medio de su cristología, Reina elige incorporar material eclesiológico sustancial: describe la manera en que la Iglesia es incluida en el triple oficio de Cristo.[373] Como posible modelo, podríamos mencionar el *Catecismo de Ginebra* de Calvino (1545), que establece el triple oficio de Cristo como algo otorgado a Cristo para que de ahí pueda impartir los beneficios a su pueblo (Preguntas 40 y 41), y de hecho "comunicar su poder y fruto a los suyos" (Pregunta 45).[374] Además de subrayar la necesidad de definir la naturaleza y el propósito de la Iglesia en relación con Cristo —como una casa espiritual edificada en Cristo (1 Ped 2:5)— la decisión de colocar la discusión en este momento en la narrativa permite que Reina traduzca la doctrina de justificación (iniciada desde el capítulo V) en términos de la obra de Cristo. Comienza describiendo cómo los pecadores se presentan ante el Padre [Diagrama III], habiendo sido incluidos en la obra de Cristo como Rey y Sacerdote. Por un lado,

---

[373] Véase Griffin, «Desde el exilio alemán y londinense», 281.
[374] Juan Calvino, *Catechism of the Church of Geneva*, trad. E. Waterman (Hartford: Sheldon & Goodwin, 1815), 18-19.

son guiados por el Espíritu a la *victoria* del reino eterno de Cristo (IX.6), que se basa, por supuesto, en la victoria sobre el pecado que Cristo ha logrado para ellos como Rey (IX.4). Por otro lado, ofrecen ante el Padre un *sacrificio* de su vida, adoración y oración (IX.9), habiendo recibido perdón de los pecados por el Sacerdocio de Cristo, y regenerados y adoptados por su Espíritu Santo (IX.7). A partir de ahí, Reina vuelve a la forma en que la Iglesia, estando ya incluida en Cristo, se enfrenta al mundo, y participa en la obra de Cristo como Profeta al aprender a *declarar* la voluntad de Dios, enseñada por el Espíritu Santo (IX.13).

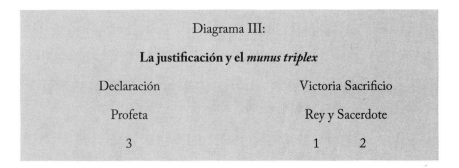

Diagrama III:

La justificación y el *munus triplex*

Declaración		Victoria Sacrificio
Profeta		Rey y Sacerdote
3		1 2

Hasta este punto, hemos visto cómo la justificación se traduce en términos de la obra de Cristo, y cómo la obra de Cristo, siendo triple, se convierte en una realidad eclesial (a medida que la Iglesia se incorpora a esa obra). A partir de ahí, entonces, la pregunta es: ¿cómo se traduce esa identidad eclesial cristológica en términos del ministerio, la disciplina y los sacramentos de la Iglesia? La respuesta a esa pregunta se centra en lo que Reina quiere decir con "instrumentos externos de justificación". Pero antes de pasar a eso, primero debemos examinar su doctrina de la justificación propiamente dicho.

2. Justificación por la fe: doble y triple

Al definir la justificación por la fe (X.1), Reina intenta hacer al menos tres cosas. En primer lugar, ofrece una definición amplia. De parte de Dios, es una obra de readmisión en el Pacto, junto con todas las bendiciones del mismo, que fluye únicamente de la misericordia y bondad de Dios, y que exige una respuesta de fe que se basa en "la entera justicia del Cristo". De parte del hombre, la única manera de alcanzar la justificación es mediante la penitencia y la "verdadera y viva fe en la muerte y resurrección del Señor".

A partir de ahí, sin embargo, la definición de Reina incluye en segundo lugar la idea de que la justicia de Cristo es tanto impartida como imputada al pecador. En este sentido, concuerda en parte con la preocupación del Concilio de Trento de enseñar que la justificación del hombre es "doble", es decir, que (sin utilizar ese término) incluye tanto la *imputación* de la justicia de Cristo como la *difusión* de la gracia y la caridad en su corazón.[375] En consecuencia, bajo la justificación, Reina incluye no solo la remisión de los pecados y la imputación de la justicia e inocencia de Cristo, sino también la "virtud y fuerza de su Espíritu. . . para que muriendo con él al pecado, resucitemos también con él a nueva vida de justicia" (X.1). Evidentemente, lo que influye más directamente en el asunto es la doctrina de Bucero, quien escribió que la justificación incluía la obra mediante la cual el Espíritu Santo infunde en el hombre "ese amor que sana la voluntad", de manera que "la fe viva es la que aprehende la misericordia de Dios en Cristo y cree que la justicia de Cristo se le imputa gratuitamente a uno mismo, y al mismo tiempo recibe la promesa del Espíritu Santo y también el amor".[376] Esto sugiere que la intención de Reina es mantener la justificación y la santificación estrechamente unidas, pero sin confundir las dos.[377]

La influencia de Bucero se vuelve más evidente cuando consideramos que Reina siguió al irénico reformador de Estrasburgo cuando se trataba de un asunto que causaba gran división en el mundo protestante, a saber, el debate sobre la forma de la presencia de Cristo en la Cena del Señor. La disputa esencial se reducía a esto: del lado luterano, la confianza en la ubicuidad de la humanidad ascendida de Cristo hizo posible argumentar que la humanidad de Cristo estaba "en, con y debajo del" pan y el vino de la Cena, y para ello se afirmaba la eficacia instrumental del sacramento; del lado zuingliano, la ascensión significaba que la humanidad de Jesús estaba en el cielo y en ningún otro lugar, y se negó que el Espíritu Santo necesitara tal medio. Como afirmó Zuinglio, "el Espíritu

---

[375] El *Decreto sobre la Justificación*, Canon 11: "Si alguno dijere que los hombres se justifican o con sola la imputación de la justicia de Jesucristo, o con solo el perdón de los pecados, excluida la gracia y caridad que se difunde en sus corazones, y queda inherente en ellos por el Espíritu Santo; o también que la gracia que nos justifica, no es otra cosa que el favor de Dios; sea excomulgado" (*Sacrosanto y Ecuménico Concilio*, 93–94).

[376] Martín Bucero, "Justification" en David Wright (ed.), *Common Places of Martin Bucer* (Abingdon: Sutton Courtenay Press, 1972), 43. Por el contrario, Calvino escribió que la justificación consiste simplemente "en la remisión de los pecados y la imputación de la justicia de Cristo" (*Inst.* III.11.2).

[377] En su capítulo sobre el Espíritu Santo, Reina explica que es por la virtud del Espíritu Santo que los justificados son también santificados (Rom 1), "y guiados por su instinto en el conocimiento de toda verdad" (XVII.2).

no necesita ni canal ni vehículo, porque él mismo es la virtud por la cual todas las cosas nacen".[378] En su correspondencia con Beza, y haciéndose eco del lenguaje de Bucero, Reina buscó mediar entre las dos posturas afirmando que si bien Jesús no estaba "encerrado" de ninguna manera en el pan y el vino de la Cena, sin embargo, estaba "sustancialmente" presente por fe.[379] Era como si Reina y Bucero hubieran querido afirmar, contra Zuinglio, que por la fe *el Cristo entero* se imparte, *presentemente*, en la Santa Cena,[380] y contra Lutero, que las realidades celestial y terrenal no debían confundirse.[381]

Aquí es evidente la aplicación de una semiótica "Calcedoniana", según el cual ciertos signos o "cosas externas" se deben unir a aquellas cosas a las que apuntan, sin confundirse con las mismas. Este compromiso informa la visión de Reina de la eficacia instrumental de cosas específicas ordenadas por Dios como medios para lograr sus propósitos. Así, por ejemplo, cuando se trata de la obra de Dios al transmitir su Verdad al mundo, Reina explica que la Biblia es "la única regla, luz e instrumento para probar y examinar los espíritus y todas doctrinas si son de Dios o no"; que la religión cristiana es el único medio de salvación (*Epístola*); o que Lutero fue uno de los instrumentos que Dios usó para señalar los errores que se habían recibido en la Iglesia de su época (*Apéndice*).

La tercera cosa que hace Reina en su capítulo sobre la justificación es calificar la fe justificadora como "verdadera y viva fe", y al hacerlo definir sus contornos. Si la idea de una "doble" justificación está ligada lógicamente a la doctrina de la naturaleza dual de Cristo (dado que la lógica calcedoniana informa el deseo de Reina de mantener juntas la justificación y la santificación, como se señaló anteriormente), podemos preguntar: ¿de qué manera el *munus triplex* da forma a su doctrina? Consideremos primero la manera en que Reina describe la fe que justifica:

---

[378] H. Zwingli, «A Reckoning of the Faith» en Jaroslav Pelikan y Valerie Hotchkiss (eds.), *Creeds and Confessions of Faith in the Christian Tradition* (New Haven, Conn./London: Yale University Press, 2003), 2:260.

[379] Véase la carta de Beza a Reina el 23 de junio de 1565 y la carta de Reina a Beza el 12 de julio de 1571 (trad. Francisco Ruiz de Pablos). La *Concordia de Wittenberg* (1536), firmada por Bucero, Capito y otros del lado reformado, y por Lutero, Melanchthon y otros del lado luterano, afirmó la "presencia sustancial" de Cristo en la Cena (artículo 1), pero sin afirmar que su cuerpo y sangre debían considerarse como "encerrados" en él, o adheridos a ellos más allá del uso del sacramento. Véase también Calvino, *Catecismo de Ginebra*, preguntas 353 y 355.

[380] La carta de Beza a Reina el 23 de junio de 1565.

[381] La carta de Reina a Beza el 12 de julio de 1571.

dado ya el cumplimiento de la promesa en el Cristo, no queda ni hay otra
vía para ser los hombres justificados, salvos y admitidos a la alianza del nuevo testamento y a la participación de sus bienes, que por penitencia (la cual
es verdadero conocimiento, arrepentimiento, dolor y detestación del pecado,
con verdadera abrenunciación de él y de la corrompida raíz de donde en el
hombre nace) y verdadera y viva fe en la muerte y resurrección del Señor,
por el mérito y eficacia de la cual nos es dado perdón e imputada su justicia
e inocencia; y asimismo nos es dada virtud y fuerza de su Espíritu, para
que muriendo con él al pecado, resucitemos también con él a nueva vida de
justicia (X.1).

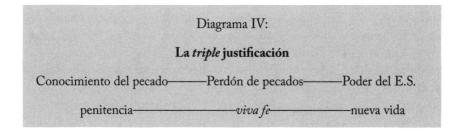

Diagrama IV:

La *triple* justificación

Conocimiento del pecado————Perdón de pecados————Poder del E.S.

penitencia————————————*viva fe*————————nueva vida

Lo que es evidente aquí es lo que podríamos llamar una *triple* justificación
[Diagrama IV] que se centra en la *viva fe* en la obra expiatoria de Cristo (por la cual se recibe el *perdón de pecados* y es imputada la justicia de
Cristo), pero que lógicamente se remonta a la *penitencia* (que proviene del
conocimiento del pecado por el llamado de Cristo), y que anticipa la *nueva
vida* de justicia (que proviene del poder del Espíritu Santo). Con la justificación así descrita, tanto de la parte de Dios como respuesta de fe, llegamos entonces a los "instrumentos externos" de la justificación, a los que
Reina se dirige en los capítulos siguientes. ¿Qué papel desempeñan estos
en la justificación, según Reina, y qué relación existe entre su doctrina de
la justificación y su visión de la reforma de la Iglesia?

3. Los instrumentos externos de justificación

Por "instrumentos externos de justificación", Reina tiene en mente cosas
específicas que a Cristo le plació instituir como medios para impartir fe y
el "testimonio interno de nuestra justificación", dado principalmente que
él tiene el derecho de hacerlo, ya que solo él justifica a su pueblo (XI.2).
Dado que estos reflejan las formas y ceremonias que Dios instituyó bajo
el Antiguo Pacto como *praeparatio evangelica*, no funcionan como medios
que justifican junto a (o aparte de) la fe que justifica, sino como medios
externos que Dios usa para impartir el don de fe, darle forma y dirigirla.

Por lo que sé, el término "instrumentos externos de justificación", como tal, es peculiar de Reina.[382] El Concilio de Trento, por supuesto, había afirmado que la causa instrumental de la justificación "es el sacramento del Bautismo, que es sacramento de fe, sin la cual ninguno jamás ha logrado justificación". Sin embargo, dado que el Concilio procedió desde allí a condenar la idea de que el pecador podría ser justificado por la fe sola,[383] a Reina le resultó útil distinguir entre la causa instrumental externa o visible instituida por Cristo, y la causa instrumental interna o invisible de la justificación (la "viva fe" sola).[384]

El enfoque de Reina en este asunto es consistente con lo que encontramos en la *Confesión de Augsburgo* (1530). En esa primera confesión de fe luterana aprendemos que, si bien "obtenemos el perdón del pecado y llegamos a ser justos delante de Dios por gracia, por causa de Cristo mediante la fe" (Artículo 4), el instrumento que el Espíritu Santo usa para obrar esta fe en ellos es "el oficio de la predicación. Es decir, . . . el Evangelio y los Sacramentos" (Artículo 5). Tal como lo aclara el artículo siguiente, "no debemos fiarnos en tales obras para merecer la gracia ante Dios. Pues recibimos el perdón y la justicia mediante la fe en Cristo" (Artículo 6).[385] Por el mismo motivo, Reina renuncia "a todo humano mérito o satisfacción que a la divina justicia se enseñe poderse hacer para alcanzar perdón del pecado", ya que el mérito y la satisfacción pertenecen únicamente al Señor (X.2).

Sin duda, persiste una cierta ambigüedad en cuanto a las "obras", dado que los "instrumentos externos de justificación" de Reina incluyen medios por los cuales los fieles se mantienen en la fe, que —tendríamos que suponer— incluirían obras que solamente siguen después de la justificación. Sin embargo, dada la afirmación de Reina de que la justificación es gratuita (para hacer eco del Artículo 4 de la *Confesión de Augsburgo*), junto con su condenación de "la doctrina de los que enseñan que siempre

---

[382] Ya por el siglo XIX, John Henry Newman distingue los instrumentos de justificación internos de los externos en su doctrina del bautismo. Véase Chris Castaldo, *Justified in Christ: The Doctrines of Peter Martyr Vermigli and John Henry Newman and Their Ecumenical Implications* (Eugene, OR: Pickwick Publications, 2017), 181.

[383] Concilio de Trento, "Decreto sobre la Justificación", Capítulo VII, luego Capítulos IX y XI y Canon VIII (*El Sacrosanto y Ecuménico Concilio de Trento*, 72).

[384] Reina emplea el término "externo" para referirse al aspecto visible de la Iglesia (XIX), y el mismo término para referirse al ministerio público (XIV).

[385] *The Augsburg Confession* (1530), en John Leith (ed.), *Creeds of the Churches* (Richmond, Virginia: John Knox Press, 1973), 69–70.

el cristiano ha de estar dudoso de la remisión de sus pecados y de haber alcanzado justificación" (X.2), sugiero que volvamos a la cristología de Reina, para poder desde ahí preguntar: ¿qué serán, precisamente, los "instrumentos externos" a la luz de la participación del creyente en la justicia de Cristo?

Lo que deseo argumentar es lo siguiente: la lógica interna de la doctrina de la justificación de Reina no permite que los "instrumentos externos" sean tomados en abstracto, desprendidos de su fundamento que es la inclusión del creyente por gracia en el triple oficio de Cristo, y de esa manera considerados como obras por las cuales alguien pudiera merecer el don de la reconciliación con Dios en Cristo.[386] Teniendo esto en cuenta, consideraremos los instrumentos externos en el orden en que Reina los presenta, destacando su papel como el medio por el cual el mismo Cristo realiza —no de manera meramente externa, sino como desde adentro— su obra de justificación. Veremos que en cada caso se nombran los beneficios divinos y se describe la forma de fe del lado del hombre.

En primer lugar, Reina considera los sacramentos [Diagrama V] como el medio "por el cual el Señor por su parte aplica particularmente, sella y confirma el beneficio de nuestra salvación y el cumplimiento de sus promesas; y que nosotros de nuestra parte recibimos por fe y también damos testimonio de que pertenecemos a su Pueblo" (XI.1). Observamos aquí la estructura lógica que he mencionado arriba [Diagrama I]. En el bautismo, "el beneficio y el testimonio firme del perdón completo de los pecados, la Justicia completa y la salvación duradera, la Regeneración por medio del Espíritu Santo y la entrada en el Reino de los cielos, se efectúan para todos los creyentes, de acuerdo con la Promesa de el mismo Señor" (XII.1).[387] Por su parte, los creyentes profesan una identificación con

---

[386] Relevante aquí es la humanidad vicaria de Cristo que, según T. F. Torrance, se destaca en la obra de Calvino, y que implica que el fundamento de la obediencia humana es la de Cristo en primer lugar. Como explica Torrance, ser uno con Cristo "es estar unido a él en la naturaleza humana que asumió de nosotros [*the human nature that he assumed from us*], y dentro de la cual tomó nuestro lugar durante todo el curso de la redención [...]. Estar unidos con Cristo es estar unidos a él en su vida de fe, obediencia, oración y adoración, de modo que debemos apartar la mirada de nuestra fe, obediencia, oración y adoración, a lo que Cristo es y hace por nosotros en nuestro lugar y en nuestro nombre" ("The Distinctive Character of the Reformed Tradition", *Reformed Review* 54, n. 1 [2000], 9).

[387] Reina menciona la base bíblica para cada beneficio particular: el perdón de los pecados está ligado al bautismo en la muerte de Cristo (Rom 6:3, 22); el bautismo en Cristo significa estar vestido de la justicia de Cristo (Gal 3:27); el bautismo efectúa la salvación (1 Ped 3:21); la entrada al Reino de los cielos es "por

Cristo —y una obediencia que puede provenir solo de ella— porque su renuncia al pecado, al Diablo y a sí mismos es "perfecta", habiéndose vestido de la justicia de Cristo (Gal 3:27) y resucitado con él (XII.2). En la Cena del Señor, Cristo da a su propio pueblo el mismo cuerpo que fue entregado a la muerte por ellos, y la misma sangre que fue derramada para el perdón de sus pecados (XIII.1), así como Dios da "testimonio seguro y firme" de su admisión en la Alianza, a través de la cual son "alimentados espiritualmente" y hechos partícipes de la vida de Cristo (XIII.2). Por su parte, los fieles profesan ser miembros de la nueva alianza de Dios, participación en el cuerpo de Cristo, y prometen dar testimonio de ello en sus vidas (XIII.3). Lo que está claro aquí es que los beneficios que se ofrecen en los sacramentos, y lo que se profesa y abraza por la fe, corresponden precisamente a la participación en el oficio sacerdotal de Cristo. Además, la eficacia de los sacramentos es actual, como indica Reina en ambos casos en una nota marginal.

Diagrama V:

Munus triplex	Profeta	Sacerdote	Rey
Instr. externo	Palabra (2)	Sacramentos (1)	Disciplina (3)
Beneficio	Llamado, etc.	Perdón, etc.	Mantener en justicia, etc.
Testimonio	Recibir	Identificación con Cristo	Obedecer

En segundo lugar, Reina considera el Ministerio de la *Palabra* como el instrumento que Dios usa para *llamar* a sus elegidos a su redil, para justificarlos (XIV.1), para reunirlos "en la unidad de Fe y Caridad" y para guardarlos en esa unidad mientras se alimentan de la palabra de Dios (XIV.2). Por su parte, los fieles *reciben* al ministro de la Palabra como si fuera Cristo mismo, siendo legítima su vocación al ministerio, etc." (XIV.3). La participación en Cristo en este caso tiene claramente que ver con su trabajo como Profeta, ya que el ministro es usado por Dios para reunir y mantener la Iglesia en Cristo, mientras los fieles aprenden a declarar la voluntad de Dios en el mundo (IX.13).

---

el agua y el Espíritu" (Jn 3:5); el lavamiento es uno de regeneración (Jn 3:7 y Tt 3:5), que en el contexto de la confesión de fe de Reina se refiere a la obra del Espíritu Santo (I.2) por la cual los pecadores son hechos nuevas criaturas (XVII.1) y partícipes de la naturaleza divina de Cristo (IX.7; cf. 2 Ped 1:4).

En tercer lugar, Reina reduce el enfoque a la iglesia local y menciona la *disciplina* eclesiástica como el medio que Dios usa para *mantener* "a los fieles en algún cierto lugar en la justicia, limpieza de vida y asimismo en la unidad de fe, y consentimiento de doctrina que profesa la Iglesia Católica" (XV.1).[388] De su parte, los fieles obedecen "en cuanto la cristiana libertad lo permitiere y la caridad de los hermanos lo demandare" (XV.2), no considerando el mero "ejercicio" del instrumento externo como un medio para justificarse (XV.1), sino motivados por el deseo de ser enseñados y corregidos a través de él (XV.2). Al observar en el capítulo XVII que el fin por el cual los pecadores son justificados es que sean santificados mediante el poder del Espíritu Santo, queda claro que es a través de la disciplina en particular que permanecen y participan en la justicia de Cristo su Rey, quien por su Espíritu los gobierna "en todas sus empresas y obras", aparte de guiarlos en el conocimiento de toda verdad, levantarlos en esperanza de su patria celestial, exhortarlos a la oración, etc. (XVII.2).

En este punto de la *Declaración* entra en foco la Iglesia recogida, al igual que el marco narrativo ahora nos permite decir que la justificación, según Reina, es el don de reconciliación dado por Dios mediante el cual Cristo, por su Espíritu, incluye a los pecadores en su justicia, llamándolos y manteniéndolos en su triple oficio como Profeta, Sacerdote y Rey, mientras estos abrazan sus beneficios por la fe a través de los ministerios de la Palabra, los Sacramentos y la Disciplina. Lo que es aparente es un deseo de dilucidar la *naturaleza* de los instrumentos externos en sí: estos, al final, no permanecen meramente externos, ya que Cristo realiza su obra tanto *desde arriba*, como Profeta enviado del Padre, así como *desde abajo* ("de la parte del hombre"), llevando a su Pueblo al Padre, como Sacerdote y Rey, incorporándolo en su vida y obra mediante una fe justificadora que da testimonio de lo que Dios hace en, y a través de, los medios externos.

Conclusión

La reforma de la identidad eclesial

Como he sugerido, una teología en la que la cristología y la eclesiología se entrelazan formalmente sugiere la convicción de que la Iglesia debe

---

[388] Véase, por ejemplo, la *Confesión Belga* (1561), que en el artículo 29 menciona "la disciplina eclesiástica para corregir las faltas" como una tercera marca de la Iglesia visible, junto con los sacramentos y el ministerio de la Palabra (Arthur Cochrane [ed.], *Reformed Confessions of the 16th Century* [London: SCM Press, 1966], 210).

buscar su identidad, propósito y autoridad solo en Cristo. Sobre esta base, la visión de Reina para la reforma de la Iglesia obviamente incluía preocupaciones que compartía con otros reformadores protestantes. Así, por ejemplo, Reina condenó el culto a los santos (IX.10), confiando que el sacrificio de Cristo fue "una vez tan solamente ofrecido", de manera que "durará eternamente" (IX.8).

A la luz de un énfasis en la "viva fe", sin embargo, lo que viene al primer plano en la visión de Reina para la reforma de la Iglesia es una aproximación a la formación espiritual que es dinámica, moldeada por una visión particular de Cristo. Sin condenar explícitamente la veneración de la imagen, como lo hace Bucero,[389] Reina insiste en una forma de contemplación de Cristo que no sea "ociosa", sino "tan eficaz que por ella seamos también nosotros transformados en imagen de Dios, creciendo de claridad en claridad por la fuerza de su Espíritu" (IX.11; cf. 2 Cor 3:18). Reina señala esto en el contexto de describir la obra de Cristo como "maestro de justicia", es decir, su oficio profético, y con referencia a esa carrera en Hebreos 2 en la cual el creyente debe fijar los ojos en "el autor y consumador de la fe, quien por el gozo que tenía delante de él sufrió la cruz, menospreciando el oprobio, y se ha sentado a la diestra del trono de Dios" (Heb 12:2).

Para Reina, la Iglesia en el mundo naturalmente debía ser reformada por la imagen del Cristo que fue menospreciado. Por eso afirma que la Iglesia visible "No tiene en el mundo grande apariencia como ni Cristo la tuvo" (XIX, encabezamiento del primer párrafo), citando el discurso del Siervo Sufriente en Isaías 53. En consecuencia, los miembros de la Iglesia se caracterizan, entre otras cosas, por la misericordia y la mansedumbre al dar el fruto del Espíritu de Cristo (XIX.7), y que según la promesa de Jesús experimentan aflicción en el mundo (XIX.9 & 12).

Tal reforma de la imagen resulta, finalmente, en una forma de oración motivada por la esperanza de la entera salvación y la patria celestial. El mismo Espíritu Santo que los llena de esa esperanza "enciende en sus corazones ardientes deseos de la propagación del reino y gloria de Dios; los exhorta a continua oración, les enseña, dicta, prescribe y ordena sus peticiones; y les da osadía para presentarse delante de Dios a mostrarle sus necesidades como a verdadero Padre y esperar de él el cumplimiento de sus peticiones" (XVII.2). Del mismo modo, Reina le aconseja al lector

---

[389] Martín Bucero, "The Tetrapolitan Confession of 1530", en Cochrane, *Reformed Confessions*, 80–81.

de su *Declaración* que confíe que a través del amor a la verdad y la "oración ferviente" recibirá de Dios sabiduría y entendimiento (*Epístola*).

A la luz del enfático llamado de Reina a un caminar que es por fe, y no por vista, Gordon Kinder y otros han tenido razón al señalar que la *Declaración* de Reina pone especial énfasis en la *práctica* de la vida cristiana.[390] Al mismo tiempo, y como espero haber demostrado, esto no fue a expensas de una reflexión profunda y sistemática sobre el misterio de la relación entre Cristo y su Iglesia.

---

[390] A. G. Kinder, Introduction, *The Spanish Protestant Confession of Faith London, 1560/1561* (Exeter: The University of Exeter, 1988), xx. Véase también A. G. Kinder, *Casiodoro de Reina: Spanish Reformer of the Sixteenth Century* (London: Tamesis Books Ltd., 1975), 89.

CAPÍTULO 10

La Doctrina de la Cena del Señor de Casiodoro de Reina

Andrew Hollingsworth, ThM, Seminario Bíblico de Puebla.
Dr. Andrés Messmer, Seminario Teológico de Sevilla

1. El contexto del s. XVI

La huida de Reina de España correspondió con un periodo de tensión extrema en Europa occidental acerca de la doctrina de la Cena del Señor, y su viaje tras dejar España a menudo se relacionó con la tensión sobre su propia visión acerca de la Santa Cena. En este periodo, el Concilio de Trento (1545–1563) estaba concretando la posición católico-romana sobre la presencia de Cristo en la Santa Cena. La reafirmación de la transubstanciación —que el cuerpo y la sangre de Cristo reemplazan a la sustancia de los elementos de la Cena del Señor— impulsó a aquellos escritores cuyos polémicos trabajos defendían o se oponían a la doctrina. Al mismo tiempo, la Segunda Disputa de la Santa Cena entre luteranos y reformados también dio comienzo a confesiones y catecismos clave.[391]

---

[391] La mayoría de los eruditos modernos dividen el debate sobre la presencia de Cristo en la Santa Cena en dos fases, aunque aún no se ha alcanzado un consenso acerca del punto concreto de finalización y de inicio. Podría decirse que la Primera Disputa de la Santa Cena finalizó sobre la época de la Concordia de Wittenberg (1536), pero la mezcla de conflictos políticos y religiosos que tuvo lugar desde la década de 1540 hasta inicios de la década de 1550 dificulta la determinación del punto preciso en que se inicia la Segunda Disputa de la Santa Cena. Cf. Ernst Bizer, *Studien zur Geschichte des Abendmahlsstreits im 16. Jahrhundert* (Darmstadt: Wissenschaftliche Buchgesellschaft, 1962), 234, 275–276; Timothy J. Wengert, "Philip Melanchthon's 1557 Lecture on Colossians 3:1–2: Christology as Context for the Controversy over the Lord's Supper", en Irene

La propia opinión de Reina acerca de la Cena del Señor tocaba algunas inquietudes clave, particularmente entre luteranos y reformados. Este capítulo situará el punto de vista de Reina dentro de este contexto teológico más amplio, centrándose primero en los debates entre reformados y luteranos acerca de la Santa Cena, antes de pasar a un examen detallado de la obra y controversias de Reina.

a. *Controversias sobre la Santa Cena a principios del siglo XVI*

El Cuarto Concilio de Letrán en 1215 presenta un breve esbozo de la interpretación medieval de la eucaristía. En su primer canon, afirmaba que el cuerpo y la sangre de Cristo estaban presentes sustancialmente en los elementos de la Santa Cena:

> ...en [la Iglesia] el mismo sacerdote es sacrificio, Jesucristo, cuyo cuerpo y sangre se contiene verdaderamente (*veraciter continentur*) en el sacramento del altar bajo las especies (*sub speciebus)* de pan y vino, después de transustanciados (*transsubstantiantis*), por virtud divina, el pan en el cuerpo y el vino en la sangre, a fin de que, para acabar el misterio de la unidad, recibamos nosotros de lo suyo lo que Él recibió de lo nuestro.[392]

El dogma de la transustanciación de Letrán IV fue cuestionado de forma significativa, empezando por la oposición de Wycliffe a la enseñanza en el s. XIV y continuando hasta el s. XVI con Martín Lutero y otros reformadores.[393]

A principios del s. XVI, los debates acerca de la Santa Cena se centraron en la interpretación de la Escritura. Varias preguntas constituían el centro del debate: ¿Debían las palabras de la Institución: "Esto es mi cuerpo" y "Esta copa es el nuevo pacto en mi sangre" tomarse literal o

---

Dingel, *et al.* (eds.), *Philip Melanchthon: Theologian in Classroom, Confesison, and Controversy* (Refo500 Academic Studies; Gottingen: Vandenhoeck & Ruprecht, 2012), 209–235.

[392] Heinrich Denzinger y Peter Hünermann, *El magisterio de la Iglesia. Enchiridion symbolorum definitionum et declarationum de rebus fidei et morum*, 45ª ed., trad. Bernabé Dalmau, *et al.* (Barcelona: Herder Editorial, 2017), §802 (pp. 355–356).

[393] La perspectiva espiritualizada de Juan Wycliffe acerca de la Santa Cena también provocó una significativa controversia en Inglaterra durante su vida. La aparente apropiación posterior de Jan Huss de gran parte de las enseñanzas de ese teólogo a principios del s. XV terminó con la quema de Huss en el Concilio de Constanza en 1415. Aunque Huss usó el término "transustanciación", se ha visto que la predicación que le llevó a la muerte refleja algunas de las opiniones de Wycliffe sobre la presencia de Cristo con el pan: la sustancia del pan permanecía junto con la sustancia de Cristo.

figurativamente? Si debían tomarse literalmente, ¿el cuerpo y la sangre de Cristo sustituían a los elementos de la Santa Cena o existían junto a ellos? Si las palabras de Jesús debían tomarse en sentido figurado, ¿seguían siendo su cuerpo y su sangre espiritualmente comunicados al receptor o los elementos eran solo un símbolo que debía ser tratado como un simple memorial?

En 1519, la teología eucarística de Martín Lutero se alineó con la declaración sobre la transustanciación de Letrán IV. Solo un año después en su tratado *Preludio sobre la cautividad babilónica de la Iglesia* argumenta en contra de la sustitución de la sustancia del pan y del vino por la del cuerpo y la sangre de Cristo. Las palabras de Cristo: "Esto es mi cuerpo", afirmaban que su cuerpo estaba verdaderamente presente en la Santa Cena, pero no implicaban que el pan y el vino dejaran de existir como lo hacía la doctrina de la transustanciación. Por el contrario, el pan y el vino permanecían allí, añadiendo Cristo su presencia corporal real, de manera que quien participaba de ellos también participaba de Cristo.[394]

Aunque Lutero contaba con el apoyo de muchos, particularmente en el norte de Alemania, su opinión contrastaba con la de otros reformadores. Entre ellos, su más famoso oponente era Ulrico Zuinglio. Se considera que Zuinglio progresó de la transustanciación de Roma a una visión más mística, y luego a una visión conmemorativa. Más tarde desarrolló un punto de vista que requería que el comulgante recibiera el sacramento con fe para que la presencia de Cristo en la Santa Cena fuera comunicada espiritualmente.[395] Sugerir que el comulgante participaba de la carne literal de Cristo podría conducir a un doble origen de la salvación. La salvación

---

[394] Sobre las opiniones de Lutero acerca de la eucaristía antes de 1520, ver Martín Lutero, "Ein Sermon von dem hochwürdigen Sacrament des heiligen wahren Leichnams Christi und von den Brüderschaften – 1519", en *D. Martin Luthers Werke Kritische Gesammtausgabe* (Weinar: Herman Böhlau, 1884), 2:738–758. La protesta de Martín Lutero contra los abusos de Roma en 1520, presentó una crítica ampliada de la transustanciación, de la entrega de la Santa Cena en solo una forma (solo se daba pan a los laicos) y de la consideración de la Santa Cena como un sacrificio en sí misma y no como un testimonio dado al creyente. Martín Lutero, "De Captivitate Babylonica Ecclesiae Praeludium – 1520", en *D. Martin Luther Werke Kritische Gesammtausgabe* (Weimar: Hermann Böhlaus, 1888), 6:484–573; trad. esp.: Pablo Toribio Pérez (ed.), *Martín Lutero. Obras reunidas. 1. Escritos de reforma* (Madrid: Editorial Trotta, 2018), 219–307.

[395] Cf. W. P. Stephens, *Zwingli: An Introduction to His Thought* (Oxford: Oxford University Press, 1992); Walther Köhler, *Zwingli und Luther: ihr Streit über das Abendmahl nach seinen politischen und religiösen Beziehungen*, vol. 2 (Quellen und Forschungen zur Reformationsgeschichte 7; Stuttgart: G. Bertelsmann Verlag, 1953).

vendría entonces tanto de la fe como del pan; según Zuinglio, el punto de vista de Lutero llevaba a la destrucción del evangelio.

Hacia 1529, el continuado ataque de Zuinglio contra la insistencia de Lutero de la presencia corporal real de Cristo en los elementos de la Santa Cena, condujo a una crisis que amenazó tanto la unión teológica entre los reformadores como la unión política de la región. A instancias de Felipe de Hesse, se reunió el Coloquio de Marburgo para debatir una confesión común. Al final del mismo, catorce de los quince artículos mostraban importantes áreas de acuerdo entre Lutero, Felipe Melanchthon, Johannes Brenz, Martín Bucero, Johannes Oecolampadius y Zuinglio.

El único artículo que siguió siendo un problema tenía que ver con la Santa Cena. Su texto muestra tanto importantes acuerdos como desacuerdos, aunque su consenso en cinco puntos demostró más énfasis en la unidad deseada por la autoridad política local que verdadera unidad. Del artículo quince:

> Todos creemos y mantenemos con respecto a la cena de nuestro amado Señor Jesucristo, que se deben usar ambas formas según la institución de Cristo; [también que la misa no es una obra con la que uno puede conseguir gracia por otro, sea muerto o vivo]. También que el sacramento del altar es un sacramento del verdadero cuerpo y sangre de Jesucristo (*des waren leibs und pluts Hiesu Christi*) y el consumo espiritual (*der geistliche Genuss*) del mismo cuerpo y sangre es especialmente necesaria para cada cristiano. Del mismo modo, que el uso del sacramento, como la palabra de Dios todopoderoso, ha sido dado y ordenado para que los de conciencias débiles se muevan a la fe a través del Espíritu Santo. Y aunque en este momento no hemos llegado a un acuerdo con respecto a si el verdadero cuerpo y sangre de Cristo (*der war leib und plut Christi*) está físicamente (*leiblich*) en el pan y el vino, sin embargo, cada lado debe demostrar el amor cristiano hacia el otro (en la medida en que la conciencia lo permita). Y los dos lados deben rogar asiduamente a Dios todopoderoso, que nos confirmara en el entendimiento correcto a través de su Espíritu, Amen.[396]

La segunda parte del artículo muestra que aún no habían alcanzado la paz. Declaraba la necesidad de mostrar amor cristiano, pero los límites de la conciencia eran significativos e impedían una comunión completa, y el

---

[396] Cf. William R. Russell y Timothy F. Lull (eds.), "The Marburg Articles (1529)", en *Martin Luther's Basic Theological Writtings*, 3ª ed. Minneapolis: Fortress Press, 2012), 282; Martin Luther, "Die Marburger Artikel", en *D. Martin Luthers Werke Kritische Gesamtausgabe* (Weimar: Hermann Böhlaus Nachfolger, 1910), 30:160–171; Wolf-Friedrich Schäufele, *Die Marburger Artikel als Zeugnis der Einheit* (Leipzig: Evangelische Verlagsanstalt, 2012), 29.

Coloquio terminó sin consenso. Escribiendo a un colega luterano, Brenz informó de que, a pesar de que pudieron concluir el Coloquio como "amigos", el grupo zuingliano no podía ser tratado como "hermanos y compañeros miembros de iglesia".[397]

Aunque los zuiglianos y luteranos no se pusieron de acuerdo, los distintos electores protestantes del imperio afirmaron la *Confesión de Augsburgo* (1530) en la Dieta de Augsburgo. La *Confesión* declaraba la presencia corporal de Cristo de acuerdo con Lutero en su décimo artículo: "De la Santa Cena, enseñan que el Cuerpo y la Sangre de Cristo están verdaderamente presentes (*vere adsint*), y se reparten entre aquellos que toman de la Santa Cena; y rechazan a aquellos que enseñan de otra manera".[398]

Poco después de la afirmación de la teología de Lutero en la *Confesión de Augsburgo*, Zuinglio murió en combate. Con su muerte y la firma de la *Concordia de Wittenberg* unos años después en 1536, gran parte de la tensión entre los oponentes se redujo. La clara referencia de la *Concordia* a la *Confesión de Augsburgo* atrajo a los seguidores de Lutero, pero también fue firmada por algunos de los antiguos adversarios, como Bucero, y trajo consigo una era de menor discordia entre los diferentes teólogos protestantes.

Importante para los posteriores debates de Reina sobre la Santa Cena es que el primer artículo de la *Concordia* resume lo más cerca que los teólogos reformados y luteranos estuvieron de un acuerdo. En su primera línea, el artículo relaciona la fe de los reformadores con la de Ireneo, padre de la Iglesia, antes de pasar a hablar de la naturaleza compuesta de la Eucaristía como "terrenal y celestial" (*terrena et coelesti*) y que "con el pan y el vino el cuerpo y la sangre de Cristo están verdadera y sustancialmente (*vere et substantialiter*) presentes (*adesse*), exhibidos (*exhibere*) y tomados (*sumi*)".[399]

---

[397] Walter Köler, *Das Marburger Religionsgespräch 1529: Versuch einer Rekonstruktion*, Schriften des Bereins für Reformationsgeschichte 148 (M. Heinsius Nachfolger Eger & Sievers, 1929), 3, 141.

[398] F. Bente (ed.), "Augsburg Confession", en *Triglot Concordia: The Symbolical Books of the Evangelical Lutheran Church: German-Latin-English*, trad. W. H. T. Dau (St. Louis: Concordia Publishing House, 1921), 46–47. La versión alemana es un poco distinta de la latina al añadir "verdadero" antes de "cuerpo y sangre": "daß wahrer Leib und Blut Christi wahrhaftiglich unter der Gestalt des Brots und Wein sim Abendmahl gegenwärtig sei…".

[399] Felipe Melanchthon, "Formula Concordiae", en *Philippi Melanchthonics, Opera Quae Supersunt Omnia*, ed. Carolus Gottlieb Bretschneider (Corpus Reformatorum; Halle an der Saale: C. A. Schwetschke et Filium, 1836), 3:75. Nótese el contraste también con la *Confesión de Augsburgo*. Ver arriba y Brente, "Augsburg Confession", 46.

Estas serán las mismas palabras y frases que Reina afirmará en muchos de sus escritos, pero sus oponentes discutirán su interpretación de las mismas.

b. *Controversias posteriores sobre la Santa Cena y el proceso de confesionalización*

El final de la década de 1540 provocó una nueva tensión sobre la Santa Cena por una mezcla de cuestiones políticas y teológicas. Las más notables de ellas incluyen el fracaso de la Liga de Esmalcalda en la Primera Guerra de Esmalcalda (1546–1547) y la muerte de Lutero (1546), que condujo a un vacío de liderazgo entre los luteranos. Con la derrota de la Liga de Esmalcalda, muchos refugiados protestantes huyeron de las ciudades y de las regiones que fueron obligadas a regresar a la práctica y a las enseñanzas del catolicismo romano bajo el *Interim de Augsburgo* de Carlos V (1548). Algunos entre los luteranos aceptaron el *Interim*, en particular el antinomianista Johann Agricola. Otros, Melanchthon incluido, buscaron una alternativa en el *Interim de Leipzig* (1548). Este afirmó el principio de la Reforma de la salvación solo por gracia y solo a través de la fe y la enseñanza luterana sobre la Santa Cena. Además, identificó aspectos de la teología católico-romana como *adiafora*, que es, aspectos que no impactaban la enseñanza principal y que podían ser aceptados. Otros que no podían aceptar ningún *Interim* abandonaron las regiones bajo control imperial.

La huida de algunos reformadores a Inglaterra, los Países Bajos, Suiza y otras regiones también produjo la necesidad de afirmar una fe común en las regiones de acogida. En Londres, bajo Eduardo VI, los que defendían una visión espiritualizada de la Santa Cena tenían una influencia considerable y libertad de acción en sus cultos. Las enseñanzas católico-romana y luterana fueron objeto de un examen minucioso en varios debates. Los más célebres fueron la disputa de Pedro Mártir Vermigli en 1549 en Oxford, con tres oponentes católico-romanos y la *Defensa* de Thomas Cranmer en 1550 contra las opiniones católico-romanas de Stephen Gardiner.

Entre los suizos, Juan Calvino y Heinrich Bullinger trabajaron en una confesión que permitiera la unidad política y teológica. En 1551, publicaron el *Consenso Tigurinus* o *Consenso de Zúrich*, en el que afirmaban lo que pasó a ser conocido como la doctrina reformada de la Santa Cena: Cristo fue recibido espiritualmente por la fe en la Santa Cena, pero no corporalmente.[400] Esta afirmación, junto con la huida de los refugiados

---

[400] Véase más abajo la discusión sobre el artículo noveno del *Consenso*.

reformados de la Inglaterra de María Tudor dos años más tarde, creó un potencial conflicto renovado entre luteranos y reformados.[401]

El *Consenso Tigurinus* resultó controvertido, no solo por su enfoque en la recepción espiritual, sino también por la forma en la que se hizo esta afirmación. En el artículo octavo, el *Consenso* afirma: "Si bien los testimonios y sellos de su gracia que Dios nos ha dado son verdaderos, sin duda alguna él ofrece en verdad (*vere proculdubio praestet*) interiormente por su Espíritu lo que los sacramentos parecen a nuestros ojos y al resto de nuestros sentidos".[402] El cuerpo de Cristo está presente en la Santa Cena solo de manera figurada y, para que no se malinterprete, el artículo noveno afirma que "los símbolos y las cosas significadas son distintos (*distincta signa et res signatae*)". Esta declaración, potencialmente ambigua, recibió una aclaración: Era solo para aquellos que "por fe abrazan las promesas ahí ofrecidas (*qui fide amplectuntur oblatas illic promisiones*) reciben a Cristo espiritualmente (*spiritualiter*) juntos con sus dones espirituales".[403] Esta afirmación de la recepción de Cristo solo por aquellos que tienen fe fue uno de los puntos de controversia más significativos entre luteranos y reformados. Además, según el artículo décimo, las promesas dadas no estaban en el ofrecimiento de Cristo al congregante directa y corporalmente, sino en una promesa cuya "función es llevarnos a Cristo por el camino recto de la fe". Los elementos no eran Cristo en sí mismos, ni con Cristo mismo. Por el contrario, la fe garantizaba que la prometida presencia de Cristo (pero no su cuerpo) permaneciera en el corazón del participante creyente a través de la obra del Espíritu Santo.[404]

---

[401] El movimiento de refugiados religiosos a través de Europa en este periodo ha sido objeto de varios trabajos de Andrew Pettegree. Véase *Reformation and the Culture of Persuasion* Cambridge: Cambridge University Press, 2005); "The London Exile Community and the Second Sacramentarian Controversy, 1553–1560", *Archiv für Reformationsgeschichte* 78 (1987): 223–252.

[402] Emidio Campi y Ruedi Reich (eds.), *Consensus Tigurinus (1549): die Einigung zwischen Heinrinch Bullinger und Johannes Calvin über das Abendmahl: Werden – Wertung – Bedeutung* (Zurich: TVZ, 2009), 129; Torrance Kirby, "3. Consensus Tigurinus, 1549", *Reformation & Reinaissance Review* 18 n 1 (2016): 37. El estudio previo de Lee Palmer Wandel sobre el *Consenso Tigurinus*, la anterior *Confesión de Augsburgo* y otras confesiones de la época ofrece una útil conexión entre los debates teológicos del momento y las implicaciones litúrgicas. Véase Wandel, *The Eucharist in the Reformation: Incarnation and Liturgy* (New York: Cambridge University Press, 2006).

[403] Campi y Reich, *Consensus Tigurinus*, 130; Kirby, "3. Consensus Tigurinus, 1549", 37.

[404] Campi y Reich, *Consensus Tigurinus*, 130; Kirby, "3. Consensus Tigurinus, 1549", 37. Para más información sobre la declaración de la presencia localizada de Cristo solo en el cielo, véase los artículos 21–25.

El conflicto se reavivó por los escritos de Joachim Westphal, un defensor luterano de la presencia ubicua de Cristo, no solo de acuerdo a su deidad, sino también a su naturaleza humana. En sus obras *Farrago* (1552), *Recta fides* (1553) y *Collectanea* (1555) de escritos de Agustín con su propio comentario, se basó en muchas de las ideas presentadas por Lutero en el Coloquio de Marburgo, pero utilizó a los padres de la Iglesia para defender sus ideas. Calvino respondió con una *Defensio* (1555) después. Ambos se escribieron a lo largo de 1558 con ataques cada vez más virulentos y atrajeron a hombres afines de ambos bandos cuando pidieron apoyo contra lo que consideraban falsas enseñanzas de su oponente. Sus intercambios supusieron los inicios de la Segunda Disputa sobre la Santa Cena. Esta Disputa hizo avanzar la controversia sobre la presencia de Cristo en la Santa Cena, enfatizando el testimonio de los padres de la Iglesia primitiva y medieval sobre la interpretación de las Escrituras.[405]

Esta Segunda Disputa sobre la Cena del Señor continuó hasta principios de la década de 1560 a través de las obras de Vermigli y Bullinger apoyando la presencia espiritual de Cristo en la Santa Cena, y de Brenz, que seguía defendiendo la imagen de la presencia corporal y física de Cristo como venía haciéndolo desde la década de 1520. La discusión ya no se centraba en las palabras de Cristo tanto como en la posible naturaleza de su presencia. Vermigli y Bullinger veían la presencia de Cristo en el cielo como una garantía de la esperanza de los cristianos de la resurrección y la eternidad con Dios. Para Brenz, la prioridad de la omnipresencia de Dios y de su poder de hacer todas las cosas exigió la presencia de Cristo por todos lados de acuerdo a su humanidad. La ubicuidad ya no era parte del argumento, sino el centro.[406]

---

[405] Cf. Esther Chung-Kim, *Inventing Authority: The Use of the Church Fathers in Reformation Debates over Eucharist* (Waco, TX: Baylor University Press, 2011).

[406] Cf. Richard Cross, *Communicatio Idiomatum: Reformation Christological Debates* (Changing Paradigms in Historical and Systematic Theology Series; Oxford University Press, 2019); Hans Brady, *Die späte Christologie des Johannes Brenz* (Tübigen: J.C.B. Mohr [P. Siebeck], 1991); J. Haga, *Was There a Lutheran Metaphysics? The Interpretation of Communicatio Idiomatum in Early Modern Lutheranism* (Refo500 Academic Studies; Göttingen: Vandenhoeck & Ruprecht, 2012). Los textos de apertura del debate entre Brenz, Bullinger y Vermigli aportan una útil instantánea de las posiciones de ambas partes a principios de la década de 1560. Véase, Johannes Brenz, *De personali unione duarum naturarum in Christo, et ascenso Christi in coelum, ac sessione eius ad dextram Dei Patris* (Tübigen: Viduam Ulrici Morhardi, 1561); Heinrich Bullinger, *Tractatio Verborum Domini, in domo Patris Mei Mansiones multae sunt* (Zúrich: Froschouerus, 1561); Peter Martyr Vermigli, *Dialogus de utraque in Christo natura* (Zúrich: Christophorus Froschouerus, 1561); *Dialogue on the Two Natures in Christ*, ed. John Patrick

Los diferentes debates sobre la Santa Cena provocaron declaraciones de unidad entre los reformados. La *Confesión Belga* (1561), el *Catecismo de Heidelberg* (1563) y la *Segunda Confesión Helvética* (1566) sirvieron como demostraciones significativas de unidad a través del continente. Afirmaron tres ideas esenciales, cada una de las cuales será importante para entender la postura de Reina y el debate que generó: 1) que, de acuerdo a su humanidad, Cristo estaba corporalmente presente solo en el cielo; 2) que, de acuerdo a su divinidad, estaba espiritualmente presente solo en la Santa Cena y 3) que estaba presente en la Santa Cena solo para aquellos que tenían fe.

Tras su interacción con Westphal, Calvino tomó de nuevo su pluma para debatir con Tileman Heshusius. Desafió la posición luterana en relación a lo que significaba tener unión con Cristo, lo que significaba participar del cuerpo y la sangre de Cristo. Los indignos, los que no tenían fe en Cristo, no podían participar de él al tomar los elementos. Westphal, a su vez, se sumó a una polémica intraluterana sobre qué ocurría con la presencia de Cristo en el pan y el vino sobrantes de la celebración de la Santa Cena. Esta Controversia de Saliger, llamada así más tarde por los historiadores por el nombre de uno de los eventuales participantes, fue efectivamente una cuestión sobre el alcance de la presencia de Cristo en los elementos. Reflejaba las continuas tensiones dentro del luteranismo que seguían sin resolver hasta la *Fórmula de la Concordia* (1577).

Aunque hubo muchas inquietudes diferentes que llevaron a la *Fórmula*, dos grupos principales debatieron acerca de la Santa Cena. Los gnesio-luteranos se consideraban a sí mismos los verdaderos herederos de Lutero en su afirmación de la presencia corporal de Cristo en la Santa Cena, y los filipistas siguieron el cuestionamiento tardío de Felipe Melanchthon acerca de dicha enseñanza. Estos, con el tiempo, fueron llamados cripto-calvinistas por sus oponentes, debido a su aparente adhesión a la enseñanza de Calvino acerca de la Santa Cena. Estas y otras tensiones entre los luteranos llevaron a la preocupación por un fracaso de la unidad, no solo en temas relacionados con la Eucaristía, sino también en cuestiones del papel de la ley en la vida cristiana y de la naturaleza de la gracia, entre otros. Tras casi dos décadas de controversia, la *Fórmula de la Concordia* y el *Libro de la Concordia* (1580) resolvieron muchas de las tensiones internas en los círculos luteranos, aunque Heshusius siguió oponiéndose a la doctrina de la ubicuidad incluso después, afirmando simplemente que

Donnelly, (The Peter Martyr Library 2; Kirksville, MO: Sixteenth Century Essays and Studies, 1995).

Cristo estaba presente según su promesa. Para Heshusius, la naturaleza de esa presencia no podía ser entendida y debía dejarse al misterio del poder omnipotente de Dios. A pesar de este factor, el *Libro de la Concordia* llegó a representar la enseñanza luterana confesional durante el siguiente siglo.

La unidad luterana en cuanto a la Santa Cena centró su oposición, en primer lugar, en la transustanciación de Roma, y luego en los reformados, anabaptistas y otros negacionistas de la presencia corporal de Cristo en la Santa Cena. Este segundo grupo de oponentes era conocido en el *Libro de la Concordia* con el término peyorativo de Lutero de "sacramentarios". La *Epítome de la Fórmula de la Concordia* proporciona un útil resumen de la controversia desde la perspectiva luterana. Identifica como "sacramentarios brutos" a aquellos que ven solo un memorial en la Santa Cena. Para estos, los elementos no eran "más que pan y vino". A ojos de los luteranos, los reformados eran peores, porque eran "sacramentarios sutiles" que usaban un lenguaje similar al de los luteranos y hablaban de una "presencia real (*veram praesentiam*) del verdadero, esencial y viviente cuerpo del Cristo en la Santa Cena, no obstante, que esto tiene lugar espiritualmente a través de la fe (*esse spiritualem, quae fiat fide*)". Con esta diferenciación, el "cuerpo de Cristo" estaba ausente de los elementos. El cuerpo de Cristo no podía estar presente de ninguna otra forma que, a través de la obra del Espíritu Santo, ya que físicamente solo podía estar presente "arriba, en el más alto cielo".[407]

Este es el debate que Reina heredó al huir de España en 1557, y que se desarrolló durante su vida en el exilio. A las obras y controversias de Reina nos referimos ahora.

2. Reina y la Cena del Señor: debates y doctrinas

Sin saberlo en ese momento, la primera articulación de Reina sobre la Cena del Señor en su Declaración de fe de 1560/1, sería el comienzo de una larga controversia sobre la Cena del Señor que duraría el resto de su vida. Reina fue implicado en tres debates principales dentro de los círculos reformados con Caspar Olevian, Teodoro de Beza y los calvinistas conservadores de Amberes. Hacia el final de su vida, se hizo luterano, momento en el que volvió a articular su postura sobre la Cena del Señor. Cada uno de estos debates y doctrinas será estudiado a continuación.

---

[407] F. Bente (ed.), "Epitome of the Formula of Concord", en *Triglot Concordia*, 808–809.

a. *El capítulo de Reina sobre la Cena del Señor en su Declaración de fe de 1560/1*

La Declaración de fe 1560/1 de Reina de Londres nunca ha sido traducida del latín. Dadas sus pequeñas pero significativas diferencias con la versión española de 1577 (véase más abajo) aportaremos una traducción basada en el manuscrito latino del Palacio de Lambeth con las palabras latinas clave incluidas entre paréntesis.[408] Aquí está el capítulo al completo, con citas marginales incluidas como superíndices:[409]

Sobre la Santa Cena del Señor

Capítulo 13

En la santa Cena del Señor, celebrada con pan y vino comunes (*communi*) y verdadera Fe [a: Mt 26 c. Mc 14. Lc 21. 1 Cor 11] en memoria (*in commemorationem*) de la muerte del Señor y en la forma en que la sagrada historia registra que fue instituida y administrada por el Señor mismo y era utilizada entre los Apóstoles, confesamos que el testimonio cierto y firme de Dios es dado (*exhiberi*) a todos los creyentes [b: ibid. En las palabras al tomar la copa] de que son admitidos en su nuevo pacto, eternamente establecido, por mano del único mediador, Jesucristo, con su pueblo, y firmado con su muerte y sangre. Pactos por los cuales [c: Jn 6 f. 1 Cor 11 f.] son renovados y sostenidos espiritualmente (*spiritualiter reficiuntur, ac sustentantur*) por el verdadero y real (*vere et realiter*) alimento de su cuerpo y sangre para la comunión en su vida divina y eterna, incorporados en su propio cuerpo [d: 1 Cor 6 d. Ef 4 d.] y uniéndose a sus miembros vivos [e: Ef 5 f.] y al fin ser hechos carne de su carne y hueso de sus huesos [f: Jn 6 f.]. Por tanto, como el viviente Padre le ha enviado, y él mismo vive por el Padre viviente, así aquel que se sostiene de este alimento admirable y divino vivirá por él y se hará partícipe de la vida eterna y celestial del mismo, [g: Jn 3 b.] habiendo nacido de nuevo del agua y del Espíritu Santo en virtud y mérito de su muerte.

2. En el mismo acto profesamos por nuestra parte que estamos entre el número de los que pertenecen a este nuevo pacto [h: Jer 31.] en cuyos corazones Dios ha escrito sus leyes [i: 1 Cor 10 d.] y que nos consideramos miembros verdaderos y vivos de su santísimo cuerpo. [k: 1 Cor 11 f.] Así mismo, prometemos por este señalado sacramento, así demostrarlo a través de la pureza, piedad

---

[408] MS 2002, "De Causa Cassiodori Hispani Confesio Hispanica", ff. 33v-47r.

[409] Reina no usó los números de los versículos, que aún eran relativamente recientes en su época, sino el sistema de párrafo, que dividía cada capítulo en cuatro o siete bloques de texto que eran luego etiquetados como a–d o a–g. Así mismo, el lector debe recordar que Reina colocó sus citas bíblicas como *introducción* a sus propios comentarios, por lo que las citas aparecen *antes* y no *después* de los comentarios que pretende fundamentar en las Escrituras.

y santidad de toda nuestra vida, [I: 1 Cor 12. 13.] y especialmente a través de esa singular Caridad, amor y unidad que se encontrará entre nosotros.

Se pueden hacer algunas observaciones importantes, todas las cuales sostienen que Reina articuló una interpretación básicamente reformada de la Santa Cena. En primer lugar, la edición latina de 1560/1 es diferente de la edición española de 1577 en varios aspectos menores, pero uno es especialmente importante: no contiene la frase aparentemente luterana que se encuentra al final del §13.1 de la edición española, que dice: "confessamos darse a todos los creyentes en el pan el mismo y verdadero cuerpo del Señor, que fue entregado a la muerte por nosotros; y en el vino, su propria sangre, que fue derramada por el perdon de nuestros peccados, conforma a las palabras del mismo Señor, *Tomad, este es mi cuerpo; Esta es mi sangre &c*". En segundo lugar, el pastor de la iglesia francófona de Londres en aquel tiempo era Nicolás Des Gallars. Se había formado en Ginebra, y por tanto su doctrina y su liturgia eran, indudablemente, de inspiración ginebrina.[410] Puesto que Reina y su congregación estaban bajo el control y la influencia de la iglesia francófona Des Gallars, su teología y su liturgia de la Eucaristía habrían reflejado estrechamente la de Gallars (y por tanto la de Ginebra).[411] En tercer lugar, aunque la iglesia francesa (y la holandesa) planteó objeciones a la teología y a la confesión de fe de Reina en relación con sus opiniones sobre la Trinidad, el bautismo de infantes y el magistrado, no dijo nada acerca de la Cena del Señor.[412] Finalmente, como demuestra el segundo párrafo de su capítulo sobre la Santa Cena, Reina pensaba que la importancia de la Cena del Señor radicaba en la vida y unidad cristiana más que en la teología especulativa sobre lo que puede o no ocurrir con el pan y el vino durante la celebración. Este será un elemento clave para entender los argumentos y acciones de Reina en futuros debates.

---

[410] Cf. Gallars, *Forma politiae ecclesiasticae nuper instituiae Londini in Coetu Gallorum* (1561), traducido al francés el mismo año: *Forme de police ecclésiastique instituée à Londres en l'église des François*. Para una breve reseña biográfica de Gallars y su relación con Ginebra, cf. Scott Manetsch, *Calvin's Company of Pastors: Pastoral Care and the Emerging Reformed Church, 1536-1609* (Oxford: Oxford University Press, 2013), 40.

[411] Asimismo, debe recordarse que la iglesia de habla hispana jamás obtuvo permiso para celebrar sus propios servicios de Santa Cena, que se llevaban a cabo el primer domingo de cada mes.

[412] The Huguenot Society of London, *Actes du consistoire de l'eglise française de Threadneedle Street, Londres vol. I: 1560-1565* (London: Butler & Tanner Ltd. 1937), 13, 26.

En resumen, a partir de 1560/1, Reina se veía a sí mismo articulando una doctrina de la Cena del Señor que no entrara en conflicto con la posición reformada, y su confesión fue aceptada por otros ministros reformados.[413] De todas formas, su verdadera preocupación era la unidad y la vida cristiana, no la teología especulativa *per se*.

b. *El asunto Olevian*

Tras su huida de Londres y su estancia en Francia durante la segunda parte de 1563 y la mayor parte de, si no todo, 1564, Reina recibió una invitación para pastorear la iglesia reformada francófona de Estrasburgo.[414] Aunque aún no había aceptado la oferta (quería limpiar su nombre en el caso de Londres), decidió trasladarse a Estrasburgo y ver la situación de primera mano. Su viaje le llevó a Heidelberg, donde permaneció brevemente (c. febrero–marzo de 1565) y conoció a Caspar Olevian (y a otros).[415] Tanto Reina como Olevian dejaron registros de su encuentro, que han sido resumidos en lo que sigue.[416]

Ambos se conocían de antes, y Olevian ya sospechaba de Reina debido a lo que había oído del caso de Londres. Durante su discusión (que duró varias horas), Reina dijo que el cuerpo de Cristo no estaba *solo* en un lugar (i.e., el cielo), y que trataba de justificar su posición basándose en el precedente de la *Concordia de Wittenberg* de 1536 y en dos frases utilizadas en la liturgia reformada: "ascendió a la derecha de Dios", del Credo

---

[413] Reina había estado asistiendo a iglesias reformadas durante los dos o tres años anteriores. Estuvo en Ginebra aproximadamente de un año a un año y medio y sus razones para irse no incluyen la visión ginebrina de la Cena del Señor. De camino a Londres, Reina se quedó algunos meses en Fráncfort, donde afirmó haberse hecho "miembro" (*membre*) de la iglesia francófona (Carta de Reina a la iglesia francesa en Estrasburgo, 24 de marzo de 1565; cf. texto de Reina fechado en el 25 de noviembre de 1571).

[414] Esta iglesia había sido dividida a causa de los debates luteranos/reformados de la década de 1550, y la iglesia francófona ya no tenía pastor. Otras iglesias reformadas temían que se hiciera luterana y por ello estaban ansiosas por ver a un pastor verdaderamente reformado asumir su liderazgo. El irenismo y la mentalidad ecuménica de Reina no encajó bien con este tipo de personas.

[415] Los otros dos fueron Johann Sylvan (Johannes Sylvanus) y Franciscus Mosellanus. Reina también afirma haber hablado con Pierre Boquin y Zacharius Ursinus (carta de Reina: 24 de marzo de 1565, §13). Es posible que se encontrara con Immanuel Tremellius también, ya que en la "Dedicatoria" de su comentario de Juan, dice que Tremellius es amigo común suyo y de Sturm.

[416] Cartas: Reina a Beza, 22 de abril de 1565; Olevian a Salvard, agosto de 1571. Olevian llama a este relato "un verdadero resumen" (ung vray sommaire).

apostólico, y "Levantad vuestros corazones en alto", de la fórmula ginebrina de la Santa Cena. Sostenía que, puesto que el Padre no tiene una mano derecha espacial, y puesto que la elevación del corazón en alto no tiene un cumplimiento local, parece incorrecto hablar de la presencial corporal de Cristo *solo* de manera local (i.e., en el cielo). Por eso, cuando Olevian preguntó a Reina si el cuerpo de Cristo se encontraba en ese momento "en este palio en que nos encontramos", [417] Reina respondió: "nunca sé si decir que sí o que no".

Se produjo un tenso debate entre ambos, en el que cada uno acusaba al otro de serios errores; pero cuando las cosas se calmaron, en un momento Reina señaló una gran piedra que estaba cerca y dijo que él no afirmaba otra cosa que lo que Pedro Mártir y los ginebrinos afirmaban cuando hablaban de la diestra de Dios. Entonces dijo: "Si Pedro Mártir dijera que el cuerpo de Cristo está junto a esta roca y, sin embargo, entiende que solo está en cielo, por mi parte lo entendería como que dijo que estaba junto a esa roca".[418]

Aunque, aparentemente, Olevian y Reina concluyeron la conversación en buenos términos,[419] tres teólogos de Heidelberg —Caspar Olevian, Johann Sylvan y Franciscus Mosellanus— escribieron una carta a la iglesia francófona de Estrasburgo en la que advirtieron a la iglesia de la doctrina de Reina en cuanto a la ascensión de Cristo al cielo y del cielo mismo, la sesión de Jesús a la diestra del Padre y la Santa Cena.[420] Calificaron la doctrina de Reina de "repugnante para la verdad de la Sagrada Escritura, para los artículos de fe y para la confesión que tenían las iglesias de Francia y de Estrasburgo", y luego incluyeron Ginebra y las enseñanzas del Maestro William Helbrag en su lista de simpatizantes. Afirmaron

---

[417] Las palabras de Olevian son "en ce poile, ou nous estions". La palabra clave "poile" según Randle Cotgrave, también puede escribirse "poille" o "poale". Como "poille", se refiere a la tela que es colocada sobre el sacramento, un gobernante, un difunto o una pareja recién casada. Como "poale", se refiere a una "estufa o casa caliente". Cf. Randle Cotgrave, *A Dictionarie of the French and English Tongues* (London: Adam Islip, 1611), s.v. poile.

[418] Las dos palabras traducidas como "junto a" son "àprès" y "auprès", respectivamente. La primera también se puede traducir como "más allá de" y la segunda como "con". También podrían estar refiriéndose a variantes de la misma palabra y, por tanto, ser traducidas de la misma manera.

[419] Cartas de Reina: 24 de marzo de 1565; 22 de abril de 1565.

[420] Cf. *Bibliotheca Wiffeniana* 2:192–193. La carta estaba firmada por Olevian, Sylvan y Mosellanus, pero Reina afirmaba que fue Olevian quien escribió la carta, y que era el único de los tres firmantes que sabía francés (carta de Reina: 24 de marzo de 1565, §19).

poder probar que la doctrina de Reina no era "pura", y advertían a la iglesia de que Reina solo "estará fingiendo" (*qu'il sera bien semblant*) el estar de acuerdo con la confesión de las iglesias francesas.

Poco después de su llegada a Estrasburgo, Reina fue confrontado con la carta de Olevian por el liderazgo de la iglesia.[421] Como respuesta, al día siguiente escribió una confesión de fe que era una presentación personal y una defensa de todas sus creencias doctrinales, pero especialmente de aquellos puntos en relación con la ascensión y sesión de Cristo y la Santa Cena.[422] En el §3, Reina afirmaba que "su verdadero cuerpo y su verdadera sangre" (*son vrai corps et son vrai sang*) son entregados al creyente "presencial y sustancialmente" (*presentialement et sustantialement*), y que esto ocurre "por medio de la fe y de la obra del Espíritu Santo de una forma completamente admirable e incompresible para nuestro razonamiento humano". En el §4, negó que el cuerpo y la sangre estén en los "elementos terrenales" del pan y el vino, ni que estén "encerrados" (*enclos*) o "comidos físicamente, u oralmente con la boca física" (*mangé corporellement, ou oralmente avec la bouche corporelle*), sino que son "símbolos sagrados" (*sacres symboles*). En el §5, negó que "buscar a Jesús" signifique que nuestra alma acompaña a nuestra fe al cielo, ya que esto no es necesario porque Cristo ya bajó (citando Rom 10). En el §6, afirmó que las cuestiones relativas a la ubicuidad de Cristo "sobrepasan los límites de la modestia cristiana, que debería ser respetada", y luego citó a Bucero, quien dijo que Cristo estaba presente en la Santa Cena como una persona lo está en un espejo, no de una manera terrenal, sino de una manera celestial; posteriormente niega "la ubicuidad del cuerpo de Cristo". En el §7, afirmó que Cristo está corporalmente sentado como rey de la Iglesia con Dios que, aunque omnipresente, está presente de manera especial (citando Ef 1). Hasta aquí, la articulación de Reina de la Santa Cena estaba en armonía con la enseñanza típica reformada sobre el tema.

Pero, luego en el §8, Reina contrastó la gloria y la majestad de Cristo con su descenso (citando Ef 4), que no puede entenderse "de manera local" (presumiblemente porque es omnipresente), sino con respecto a la

---

[421] En la "Dedicatoria" de su comentario de Juan, que está dedicado a Johann Sturm, Reina dice que Sturm defendió su "inocencia" al llegar a Estrasburgo y que le protegió de una "enorme tormenta". Esto parece ser una alusión a esta controversia sobre la Santa Cena. Sturm debe haber sido uno de los que defendió a Reina y se opuso a los ataques de Olevian en la primera reunión que Reina tuvo con el liderazgo francés en Estrasburgo (carta de Reina: 22 abril de 1565).

[422] Carta de Reina: 24 de marzo de 1565: cf. *Bibliotheca Wiffeniana* 2:194–201. Los números de los párrafos se refieren a la edición de la *Bibliotheca Wiffeniana*.

majestad y autoridad divina de Cristo. Reina deduce de esto que la ascensión de Cristo no puede ser "meramente una ascensión física" (*seulement à la corporell'ascension*), sino una de majestad y gloria divinas. Por ello, la ascensión de Cristo a la diestra de Dios no se refiere a "ningún lugar concreto", sino que "está exenta de toda condición local", al igual que la derecha del Padre está exenta de cualquier condición similar. Además, en el §9 sostenía que la palabra "cielo" de la frase "ascendió al cielo" no se refiere al ámbito de lo visible, sino a la recepción por parte de Cristo del poder y la autoridad de Dios (citando Mt 28).[423]

En los §10–11, Reina evoca a Martín Bucero en apoyo de su propia opinión, lo que lanza otro argumento clave para él: este tema no pertenece a los "artículos fundamentales", sino a "declaraciones y pronunciamientos privados". De hecho, sería "irreligioso" indagar más en estas cuestiones y, más bien habría que "simplemente creer y confesar" que Cristo está con el Padre y se nos da a nosotros y "está verdaderamente presente" (*y est vraiement*) en la Santa Cena. En el §12, trae a la memoria los nombres de varios individuos —luteranos y reformados— que hablaron bien unos de otros, mientras discrepaban en su comprensión de la Santa Cena, y de nuevo apela a la *Concordia de Wittenberg*. Reina insta a la modestia en el debate, advirtiendo que la Iglesia podría ser "consumida" por las peleas internas. Su confesión de fe (o mejor, defensa) fue suficiente para los trece hombres de la congregación de Estrasburgo que firmaron su carta de aprobación "en nombre de toda la congregación".[424]

En resumen, Reina afirma que el cuerpo de Cristo está en el cielo, pero no *solo* allí. Su descripción de la presencia corporal de Cristo es típicamente reformada, pero su insistencia en que no está *solo* en el cielo no es típicamente reformada (y, de hecho, es más típicamente luterana). Reina no intenta resolver esta tensión, sino que apela a la categoría teológica de misterio y al precedente histórico de la *Concordia de Wittenberg*.

---

[423] Esta posición de Reina le colocó extraordinariamente entre las propuestas luterana y reformada. En su rechazo a un cuerpo ubicuo, niega la enseñanza luterana. Sin embargo, en su discusión sobre la ascensión de Cristo "exenta de toda condición local", subraya uno de los puntos clave de Johannes Brenz (luterano), en su debate con Bullinger y Vermigli a partir de 1560. Aunque hay que seguir trabajando sobre la concepción del cielo de Brenz, para un breve análisis de las opiniones de Brenz, véase Brady, *Die späte Christologie*, 228–239.

[424] Cf. *Bibliotheca Wiffeniana*, 2:201–202.

c. *La correspondencia entre Beza y Reina*[425]

Además de enviar su confesión a la iglesia de Estrasburgo, Reina envió una copia a Teodoro de Beza, así como la carta de Olevian y otra en la que cuenta su reunión en Heidelberg.[426] Algunos meses más tarde, Beza respondió a la carta de Reina presentando una crítica punto por punto de la confesión de fe de Reina de Estrasburgo.[427] Sus críticas, junto con la réplica de Reina,[428] pueden resumirse como sigue.

Con relación al §3, Beza criticó el uso que Reina hace de las palabras "presencialmente" (*praesente*) y "sustancialmente" (*substante*), aunque admite que pueden interpretarse de manera que sean aceptables. Reina respondió diciendo que por estas palabras (*presentialement et sustantialement*) entiende "ninguna otra presencia del cuerpo de Cristo que aquella (dondequiera que esté) que el divino espíritu y la virtud divina de Cristo produce, y que la fe percibe". Continúa diciendo que eligió estas palabras por tres razones. En primer lugar, están de acuerdo con las Escrituras y con las iglesias a las que pertenecía. En segundo lugar, la ocasión "lo requería", ya que se dirigía a Estrasburgo a restablecer la iglesia reformada francófona "en medio de alemanes" (i.e., luteranos). En tercer lugar, está siguiendo el ejemplo de "aquellos que las han empleado cuidadosamente (con mucha dificultad) en ocasiones similares".[429]

Con respecto al §4, Beza critica el uso del adverbio "necesariamente" (*necesario*) con respecto al encierro del cuerpo de Cristo en el pan,[430] y de la expresión "que hay que buscar (a Cristo) más allá, por la fe, es decir, en su gloria y majestad", ya que parece luterana. Reina respondió diciendo que el §4 pretendía aclarar los comentarios hechos en el §3, y que el §4 funcionaba como salvaguarda contra los malentendidos. En cuanto al §4 y a la frase "es necesario buscar el cuerpo de Cristo por la fe arriba, esto es, en su gloria y majestad", respondió que no es una perversión de la "fórmula común de la Santa Cena" que comienza: "Levantemos nuestros

---

[425] De la correspondencia conservada, se desprende que algunas cartas se han perdido o son desconocidas por los autores.

[426] Cf. *Bibliotheca Wiffeniana*, 2:202–205.

[427] Cf. *Bibliotheca Wiffeniana*, 2:205–208.

[428] Cf. *Bibliotheca Wiffeniana*, 2:208–209.

[429] Esto no parece ser una alusión directa a la *Concordia de Wittenberg*, ya que esta solo usa la palabra "sustancialmente" (*substantialiter*), pero no "presencialmente". De cualquier forma, tendría sentido entender una apelación indirecta a la *Concordia*.

[430] Posiblemente porque esto hacía que la presencia de Cristo fuera demasiado objetiva (luteranos) y no dependiente de la fe del receptor (reformados).

espíritus y corazones arriba, donde está Jesús, en la gloria de su Padre", y por tanto la esencia de las palabras o de su legítima declaración no está en ningún "espacio físico", ni el verdadero objeto de la fe, que busca y encuentra todo lo que quiere en Cristo. En apoyo de esto, Reina aludió a Juan 4 (probablemente los vv. 21–24).

Sobre el §5, Beza dice que Reina ha argumentado contra algo que nadie cree, y que ha malinterpretado Romanos 10. Reina respondió diciendo que la razón por la que incluyó Romanos 10 era que el texto dice que no hay que subir al cielo o bajar al infierno, porque la persona cree en su corazón y confiesa con su boca. A continuación, negó explícitamente que sus palabras debieran ser tomadas para implicar la "masticación oral" (algo que negó claramente en el §3).

Con relación al §6, Beza alabó a Reina por rechazar la "ubicuidad eutiquiana" (*Eutychianam illam ubiquitatem*), pero también expresó su confusión sobre la manera en que ha sido aplicada la cita de Bucero para responder a un ataque luterano con la comprensión reformada de la Santa Cena. Reina no respondió a esta crítica en su réplica.

Respecto a los §7–8, Beza criticó el uso que hace Reina del adverbio "corporalmente" (*corporaliter*) y vio inevitable considerar a Reina luterano en su visión de la Santa Cena. Dice que Reina ha confundido la ascensión de Cristo con el hecho de que se siente a la diestra del Padre: lo primero se refiere a un cambio de lugar, mientras que lo segundo a un cambio de estado y condición. En respuesta al uso que hace Reina de Efesios 4, Beza sugiere que lea "más diligentemente" el comentario de Calvino sobre el pasaje. Terminó esta crítica a Reina refiriéndose a su famosa (o infame) línea tomada del Coloquio de Poissy: "la sustancia de su carne […] está tan lejos de nosotros en la tierra, con una distancia tan grande como la que hay entre la tierra y los altos cielos". Reina respondió diciendo que su tratamiento de la ascensión de Cristo a la luz del artículo de que él está sentado a la diestra de Dios en el §8 debería recibir una "lectura caritativa" a la luz de lo que dice en el §7. Se refirió a "la verdad de la limitación cuantitativa y la circunscripción del cuerpo de Cristo en su lugar natural en el que está", pero declaró que debido a que otros no le leyeron de esa manera, sostuvieron que él estaba afirmando "el error de la ubicuidad". Dijo que la resurrección y la ascensión "no implican, ni podrían implicar, la destrucción de su cuerpo y de su naturaleza humana". Concluyó diciendo que su doctrina es "la que siempre ha sido ortodoxa en la Iglesia".[431]

---

[431] Curiosamente, Reina distinguió entre la "ubicuidad" y los que "tiran de su cuerpo hacia, e incluso bajo, el pan".

En cuanto al §9, Beza dice que Reina ha confundido el artículo sobre la ascensión de Cristo al cielo con la glorificación de la carne de Cristo, así como las palabras "cielos" (a los que Cristo ascendió) con "gloria" (en la que entra). Reina contestó diciendo que interpretar un artículo a la luz de otros es algo que muchos hacen, incluso los mismos apóstoles. Reina mencionó la interpretación de Pablo de ciertos hechos "históricos" del ministerio terrenal de Jesús como "símbolos o figuras" en Romanos 6, Colosenses 2–3 y Efesios 2. Así, en Efesios 4, Pablo interpretó la gloria y la majestad de Jesús a la luz de su humillación precedente. Dada esta hermenéutica, nada impide entender que un artículo se refiera al lugar (cielo) y el otro a la condición o dignidad (gloria). Reina presentó la ilustración de un rey triunfante que se sienta en su trono (lugar), que es símbolo de la inauguración de su reino (gloria).

Sobre el §10, Beza afirma que Reina había malinterpretado a Bucero, y en el §12, aunque Beza elogió a todos los hombres que Reina citó, añadió que no siempre escribieron con claridad sobre el tema y que su intento de conciliar puntos de vista opuestos fue un fracaso. Beza entonces exhortó a Reina a leer "obras más claras y seguras", especialmente las de Pedro Mártir.[432] Reina no contestó a ninguna de estas objeciones en su réplica.

Unos meses después, Reina envió otra carta a Beza en la que resumía su posición sobre la Santa Cena, que consistía en dos puntos básicos.[433] En primer lugar, afirmó que el cuerpo glorificado de Cristo es tal que ha sobrepasado los límites de la dimensión corporal y se extiende por todo lugar, de modo que su presencia corporal y local no es como la nuestra. No obstante, está en el cielo, donde permanece hasta la resurrección de todos. En segundo lugar, dijo que Cristo, que está en todas partes por su espíritu y poder divinos, "presenta verdaderamente" (*revera exhibere*) su cuerpo y su sangre en la Santa Cena, y así Cristo se presenta "total y enteramente" (*totum integrum*). De este modo, aunque Cristo está sentado a la derecha del Padre, por el mismo poder divino está "presente" (*adesse*). Reina dijo que estaba convencido de sus creencias y añadió que espera mantenerlas el resto de su vida.

---

[432] Según la carta de Olevian a Salvard, de 1571, Reina había apelado expresamente a Pedro Mártir en apoyo de su punto de vista, aunque es dudoso que Beza conociera este incidente. Este es otro ejemplo de dos partes que apelan a la misma fuente en apoyo de su caso.

[433] Carta de Reina: 01 de marzo de 1566.

Al año siguiente, Reina volvió a escribir a Beza, pero esta vez sobre la impresión de su Biblia en español.[434] Realmente, el hecho de que Reina pudiera hacerlo sugiere que el debate no había llegado a tal punto que ambos ya no se hablaran. No obstante, Reina sí se refirió al distanciamiento relacional entre él y Beza y lo achacó a una "gran injusticia", sin lugar a dudas una alusión a la percepción que Reina tenía de cómo fue tratado por los teólogos de Heidelberg, y tal vez incluso por el propio Beza.

El asunto parece que se había calmado, pero cuando Reina se trasladó a Fráncfort en 1570, los pastores de la iglesia francófona —Jean François Salvard y Théophile de Banos— pidieron a Reina una "declaración más clara" sobre su postura en cuanto a la Santa Cena y la ascensión y sesión de Jesús.[435] Así que, una vez más, Reina explicó con más detalle su confesión de Estrasburgo de 1565.[436] Sobre el §3, afirmó que jamás ha querido "confundir" la "cuestión espiritual", por la que entiende la carne y la sangre de Cristo y todos sus beneficios, con los "medios" por los que uno se hace partícipe de ella (es decir, por la fe). En cuanto a su uso de "presencial y sustancialmente" (*presentiellement et substantiellement*), explicó que con estas palabras se refería a la "verdadera presencia y sustancia (*la vraie presence et substance*) del cuerpo y la sangre de Cristo" que es la presencia "que nuestra fe aprehende espiritualmente", pero que el cuerpo de Cristo permanece en el cielo. En cuanto al §4, declaró que utilizó la palabra "necesario" (*necessaire*) para rechazar la opinión de quienes relacionan el cuerpo y la sangre de Cristo con los símbolos visibles del pan y el vino. Lo contrario sugería que no se pueden recibir los símbolos sin recibir también las cosas significadas, se trate de cristianos fieles o no. Reina afirmó a continuación que las palabras simbólicas de la administración de la Santa Cena debían entenderse como en la fórmula (aparentemente una alusión a las fórmulas ginebrina y francesa a las que Reina estaba acostumbrado). Sobre el §5, dijo que su uso de Romanos 10:6 era para demostrar la eficacia de la fe en la aprehensión de las cosas espirituales de Cristo, y no para aplicarlas a la "masticación" del cuerpo de Cristo en un sentido "oral" o "carnal". Con relación a sus referencias a Bucero en los §6 y 10, dijo que jamás trató de usar las palabras de este contra las iglesias reformadas de Francia o de Suiza.

---

[434] Carta de Reina: 09 de abril de 1567.

[435] La incorporación de Reina a la iglesia francófona de Fráncfort es el trasfondo del relato de Olevian sobre el asunto en agosto de 1571: Salvard había escrito a Olevian para pedirle su versión de la historia.

[436] *Bibliotheca Wiffeniana*, 2:216-219.

El §8 de Reina es uno de los más complejos y profundos de su confesión y requiere una evaluación detallada. Afirmó que, aunque pudo haber "aclarado" el artículo del Credo apostólico sobre la ascensión de Cristo con el artículo de su sesión, jamás trató de "confundirlos". Por el contrario, sometió su interpretación al juicio de la iglesia y distinguió entre los dos artículos de la siguiente manera. El cuerpo de Cristo fue visiblemente elevado de la tierra al cielo donde ocupa un lugar, y que está allá, y en ningún otro lugar, hasta que venga otra vez. En cuanto a la sesión celestial de Cristo, el artículo no enseña la deificación de su carne o alguna presencia infinita o invisible, sino su estado de gloria, majestad y poder, ya que después de su resurrección ha sido hecho rey por el Padre.

Más aún, la gloria, majestad y poder de Cristo no suprimen las propiedades naturales de su cuerpo, de manera que actualmente su cuerpo está tan localizado como lo estaba cuando él estaba en la tierra después de su resurrección, y como lo estarán los cuerpos de los fieles después de ser glorificados. A continuación, Reina afirmó que no quería confundir el §9 relativo a la ascensión de Cristo con la glorificación de la carne de Cristo, ni confundir el lugar en el que se encuentra el cuerpo de Cristo en el cielo con la gloria de la que tomó posesión visible cuando fue llevado a él a la vista de sus apóstoles. Reina rechazó por completo la idea de "ubicuidad (*ubiquité*) o una omnipresencia invisible del cuerpo de Cristo" tal que su cuerpo está "en o con o bajo el pan" (*en ou avec ou sous le pain*). Concluyó con una especie de declaración resumida de su posición: afirmaba una "unión y comunicación espiritual" y que, en virtud del divino poder de Jesús, "él está verdaderamente presente (*vraiement present*) en su iglesia", aunque su carne "ha sido verdadera y realmente elevada al cielo". Casi irónicamente (y a posta, sin lugar a dudas), imitó la famosa (o infame) frase de Beza de Poissy: el cuerpo de Cristo está "tan lejos (hablando de distancia física) de nosotros que estamos en la tierra como lo que está por encima de todos los cielos está lejos de estos lugares bajos y terrenales".

Los dos ministros franco parlantes, Salvard y Banos, firmaron el texto con Reina. Además de sus firmas, los ministros franceses dijeron que aceptaban y aprobaban su declaración, afirmando que se ajustaba a las Escrituras.[437] Posteriormente, el día de Navidad de 1571, Beza escri-

---

[437] Además de esta carta teológica, y a petición de los pastores de la iglesia francófona de Estrasburgo, Reina envió el mismo día una carta personal a Beza, en la que intentó hacer las paces con Beza.

bió a Reina y le ofreció comunión. Sin embargo, también dio a entender que le quedaban algunas dudas.[438] De esta forma, por un lado, dijo estar contento con lo que Reina había escrito y confiar en el presbiterio de Fráncfort. Por otro lado, seguía sospechando de la amistad de Reina con Antonio del Corro, al que calificaba de "verdadero instrumento de Satanás para obstaculizar la obra de Dios". Específicamente, Beza se refería a la carta que Corro había escrito a Reina el 24 de diciembre de 1563, en la que le pedía que adquiriese para él algunas obras de Caspar Schwenckfeld y Certaldus (Valentin Krautwald).[439] De este último, Corro parecía especialmente interesado en sus opiniones sobre la Santa Cena, que fueron consideradas heréticas por Beza.[440]

En resumen, el debate entre Beza y Reina se centró en el significado de las palabras "presencialmente", "sustancialmente", "corporalmente", "cielo" y "necesario", la relación entre la "ascensión de Cristo" y su "sesión", el papel de la fe en el sacramento y el legado de Martín Bucero (y la *Concordia de Wittenberg*, por extensión). Reina realizó declaraciones que afirmaban una comprensión reformada de la Santa Cena y rechazaban una luterana. Sin embargo, siguió afirmando que, aunque Cristo estaba en el cielo, no *solo* estaba ahí, pero negaba que su presencia no celestial fuera semejante a lo que afirmaban los luteranos.

---

[438] Hippolyte Aubert, *et al.* (eds.), *Correspondance de Théodore de Bèze* (Genève: Librairie Droz, 1986), 12:264–265 (carta 881).

[439] Carta de Corro a Reina, 24 de diciembre de 1563 (para el texto, cf. *Reformistas Antiguos Españoles* 19:59–76).

[440] Desafortunadamente, la "paz" no duró mucho. Aparentemente, Reina había escrito otra carta, en la que Beza pensaba que Reina había tergiversado sus opiniones; la respuesta de Beza, del 09 de marzo de 1572, que termina pidiendo a Reina que no vuelva a escribirle, puede encontrarse en: Aubert, *Correspondance* 13:73–80 (carta 902). En 1573, Reina publicó su comentario (o "anotaciones") sobre el Evangelio de Juan. Al comentario de Jn 6:51-59, Reina asume básicamente una postura reformada en muchos de sus comentarios. Dice que "comer la carne de Cristo y creer en su evangelio es completamente lo mismo"; que el cuerpo de Cristo no se mastica con la boca y luego se pasa al estómago y se expulsa en los excrementos, sino con el alma y la mente por la fe; y que es incorrecto concluir que el uso del adverbio "verdaderamente" (*vere*) en el v. 55 significa la masticación carnal de la carne de Cristo, sino que destaca la gran semejanza entre la carne de Cristo y el alimento (espiritual) (Casiodoro de Reina, *Comentario al evangelio de Juan, Capítulo IV de Mateo y prefacio de la Biblia del Oso,* trad. Francisco Ruiz de Pablos [Sevilla: Cimpe, 2019], 196–200).

d. *El asunto de Amberes*

En 1578, se ofreció a Reina el puesto de pastor de la iglesia luterana francófona de Amberes. Sin embargo, antes de aceptar el cargo, viajó a Londres para limpiar su nombre de una vez por todas de los cargos que se habían vertido sobre él en 1563. Se guardó un registro escrito de la audiencia y, al llegar a Amberes en la primavera de 1579, un opositor reformado conservador (anónimo) obtuvo una copia de los comentarios de Reina sobre la Santa Cena y publicó una edición trilingüe (latín, holandés y francés) de sus respuestas junto con los capítulos apropiados de la *Segunda Confesión Helvética* y la confesión de la iglesia francófona de Londres, ambas suscritas por Reina.[441] Esta obra fue publicada bajo el título *Confessio in articulo de Coena*.[442] Reina admitió que las respuestas eran suyas, pero estaba preocupado de que pudieran ser malinterpretadas si fueron leídas fuera de contexto.[443]

Según este texto, a Reina se le hicieron cinco preguntas. La primera fue si las palabras de la Santa Cena debían entenderse "literal o figurativamente" (*proprie vel per tropum*), a lo que Reina respondió que eran figurativas. Sin embargo, añadió que el pan y el vino no son "meros símbolos" (*nuda signa*), sino que las realidades (es decir, el cuerpo y la sangre de Cristo) están unidas a los símbolos de manera que el pan es su cuerpo y el vino es su sangre. La segunda fue si el cuerpo de Cristo era "real y corporalmente presente y comido" (*realiter & corporaliter adist & manducetur*). Reina respondió que estaba presente de manera "sustancial" (*substantiale*), pero que no era comido "corporal o carnalmente" (*corporaliter seu carnaliter*) sino "totalmente espiritual" (*plane spirituali*). La tercera fue si el cuerpo de Cristo era "comido oralmente" (*oraliter manducari*). Reina contestó que los símbolos eran comidos oralmente, pero no las realidades mismas. En cambio, afirmó una "unión sacramental" (*coniunctionis sacramentalis*) entre los símbolos y las realidades, que es una unidad tan estrecha que explica cómo los primeros cristianos pudieron referirse al pan y al vino como el cuerpo y la sangre de Cristo. La cuarta fue si el

---

[441] Reina dijo que fue un "calvinista" o "reformado" quien publicó sus respuestas bajo el pretexto de "buscar la paz" (carta de Reina: 11 de enero de 1580) y negó ser su autor al ser recibido en la iglesia luterana (texto de Reina: 08 de mayo de 1593).

[442] Anónimo, *Confessio in articulo de Coena* (Amberes: Giles vanden Rade, [1579]).

[443] Reina confesó que las respuestas eran suyas en su carta del 11 de enero de 1580, pero al ser recibido en la iglesia luterana, dijo que dichas respuestas solo reflejaban parte de su creencia sobre la Santa Cena, y que lo dejó claro en 1579 que "no era calvinista" (texto de Reina: 08 de mayo de 1593).

cuerpo de Cristo solo se come espiritualmente por la fe, y no físicamente por la boca. Reina respondió afirmativamente y se remitió a su respuesta anterior. La quinta fue si los inconversos[444] eran participantes del cuerpo y de la sangre de Cristo, a lo que Reina respondió que no. Reina concluyó diciendo que, si había alguna ambigüedad en lo que había dicho, esperaba que estas se interpretaran a la luz de la "iglesia anglicana y francesa de Londres".[445]

La publicación no autorizada de esta porción de la declaración de Reina de Londres fue molesta para él y provocó una controversia por toda la ciudad, especialmente entre los reformados.[446] En respuesta, Reina planeó una contestación pública en tres partes, la segunda de las cuales es la más importante en relación al tema que nos ocupa.[447] Declaró que quería publicar su "auténtica confesión" (*confessione [...] ingenua*) acerca de la Santa Cena, que era la de la *Concordia de Wittenberg*, firmada por Lutero, Bucero y otros, como aparece en *La historia de la Confesión de Augsburgo* de David Chytraeus,[448] a la que añadiría estas palabras:

> Esta confesión, tomadas las palabras en su simple significado, la subscribe sinceramente sin ningún fraude ni mal dolo Casiodoro, para quien, si con la misma sinceridad los ministros de la iglesia que en esta ciudad de Amberes se llama reformada quieren añadir sus firmas, habrá gran esperanza de que

---

[444] La palabra "inconversos" (*impii*) era la que preferían usar los reformados, ya que les excluía de participar del cuerpo y la sangre del Señor. La *Concordia de Wittenberg* usaba la palabra "indignos" (*indignos*) para crear espacio para las interpretaciones luterana y reformada.

[445] Esta es una frase ambigua. En latín dice *Anglicanae & Londinogallicae Ecclesiae*, que podría sugerir tanto una como las dos tradiciones eclesiales. El oponente reformado anónimo aparentemente entendió que se refería a la iglesia francófona de Londres, ya que solo publicó su capítulo sobre la Santa Cena (junto con la *Segunda Confesión Helvética*).

[446] Por el contrario, parece que a los luteranos no les molestó demasiado. Cuando Reina fue recibido en el luteranismo (texto de Reina: 08 de mayo de 1593) dijo que, a partir de la publicación en Amberes del texto de Londres, disfrutó del continuo favor público (entre los luteranos) durante los últimos 14 años (i.e., desde 1579).

[447] Carta de Reina: 11 de enero de 1580. Las otras dos partes eran: 1) descubrir la identidad del autor o autores de esta obra y; 2) exhortar tanto al autor o autores como a los magistrados. Con respecto a descubrir al autor o autores, Reina dijo que, aun cuando sus opiniones no fueran del todo aprobadas por ellos, debían seguir siendo permitidas y toleradas. El llamamiento de Reina a la tolerancia no debería pasar desapercibido.

[448] David Chytraeus, *Historia Augustance Confessionis...* (Fráncfort del Meno, 1578).

la controversia sobre la Cena del Señor será quitada, no solo en esta ciudad, sino quizá también en cualquiera que aquella está vigente.[449]

En 1580, Reina publicó un catecismo para la iglesia luterana en Amberes, en el que dedicó una sección a la Santa Cena.[450] Así, escribe que la Santa Cena "no es simplemente (*simpliciter*) pan y vino, sino que es comer y beber del verdadero y sustancial (*veri & substantialis*) cuerpo y sangre de Cristo en el pan y en el vino". En relación al propósito de la Santa Cena, menciona la "comunicación sustancial (*communicatione substantiali*) de su mismo cuerpo (*eiusdem corporis sui*) ofrecido en la cruz". Más adelante dice que el creyente "se alimenta en la vida espiritual y celestial con el mismo cuerpo de Cristo crucificado (*eodem Christi corpore crucifixo*)". Sin embargo, su último párrafo parece negar la realidad objetiva de la presencia de Cristo en el sacramento, haciéndola, más bien, depender de la fe individual: en respuesta a la pregunta "¿Quién recibe dignamente este sacramento?", la respuesta de Reina es "...el que no se arrepiente y no cree en estas palabras o duda de ellas, ese es indigno (*indignus*) y no está preparado; porque estas palabras ('por vosotros') requieren corazones creyentes, y sin verdadera penitencia no puede haber constancia de esa fe". En cuanto a la recepción de su catecismo, en su edición de 1583 incluyó una sección en la que recogía los elogios que su edición de 1580 había recibido de teólogos luteranos como Martín Chemnitz, Nikolas Selneker, David Chytraeus y Johann Marbach y otros siete profesores y pastores de Estrasburgo.[451]

En resumen, aunque Reina empezó a pastorear una iglesia luterana en 1579, su declaración de Londres del mismo año podría interpretarse como una comprensión reformada de la Santa Cena. En defensa de la publicación no autorizada de su declaración de Londres, Reina apeló de nuevo a la *Concordia de Wittenberg*. Su catecismo fue elogiado por muchos de los principales teólogos luteranos de la época, pero es discutible que

---

[449] Carta de Reina: 11 de enero de 1580; trad. Francisco Ruiz de Pablos (ligeramente modificada).

[450] Según la última página de la edición holandesa de 1580, el catecismo recibió el "privilegio" de ser publicado en francés, latín, holandés y alemán. Aquí usamos la edición en latín de 1583: *Catechismus, Hoc est: brevis instructuio…* (Amberes: Arnoldum S´Conincx, 1583).

[451] Chemnitz y Selneker fueron dos de los tres redactores de la *Fórmula de la Concordia* luterana, Chytraeus escribió la historia estándar de la *Confesión de Augsburgo* y Marbach fue un destacado teólogo luterano.

el propio Reina pensara que había excedido los límites establecidos en la *Concordia de Wittenberg*.[452]

e. *Reina el luterano*

El 08 de mayo de 1593, Reina fue oficialmente recibido en la iglesia luterana de Fráncfort (lugar en el que había sido previamente miembro de la iglesia reformada). Además de otras afirmaciones, hizo las siguientes importantes declaraciones en relación a la Santa Cena.[453] En el §1, suscribió la *Confesión de Augsburgo*, la *Apología de la Confesión de Augsburgo*, la *Concordia de Wittenberg*, los *Artículos de Esmalcalda*, el *Catecismo* de Lutero, la *Concordia* de Martín Bucero (1542)[454] y el *Libro de la Concordia*, cuyas doctrinas afirmaba haber enseñado y defendido durante "casi veinte años".[455] En el §2, condenó, entre otros grupos, a los "sacramentarios, zuinglianos y calvinistas", dejando así poco espacio, si acaso, a los

---

[452] Habría que añadir que el 17 enero de 1582 Reina escribió una carta a Matías Ritter, pidiéndole instrucciones y consejos sobre asuntos relacionados con la Santa Cena, pero no se ha tratado aquí porque no parece haber generado ninguna discusión. Se debatieron dos temas: 1) Si el pan o el vino se acaban durante la Santa Cena y es necesario usar una nueva pieza de pan o una nueva botella de vino, ¿es necesario hacer otra oración, o es suficiente la oración inicial? 2) el pan y el vino sobrantes después de la comunión, aunque fueran migajas, ¿deberían ser consumidos? El primer debate tenía que ver con la relación entre la oración sacramental y los elementos, y el segundo con la presencia objetiva del cuerpo de Cristo en el pan.

[453] Texto de Reina: 08 de mayo de 1593.

[454] Este texto no ha sido identificado por los autores. Reina dice que fue redactado por los ministros de Fráncfort en 1542 y explicado recientemente en el *Libro de la Concordia*.

[455] Salvo en las ocasiones en que Reina opta por ser muy específico con sus fechas (cosa que hace a veces), parece que suele pensar agrupando los años en bloques de cinco. Por ejemplo, en su Declaración de 1577, dice "me determiné de publicarla despues de mas de quinze años que fue hecha" ("Epístola"), aunque en realidad habían pasado dieciséis o diecisiete años. De este modo, su decisión aquí de usar "casi veinte años" (*per 20 ferme annos*) en lugar de "más de quince" sugiere que el número real está más cerca del anterior que del posterior. Así, parece que "casi veinte años" antes de 1593 sería c. 1574–1576, lo que coincide con la segunda mitad de su estancia en Fráncfort. Hasta ahora no se conoce ningún incidente que especifique más las circunstancias o causas de este cambio en su pensamiento (a menos, obviamente, que "casi veinte años" sea una cifra muy generosa proporcionada por Reina que se refiera al comienzo de su pastorado en Amberes en 1579). Si c. 1574–1576 es la época aproximada en que Reina sufrió un cambio en su pensamiento, y si el cambio incluyó su visión acerca de la Santa Cena, podría significar que su declaración de Londres de 1578/9 fue una farsa, pero no necesariamente (ver más adelante).

protestantes reformados. En el §3, aceptó las obras de Lutero contra Teodoro de Beza y la posición de Jacob Andreas contra Beza en el Coloquio de Montbéliar (1586). En el §4, dice que los artículos publicados bajo su nombre en Amberes en 1579 no fueron escritos por él,[456] que solo le preguntaron sobre algunas doctrinas en relación a la Santa Cena (y aparentemente no aquellas que le harían parecer luterano) y que dejó claro en el momento que no era "calvinista".

En resumen, Reina explícitamente condenó la interpretación reformada de la Santa Cena y aceptó la luterana. Sin embargo, es significativo que una vez más incluyera la *Concordia de Wittenberg* en su lista de declaraciones de fe aceptadas.

3. Reina: una evaluación de su doctrina sobre la Santa Cena

La articulación de la Santa Cena por parte de Reina debe ser vista desde dos ángulos diferentes. Por un lado, podríamos dividir sus creencias en dos grandes fases: De 1560/1 a mediados de la década de 1570 y de mediados de la década de 1570 a 1593. Durante la primera fase, Reina fue miembro y pastor ocasional de iglesias reformadas (casi siempre francófonas), dialogó con pastores y teólogos reformados y articuló (o al menos trató de articular) una interpretación reformada de la Santa Cena. Lo que le ocasionó problemas esporádicamente fue cuando insistió en que el cuerpo de Cristo no estaba *solo* en el cielo. Durante la segunda fase, Reina fue miembro y a veces pastor de diferentes iglesias luteranas (todas ellas francófonas), dialogó con pastores y teólogos luteranos y, al menos al final de su vida, afirmó una interpretación luterana de la Santa Cena. Por tanto, cuando evaluamos a Reina desde esta perspectiva, parece que su pensamiento acerca de la Santa Cena había evolucionado de reformado a luterano a lo largo de los años, y que sus detractores reformados lo habían acertado unos años antes: era un cripto-luterano.[457]

---

[456] No obstante, en este mismo párrafo asume la responsabilidad de su contenido, ofreciéndose a enmendarlos si hay algo en ellos que sus examinadores luteranos consideren inaceptable. La relación exacta entre Reina y los artículos de Amberes sigue siendo imprecisa.

[457] Un desafío importante a esta interpretación de Reina es el párrafo introductorio de la *Confessio in articulo de Coena*, donde el texto dice que si los miembros de la iglesia luterana "proclaman sinceramente" (*sincere profitentur*) la *Confesión de Augsburgo*, entonces "se habrá eliminado la controversia entre ellos y los ministros de las iglesias reformadas" (trad. Francisco Ruiz de Pablos). Así parece que Reina pensaba que una "proclamación sincera" de la *Confesión de Augsburgo* no estaría incompatible con la tradición reformada.

No obstante, por otro lado, podríamos leer a Reina como él se presentó durante todo el debate: un firme defensor de la *Concordia de Wittenberg*. Si se intentara visualizar la idea de Reina sobre el debate entre reformados y luteranos, tal vez se podría describir mejor con un diagrama de Venn, con la posición reformada en un lado, la luterana en otro y una parte superpuesta en el medio, que representa la posición de la *Concordia de Wittenberg*, que capta de manera ideal las enseñanzas esenciales tanto de reformados como de luteranos y hace posible la unidad, mientras deja las doctrinas menos claras abiertas a "declaraciones y pronunciamientos privados". En una de sus cartas, incluso afirmó que su declaración de Londres que parecía reflejar tendencias reformadas y su suscripción a la *Segunda Confesión Helvética* "no sean de ningún modo contrarias" a la *Confesión de Augsburgo* con respecto a la Santa Cena.[458] Visto desde esta perspectiva, Reina no cambió esencialmente su posición a lo largo de los años, sino que acomodó su lenguaje a sus cambiantes contextos y circunstancias por el bien de la unidad de la Iglesia. Debe recordarse lo que Reina dijo originalmente en su declaración de Londres de 1560/1: su mayor preocupación era la vida cristiana y la unidad, y no la teología especulativa *per se*. En más de una ocasión, Reina apeló a la modestia y discreción: son temas difíciles que "sobrepasan los límites de la modestia cristiana".[459]

---

[458] Carta de Reina: 11 de enero de 1580; cf. carta de Reina: 08 de febrero de 1580, donde vincula explícitamente la *Concordia de Wittenberg* a la unidad de la Iglesia.

[459] Probablemente la verdad esté en algún punto intermedio y, quizá, haya más factores en juego que los estrictamente teológicos. Durante décadas Reina había luchado con pastores y teólogos reformados para ser aceptado como uno de ellos y, sin embargo, casi todo lo que experimentó fue el debate polémico y la sospecha. Por el contrario, de los luteranos recibió una cálida aceptación en personas como Matías Ritter y su iglesia de Amberes, que incluso le siguieron a Fráncfort en el exilio.

Nos gustaría agradecer a Trini Bernal por traducir este capítulo (ligeramente modificado por los autores).

CAPÍTULO 11

Casiodoro de Reina ¿protestante?

Dr. Manuel Díaz Pineda, Facultad Teológica Cristiana Reformada

Introducción

Nuestro estudio se propone, como objetivo prioritario, analizar si la identidad y las obras de Casiodoro de Reina y si sus manifestaciones prácticas o escritas implicaban una identificación o acercamiento a la Reforma y los Reformadores. Lo que pretendemos con este trabajo es dilucidar qué era realmente Casiodoro de Reina. Ahora bien, ¿cómo podemos nosotros saber y demostrar si Casiodoro de Reina era protestante o no? Consideramos que existen tres vías por medio de las cuales podemos obtener información que nos ayude a evidenciar su posible protestantismo:

1. A través de la historia. Los historiadores desde el siglo XVI a la actualidad confirman la realidad de la Reforma española sin ningún tipo de duda, y por consiguiente el posible protestantismo de Casiodoro de Reina.
2. Por medio de su vida (a través de la cual podamos verificar su adscripción o no al protestantismo).
3. Por medio del estudio de sus obras escritas. Aunque echaremos un vistazo a las primeras dos vías, la base de nuestro estudio será la tercera vía.

A través de la historia. Podemos observar cuales han sido los tratamientos y las consideraciones respecto a Casiodoro de Reina, los reformistas y a la Reforma en España, y así vemos que:

1) En los siglos XVI a XVIII. Se produjo una multiplicación de obras que publicitaron la situación en España de los reformistas y sus

escritos (entre ellos Casiodoro de Reina). En el siglo XVI destacan "Reginaldus Gonsalvius Montanus" (Reina, Corro y Pineda)
y Cipriano de Valera,[460] que representan el único esfuerzo y son
testigos directos sobre la memoria de lo ocurrido a los reformistas españoles. En el siglo XVII, aparecerán los martirologios que
recordarán a los perseguidos por la Inquisición española y en el
siglo XVIII, en las obras publicadas, se produce una pérdida del
contacto directo con los reformistas españoles y sus obras.

2) En el siglo XIX. Las obras de Juan A. Llorente, Adolfo de Castro,
Eduard Bohemer, y Marcelino Menéndez Pelayo, manifiestan in-
equívocamente la realidad del protestantismo en España. En este
siglo se logró la recuperación no solo de las obras de los reformistas (gracias a la paciente labor de Benjamín Wiffen y Luis Usoz),
sino también la aparición de la primera *Historia de la Reforma en
España* de Tomás M'Crie.[461]

3) En los siglos XX y XXI. A inicios del siglo XX, los trabajos de
Ernst Schaefer y Henry C. Lea continuarán impulsando los estudios precedentes reafirmando la realidad del protestantismo en
España, hasta la aparición de Marcel Bataillon con su obra *Erasmo
y España*, que puso en duda el hecho indiscutible, por los historiadores, de la existencia del movimiento protestante, llamándoles
"inquietadores de espíritu dentro de la Iglesia". Bataillon creó es-
cuela, y consiguió muchos seguidores de su teoría, hasta la aparición de los trabajos de Hauben, Kinder, Gilly, Nieto, y en el ámbito español, el profesor Tellechea[462] que, de forma especial, con

---

[460] Reginaldus Gonzáles Montes, *Sanctae Inquisitionis Hispanicae Artes Alicuot detectae, ac palam traductae* (Heidelbergae, 1567; traducción española *Artes de Santa
Inquisición española*, 2ª ed., trad. Francisco Ruiz de Pablos [Cimpe, 2019]); Cipriano de Valera, *Dos tratados: El primero es del Papa y de su autoridad. El segundo
es de la misa* (Londres, 1588).

[461] Juan Antonio Llorente, *Historia crítica de la Inquisición en España* (Madrid: Ediciones Hiperion, S.L., 1980); Adolfo de Castro, *Historia de los protestantes españoles y de su persecución por Felipe II* (Cádiz: Revista Médica, 1851); Edward
Boehmer, *Spanish Reformers of Two Centuries from 1520*, vol. 2 (New York: Burt
Franklin, 1883); Marcelino Menéndez Pelayo, *Historia de los Heterodoxos Españoles*, 2 vols. (Madrid: B.A.C., 1976); Benjamín Wiffen y Luis Usoz y Rio, *Colección de Reformistas antiguos españoles* (edición facsímil, Barcelona: Librería de
Diego Gómez Flores, 1981–1983); Thomas M'Crie, *Historia de la Reforma en España en el siglo XVI* (Buenos Aires: La Aurora, 1950).

[462] Ernst Schäfer, *Beiträge zur Geschichte des spanischen Protestantismus und der Inquisition im sechzehnten Jahrhundert* (Gütersloh: C. Bertelsmann, 1902; traducción
española: *Protestantismo español e Inquisición en el siglo XVI*, trad. Francisco Ruiz
de Pablos [Alcalá de Guadaíra: Editorial MAD, 2014]); Henry Charles Lea,

su investigación, volverá a acreditar la realidad del protestantismo en España.[463]

Observamos que la gran mayoría de los trabajos y las recientes investigaciones y bibliografía especializada demuestran que existió una Reforma protestante española. No existe, pues, ninguna duda ni confusión sobre su identidad e independencia, tanto por la Inquisición como por los expertos investigadores de la Reforma española.

Por medio de su vida. Consideramos que ya de España Casiodoro salió siendo protestante. Lo prueba el hecho de ser tildado de "hereje luterano dogmatizador"[464] por la Inquisición española. Apenas llegado a Ginebra, Casiodoro ya comenzó a ministrar como tal, aunque no de manera "oficial", lo que evidencia que no había recibido el protestantismo en el extranjero. Pero no nos detendremos aquí dado que no es la prioridad de nuestro estudio. Existen muy buenas biografías de Casiodoro a las que remitimos al lector.[465]

Historia de la Inquisición Española (Madrid: Fundación Universitaria Española, 1982); Marcel Bataillon, *Erasmo y España, Estudios sobre la historia espiritual del siglo XVI*, 2ª ed. (México: Fondo de Cultura Económica, 1966); Paul Hauben, *Del Monasterio al Ministerio: Tres herejes españoles y la Reforma* (Madrid: Editora Nacional, 1978); Arthur Gordon Kinder, *Casiodoro de Reina, Spanish Reformer of the Sixteenth Century* (London: Támesis Books, 1975; traducción española *Casiodoro de Reina reformador español del siglo XVI* [Madrid: Sociedad Bíblica, 2019]); Carlos Gilly, *Spanien und der Basler Buchdruck bis 1600: ein Querschnitt durch die spanische Geistesgeschichte aus der Sicht einer europaischen Buchdruckerstadt* (Basilea-Frankfurt am Main: Helbing & Lichtenhahn, 1985); José Nieto, *Juan de Valdés y los orígenes de la Reforma en España e Italia* (México: Fondo de Cultura Económica, 1979); José Nieto, *El Renacimiento y la otra España: visión cultural y socioespiritual* (Ginebra: Librairie Droz, 1997); J. Ignacio Tellechea Idígoras, "Perfil teológico del protestantismo castellano del siglo XVI: un memorial inédito de la inquisición (1559)", *Diálogo Ecuménico* 7 (1982): 315–373; J. Ignacio Tellechea Idígoras "Francisco de San Román, un mártir protestante burgalés (1542)", *Cuadernos de Investigación Histórica* 8 (1984): 233–260.

[463] Manuel Díaz Pineda, *La Reforma en España (siglos XVI-XVII). Origen, naturaleza y creencias* (Barcelona: Editorial Clie, 2017); Doris Moreno, *Casiodoro de Reina. Libertad y tolerancia en la Europa del siglo XVI* (Sevilla: Centro de Estudios Andaluces, 2018), 72–81.

[464] AHN, Inquisición, leg. 2075, doc. 2, en Tomás López Muñoz, *La Reforma en la Sevilla del siglo XVI* (Sevilla: Cimpe-Eduforma, 2011) 2:259.

[465] Entre otras: Moreno, *Casiodoro de Reina*; Kinder, *Casiodoro de Reina*; Raymond S. Rosales, *Casiodoro de Reina Patriarca del Protestantismo Hispano* (St. Louis, MO: Concordia Seminary Publications, 2002), Constantino Bada Prendes, *La Biblia*

Por medio del estudio de sus obras escritas. A través del estudio de sus obras escritas: *Comentario al Evangelio de Juan*; "Amonestación al cristiano lector", en su *Biblia del Oso*; *Declaración, o confesión de fe*; *Exposición de la primera parte del capítulo cuarto de San Mateo sobre las tentaciones de Cristo*; *Catecismo*; *Artes de Santa Inquisición española*,[466] analizaremos las razones que argüía Casiodoro. Esta será la base de nuestro estudio.

> A partir del estudio y análisis de algunos libros del Nuevo Testamento, especialmente la *Epístola del apóstol Pablo a los Romanos* y la *Epístola a los Hebreos*, Lutero postuló tres principios —a modo de pilares teóricos— que elaboró como patrón frente a la posición teológica y a la tradición católicas. Estos principios [...] se convirtieron desde su formulación en 1517 en los definidores identitarios de todas las iglesias, grupos y movimientos espirituales protestantes desarrollados a partir de entonces. Se trata de los principios luteranos de: *Sola Fe*, *Sola Gracia* y *Sola Escritura*.[467]

Esta es la parte en la que nos centraremos con nuestro estudio; rastrearemos y destacaremos los posibles textos de sus obras que, a nuestro parecer, aluden a estas tres "Solas" con la pretensión de encontrar argumentos que demuestren que Casiodoro de Reina era, sin duda, protestante.

1. Sola escritura

Las reflexiones del propio Martín Lutero acerca de la importancia de los Textos Sagrados quedan sintetizadas en el siguiente párrafo de su comentario a la epístola a los Hebreos: "Se puede decir que un hombre se aparta de Dios vivo cuando se aparta de su Palabra, que está viva y hace vivas

---

del Oso de Casiodoro de Reina. Primera traducción completa de la Biblia al castellano (tesis doctoral; Salamanca: Universidad Pontificia de Salamanca, 2016).

[466] Casiodoro de Reina, *Comentario al Evangelio de Juan*, trad. y com. Francisco Ruiz de Pablos (Alcalá de Guadaíra: Editorial MAD, 2009; "Amonestación", en B. Foster Stockwell, *Prefacios a las Biblias castellanas del siglo XVI* (Buenos Aires: La Aurora, 1951); Andrés Messmer, "Declaración, o confesión de fe de Casiodoro de Reina. Edición crítica", *Alétheia* 52, n. 2 (2017): 11–73; Casiodoro de Reina, *Exposición de la primera parte del capítulo cuarto de San Mateo sobre las tentaciones de Cristo* (Madrid: Iglesia Española Episcopal Reformada, 1988); Casiodoro de Reina, *Catechismus, hoc est: Brevis instructio de praecipuis capitibus christianae doctrinae, per quaestiones & responsiones, pro Ecclesia Antwerpiensi quae Confessionem Augustanam profitetur* (Amberes, 1583); Reginaldus Gonsalvius Montanus, *Artes de Santa Inquisición española*, trad. Francisco Ruiz de Pablos (Alcalá de Guadaíra: Editorial MAD, 2008).

[467] Evangelina Sierra Bernardino, *Galicia insumisa. Orígenes, impacto y resistencia del protestantismo gallego hasta 1931* (Barcelona: Editorial Clie, 2018), 45.

todas las cosas. Por tanto, cuando los hombres se alejan de la Palabra, mueren. El que no cree está muerto".[468]

a. *Reina y la autoridad e importancia central de la Biblia*

Casiodoro de Reina, como los demás reformadores del siglo XVI, encontró en la Biblia la inspiración de su vida, de su pensamiento y de su obra. Ya con su uso, en la portada de su edición de la Biblia, del texto: "La Palabra del Dios nuestro permanece para siempre" (Is 40:8), Casiodoro de Reina da a entender que era un convencido de que la Biblia es la Palabra de Dios y de la absoluta e imperiosa necesidad de que los hombres pudiesen leer y comprender la eterna Palabra en su propia lengua y a un nivel que les pareciera comprensible.

Al estudiar la Biblia, halló en sus páginas el cristianismo originario, puro y sencillo, que se hacía presente en su conciencia en forma irrefutable, y así señala en su *Comentario al Evangelio de Juan*: "Y esta misma verdad de Dios (su Palabra) aceptada con fe no solo salva o justifica a los creyentes, sino también los hace santos, esto es, consagrados a Dios".[469] Hizo de la Biblia la autoridad sobre la cual basó su pensamiento y su fe, dándole la supremacía. En sus escritos insistirá repetidas veces en la necesidad de un esmerado conocimiento de las Escrituras.

A las Sagradas Escrituras, las llamaba "La única regla de la divina voluntad" y "la Divina Palabra". Esta fue la razón por la que hizo todos los esfuerzos posibles para ponerlas en la lengua y en manos del pueblo, y por lo que saturaba sus escritos con citas de la Biblia, como por ejemplo en su "Amonestación" en la *Biblia del Oso*, donde afirma que "la palabra de Dios contenida en los sacros libros es el verdadero y legítimo instrumento, y que por tal razón Dios lo ha comunicado al mundo para ser por él conocido y honrado de todos, y que por esta vía tengan salud".[470] Así vemos que para Casiodoro la Escritura es central porque ella es plenamente suficiente para llevar a los creyentes y a la Iglesia en toda la voluntad divina.

Casiodoro de Reina había experimentado personalmente el poder transformador de la Palabra de Dios y creía que solo la Palabra de Dios es eficaz para salvar, edificar a los creyentes y examinar las doctrinas, y así, en la "Epístola" de su *Declaración* dice: "ayudándose de la Palabra de Dios,

---

[468] Comentario de Lutero sobre Heb 3:12 (cf. James Atkinson, *Lutero y el nacimiento del protestantismo* [Madrid: Alianza Editorial, 1981], 143).

[469] Reina, *Comentario al Evangelio de Juan*, 314.

[470] Reina, "Amonestación" (cf. Stockwell, *Prefacios*, 81).

que es la única regla, luz e instrumento para probar y examinar los espíritus y todas doctrinas si son de Dios o no".[471]

Dando evidencia de los efectos y gran convicción del poder de la Biblia, ante la que todo el poder del mismísimo diablo caerá ante la luz de Dios: la Biblia, afirmaba en su "Amonestación": "Intolerable cosa es a Satanás, padre de mentira y autor de tinieblas (cristiano lector), que la verdad de Dios y su luz se manifieste en el mundo... y no cesa ni cesara de resistir (hasta que Dios lo enfrene del todo) a los libros de la Santa Escritura: porque sabe muy bien por la luenga experiencia de sus pérdidas, cuán poderoso instrumento es este".[472] Así declaraba que el intento por apagar la luz de la Palabra no solo era de parte de los hombres impíos, sino que el mismo Satanás era el instigador de todo esto a través de la historia. Según la Biblia, él es el padre de mentira, el enemigo de la verdad (Jn 8:44).

La firme convicción y fe de Reina en las Escrituras le llevó no solo a usarlas como la norma de fe cristiana, sino también, a valerse de ellas como medio para recibir la enseñanza con exactitud y claridad, señalando en su "Exposición de Mateo" que: "En la Escritura se nos nombran y presentan las cosas, sobre todo las ignominiosas, del modo más claro y tal como son, despojándolas de todos los calificativos de honestidad y de justicia con que los autores suelen disimularlas […] a fin de que nosotros no nos dejemos engañar por esos disfraces y aleguemos el pretexto de la ignorancia".[473]

Casiodoro de Reina tenía fijada en su mente y corazón la idea de que la divina Escritura es patrimonio de todos y no solo de unos pocos, por lo que afirma que no puede haber nada que impida conseguir este objetivo: que se conozca la Biblia. Por lo tanto, en su "Amonestación" dice: "Que ni las disputas inoportunas ni las defensas violentas, ni los pretextos cautelosos, ni el fuego, ni las armas, ni toda la potencia del mundo junto podrán ya impedir, que la Palabra de Dios corra por todo tan libremente como el sol por el cielo".[474]

Por eso, como un canto de triunfo y de su firme convicción en las promesas y la veracidad de la palabra de Dios, declara en su "Confesión de fe": "sabemos, enseñados por su palabra, que donde quiera

---

[471] Reina, "Aviso al Lector" (cf. Messmer, "Declaración", 20).

[472] Reina, "Amonestación" (cf. Stockwell, *Prefacios*, 79–80).

[473] Reina, *Exposición*, 32.

[474] Reina, "Amonestación" (cf. Stockwell, *Prefacios*, 86).

que él la quiere iuntar alli le embia su bendicion y la lluuia de sus largas misericordias".[475]

b. *Reina y el derecho al libre examen*

"La conocida afirmación de Lutero, según la cual la Escritura es su propio interprete (*sui ipsus interpretes*) se inscribe, precisamente, en la toma de conciencia de que la Palabra de Dios aguarda una respuesta por parte del creyente y de que es esa respuesta la que va a determinar la apropiación personal del *logos* evangélico".[476]

Decir que Casiodoro es un convencido de la necesidad de que la Biblia esté al alcance del pueblo, es decir una obviedad, ya que para él era imperativo que sus compatriotas tuvieran a su alcance la Palabra salvadora de Dios en su propio idioma. Una gran parte de su vida la dedicó a poner la Biblia en manos de los españoles.

Para Casiodoro y demás reformadores el llamado "libre examen" (que no es la "libre interpretación" como reiteradamente se les ha reprochado), significó que, el creyente puede y debe leer e interpretar las Escrituras, sin ataduras de ningún tipo (jerarquía, obispos, papas), sin tomar a la tradición como una camisa de fuerza y sin hacerse esclavo de la letra de la Biblia. No se trata de una lectura subjetiva y amañada, ya que el lector lo hace siempre en el contexto del pueblo de Dios, de la Iglesia, y nunca como un individuo aislado.

El derecho al libre examen, tal y como lo enseñaba Casiodoro, determina que es responsabilidad y deber de cada persona conocer la Palabra de Dios de manera individual, interpretarla y buscar su propia solución del problema religioso mediante el empleo de la razón y la dirección del Espíritu, por lo que cada cristiano debe convertirse en un estudiante continuo de la Biblia.

El derecho al libre examen es reivindicado como el camino adecuado para que los creyentes crezcan y sean responsables. La Biblia es para el pueblo y este debe y puede entenderla. Casiodoro de Reina, en su "Amonestación", explicó sus razones:

---

[475] Reina, "Aviso al Lector" (cf. Messmer, "Declaración", 24).

[476] Alfredo Texeira, "Lutero e a modernidade", en *Martínho Lutero-Diálogo e Modernidades* (Ediçôes Universitárias Lusófonas, Lisboa, 1999), 60; citado por E. Moros Ruano, "Marco sociopolítico de Lutero", *SEUT* 2, n. 2 (2001): 7, n. 8.

De donde es menester que concluyan que prohibir la divina escritura en lengua vulgar no se puede hacer sin singular injuria a Dios e igual daño de la salud de los hombres [...] hazen gran verguença à la misma Palabra de Dios en dezir, que los mysterios que contiene no se ayan de communicar àl vulgo [...] Los misterios de la verdadera religión son al contrario: quieren ser vistos y entendidos por todos, porque son luz y verdad; y porque siendo ordenados para salud de todos, el primer grado para alcanzarlos necesariamente es conocerlos.[477]

En cuanto a la necesidad de conocer la Palabra de Dios, Casiodoro de Reina creía con convicción, rotundidad y firmemente que las Escrituras son el auténtico instrumento para promover el "celo de la gloria y de la salud de los hombres", y afirmaba que prohibir la lectura de la Biblia era un insulto y una afrenta a la verdad porque "(si confiesan que la palabra de Dios lo es) a nadie puede engañar ni entenebrecer".[478] Considera una vergüenza que algunos piensen que el vulgo no tenga acceso del conocimiento a la palabra de Dios.

Y más explícitamente prosigue en su argumento de su "Amonestación" que "el estudio de la divina Palabra es cosa mandada por Dios a todos y por tantos y tan claros testimonios del Viejo y Nuevo Testamento, que sin muy largo discurso no se podrían aquí recitar". Por lo tanto, dice Casiodoro "es menester que esté fuera de disputa, que habiendo dado Dios su Palabra a los hombres, y queriendo que sea entendida y puesta en efecto de todos, ningún buen fin puede pretender el que la prohibiese en cualquier lengua que sea".[479]

El obligado acceso de todos a la Biblia está fundamentado, en opinión de Casiodoro de Reina, en que Dios la da a todos, por eso, en su "Amonestación" dice: "Y que al fin, ningún pretexto, por santo que parezca, puede excusar, que si Dios la dio para todos, no sea una tiranía execrable, que a los más la quiten; y falta de juicio es (si pretenden de buena intención). Si es Palabra de Dios, insigne injuria se hace a Dios, a ella, y a los buenos, que por el abuso de los malos se le quite su libertad de correr por las manos de los que podrían usar bien de ella, y sacar los frutos para los cuales Dios la dio".[480]

---

[477] Reina, "Amonestación" (cf. Stockwell, *Prefacios*, 81–82).

[478] Reina, "Amonestación" (cf. Stockwell, *Prefacios*, 82).

[479] Reina, "Amonestación" (cf. Stockwell, *Prefacios*, 83–84, 86–87).

[480] Reina, "Amonestación" (cf. Stockwell, *Prefacios*, 84).

En consecuencia, Casiodoro recomienda en la "Epístola" de su *Declaración* que: "Vos empero, hermano mio, entendereys, que el primer vso, que Dios os pide de la luz y verdad que por su misericordia os communica, es qūe despues de reformado el animo, camineys conforme à ella, quiere dezir, encamineys toda vuestra vida y obras segun ella os enseña".[481]

Por último, el prólogo de la *Sanctae Inquisitionis Hispanicae artes*, contiene un gran manifiesto a favor de la tolerancia religiosa y una defensa de la Palabra de Dios:

> Para acabar con la herejía no hay necesidad ni de espada ni de fuego, sino de la sola palabra de Dios, como dice el apóstol Pablo en su carta a Tito […] Pues, del mismo modo que nunca se podrá infundir a la fuerza y con tormentos la fe verdadera, así tampoco se extirparán las herejías ni siquiera con la muerte misma de los herejes. Por eso mismo, lo más apto para ambas cosas es la palabra de Dios, único instrumento que engendra y aumenta la fe y que, por su propia luz, destapa inmediatamente todo lo que sea error. Se debe, por tanto, consultar exactamente las Sagradas Escrituras y ver qué penas se establecen en ellas contra los pertinaces y los que obstinadamente se resisten a la verdad. ¿Es que acaso allí se mencionan los azotes o el suplicio más cruel de todos, el de morir en la hoguera? ¿O esas famosas confiscaciones de bienes, tan avaras, tan inicuas, tan absurdas y tan ajenas al ser cristiano? Más aún, ¿con qué palabras razonables podríamos describir ese género de penitencias (por no hablar de la ignominia que ellas implican, indeleble para siempre jamás) aún contra los que se hayan retractado de su error? De tales castigos, el apóstol no dice ni una palabra […] sino habla más bien de evitar al hereje después de una primera y otra segunda amonestación. Manda que sea amonestado de su error, una, dos veces, y esto por el obispo, no que se le arrastre delante de un juez, ni que se le apliquen de inmediato castigos en extremo gravísimos por ese mismo error. Y si la amonestación no prospera […] ordena que se le excomulgue, esto es, que sea apartado y excluido de la congregación de los fieles, y esto no por venganza de su error o contumacia, sino para remedio.[482]

En conclusión

En este punto, es necesario hacer notar que tanto en Casiodoro como en los demás reformistas españoles existía el profundo convencimiento de

---

[481] Reina, "Aviso al Lector" (cf. Messmer, "Declaración", 23).

[482] Ruiz de Pablos, *Artes*, 136–137. Cf. Carlos Gilly, "El influjo de Sebastián Castellion", en Michel Boeglin, Ignasi Fernández Terricabras y David Kahn (dirs.), *Reforma y disidencia religiosa. La recepción de las doctrinas reformadas en la península ibérica en el siglo XVI* (Madrid: Colección de la Casa de Velázquez, 2018), 335.

que la única manera de traer luz a la vida y encontrar las verdades cristianas, era mediante las Escrituras, que serían el medio de destruir la superstición y la ignorancia; tenía clara conciencia de que Dios hablaba mediante las Escrituras, directamente a cada individuo. Comprendiendo que cada persona, con la asistencia de Dios, podía ir a la Biblia y hallar la verdad y fundamento de la fe.

Así, confesaba Casiodoro y los demás reformistas que, para conocer cuál es la voluntad de Dios y cuál el camino de la salvación, debemos recurrir a la Sagrada Escritura. Concordando con todos los reformadores en mostrar a la Biblia como único camino para hallar la voluntad de Dios en forma clara e inequívoca.

Este concepto de la autoridad bíblica concuerda con el de todos los reformadores del siglo XVI de otras partes de Europa. Así, pues, su posición es diáfanamente clara; acceso directo a las Escrituras por parte de todos los creyentes, aunque unido a una gran preocupación, la de no dejarse llevar por emociones personales.

Su convencimiento de traducir y utilizar el idioma vulgar, constituye una prueba evidente de la común mentalidad que cada persona tiene el derecho de leer e interpretar las Escrituras divinas en su propio idioma. Reina, como Lutero, creía que la Biblia no solo es el medio del Espíritu Santo para generar la fe, sino también un medio eficaz de enseñanza: "el [Señor] sabe que lo que en ella [la traducción] pretendemos y avemos pretendido hasta aora no es otra cosa que la propagación de su conocimiento y el consuelo de su Iglesia".[483]

Tras este repaso, y a la luz de sus declaraciones, se hace claro que la "Sola Escritura" era un principio que asumía plenamente Casiodoro de Reina.

2. Sola fe

Con este principio doctrinal Lutero afirmaba que no había para el hombre ninguna posibilidad de alcanzar la salvación eterna por sí mismo, por más bueno que se tratase de ser, o por más que se cumpliese con los preceptos y mandamientos de la Iglesia. La única forma de obtener la salvación era mediante la fe (y solo por creer) en que Jesucristo había llevado

---

[483] Carta de Reina a Diego López (27 de septiembre de 1567); Anexo VI, en Kinder, *Casiodoro de Reina*, 215.

a cabo el proceso completo por el cual el ser humano puede reconciliarse con Dios. En sus propias palabras: "Todo cristiano que sienta un verdadero arrepentimiento de sus pecados, obtiene la total remisión de sus culpas y penas, lo que le es otorgado sin necesidad de bula de indulgencia".[484]

El concepto de "fe" en palabras de Lutero, es confianza personal en Dios revelado en Jesucristo, como la orientación fundamental de la vida. Lutero lo articula de la siguiente manera, cuando afirma:

> Hay dos formas de creer: primero, una creencia acerca de Dios que significa que yo crea que lo que se dice de Dios es verdad. Esta fe es más bien una forma de conocimiento y no fe. Hay, en segundo lugar, una creencia en Dios que significa que yo pongo mi confianza en él, que me entrego a pensar que puedo tener relaciones con él, creo sin ninguna duda que él será para mí y hará conmigo de acuerdo con lo que se dice de él. La tal fe, que se arroja y se entrega a Dios, ya sea en la vida o en la muerte, es la única que hace al hombre cristiano.[485]

a. *Reina y la sola fe*

Según Casiodoro, todos los hombres estaban necesitados de un cambio completo de su estado, mediante la gracia de Jesucristo. La obra perfecta de Dios había sido destruida; la imagen de Dios esculpida en el alma humana había sido borrada, quedando el hombre privado de santidad y de justicia. El hombre nada podía merecer de Dios por sus obras, sino su condenación. Estaba incapacitado para obrar el bien y cumplir con la voluntad de Dios, y si en algo limitaba sus obras contrarias a Dios, era por temor de perder su vida.

El concepto de fe de Casiodoro lo manifiesta en su *Catecismo*, al decir: "La fe es el conocimiento cierto y firme de Dios por la misma palabra suya, unido a la verdadera confianza en el Dios verdadero y viviente, Padre de nuestro Señor Jesucristo, dirigida por el Espíritu Santo".[486]

Así mismo, Reina en su *Declaración* respecto a la fe, no cesó de expresar que esta se manifiesta en la justificación, expresándose por medio de las frases "la entera justicia de Christo", "fe verdadera y viva en él" y la "viva fe", pues con estas frases distinguía entre una fe nominal y cultural y

---

[484] Martín Lutero, *Antología* (Barcelona: Producciones Editoriales del Nordeste, 1968), 22 (tesis 36).

[485] Citado en Tomás Lindsay, *Historia de la Reforma* (Buenos Aires: La Aurora, 1949), 451.

[486] Reina, *Catechismus*, 20.

una fe íntima y personal, y así confiesa que "à solo Iesus el Christo perte-nece iustificarnos, y darnos la fe para ello, y el testimonio interior de nues-tra Iustificacion por su Espiritu".[487]

Así lo expresa en el Prefacio de su *Catecismo* diciendo: "Estos fun-damentos o capítulos primarios de nuestra religión y fe son fuentes tanto de la sabiduría como de la vida cristiana, por la que (conforme al oráculo primero profético, luego apostólico) el justo no solo vive de la fe, sino que además vivirá".[488]

Dicho de otra forma, en su *Comentario al Evangelio de Juan* afirma que creer que el hombre es salvo por la fe solamente no salva. El objeto de la fe es Jesucristo: "pero a nosotros nos lo concede Cristo a través de su Espíritu cuando con verdadera fe ponemos la vista tanto en la doctrina de aquel como también en su ejemplo". Solo la fe personal en Jesús salva. "La fe es la que, mientras se recrea en la palabra de aquel, en cuanto que es pa-labra de Dios, ve al mismo Cristo cara a cara".[489]

Se puede apreciar esta enseñanza en cuanto a la doctrina fundamen-tal de la justificación por la fe, cuando escribe en su *Declaración*:

> Creemos, que como despues de la general corrupcion de toda la humana naturaleza por el peccado de nuestros Primeros Padres, y antes de la exhibi-cion de la Promessa, y del Nueuo Testamento ningun medio vuo por elqual los hombres fuessen iustificados y reduzidos àl camino de salud, sino de su parte por verdadera Penitencia y fe en la Promessa de la Bienauenturada simiente: y de la parte de Dios por su sola misericordia y bondad conque les acceptaua esta sola fe por entera iusticia en virtud de la entera Iusticia del Christo, en quien siempre estribó esta Fe: de la misma manera, dado ya el cumplimiento de la Promessa en el Christo, no queda, ni ay otra via para ser los hombres iustificados, saluos, y admitidos à la Aliança del Nueuo Testamento, y à la participacion de sus bienes, que por Penitencia, (La qual es verdadero conocimiento, arrepentimiento, dolor, y detestacion del pecca-do, con verdadera abrenunciacion del, y de la corrompida raiz de donde en el hombre nace) y verdadera y biua fe en la muerte y resurreccion del Señor, por el merito y efficacia de la qual nos es dado perdon, y inputada su iusti-cia y innocencia: y ansimismo nos es dada virtud y fuerça de su Espiritu pa-raque muriendo conel àl peccado, resuscitemos tambien conel a nueua vida de Iusticia.[490]

---

[487] Cf. Messmer, "Declaración", 45–46 (XI.2).

[488] Reina, *Catechismus*, 3 (A2).

[489] Reina, *Comentario al Evangelio de Juan*, 195.

[490] Cf. Messmer, "Declaración", 43–44 (X).

b. *Reina y la fe y las obras*

La sola fe en oposición a las obras, en el siglo XVI, era el lema que defendían los reformistas españoles con el mismo empeño que lo hicieran los reformadores europeos.

Ellos enseñaban que la inclinación al mal del hombre no consiste en una suma o acumulación de actos malos, sino en la actitud mala hacia Dios y, por lo tanto, también hacia el prójimo. Las obras que brotan del egoísmo carecen de valor ante Dios por mucho que el hombre crea poder lucirse con ellas. Hace falta un cambio de corazón y de la actitud ante Dios y el prójimo. La nueva relación con Dios se llama fe. Lutero rechazaba la opinión de que el hombre puede salvarse por medio de buenas obras, ya que las obras, para ser "buenas", deben nacer de un corazón bueno y transformado.[491]

Los reformistas afirmaban que, si Dios nos perdona, es en virtud de su buena voluntad y no porque nosotros lo hayamos merecido, pues Dios jamás debe nada a nadie. Las buenas obras forman parte de la vida cristiana como respuesta del hombre agradecido a Dios por su gracia en Cristo. El protestante, con estas obras, no pretende merecer la salvación. Rechaza radicalmente el concepto de mérito, y enseña un servicio total por pura gratitud por lo que recibe de Dios en Cristo.

Lutero afirmaba y vivía como experiencia que: "La fe, es algo viviente, atareado, activo, poderoso; es imposible que no nos haga bien continuamente. Nunca pregunta si deben realizarse las buenas obras; las ha ejecutado antes de tener tiempo de formularse la pregunta y siempre las está llevando a cabo".[492]

Casiodoro insiste también en las buenas obras; las considera absolutamente esenciales, y más que esto, inevitables, en la vida verdaderamente cristiana. Para ellos las buenas obras no constituyen motivo o causa del perdón de Dios, sino que son consecuencia o fruto de ese perdón. Por eso proclama en su *Declaración*: "Renunciamos ansimismo à todo sacrificio, sacerdocio, pontificado, y qualquiera otra manera de applacar, o de honrrar à Dios fuera desta, la qual sola entendemos ser la legitima y approuada delante de Dios".[493] En su comprensión de este asunto no cabe ninguna

---

[491] Nelson Fernando Celis Ángel, *La comunidad luterana de Colombia. Historia y proyección*, (monografía de licenciatura, Universidad de San Buenaventura, Bogotá, 2008), 37–38.

[492] Citado en Lindsay, *Historia*, 453.

[493] Cf. Messmer, "Declaración", 44 (X.2).

obra humana, por noble que esta sea, que pueda merecer la salvación como premio. A Dios se lo debemos todo; y aun cuando nuestra obediencia fuera perfecta, no haríamos más de lo que debíamos hacer.

Casiodoro de Reina continúa señalando esta verdad en su *Declaración*, cuando dice:

> Por esta confession renunciamos a todo humano mérito o satisfacion que a la divina justicia se enseñe poderse hazer para alcançar perdón del peccado fuera del mérito y satisfacción que el Señor tiene hecha por todos los que en él creyeren; del qual solo entendemos ser nuestro verdadero purgatorio, y plenaria indulgencia de los peccados de los suyos a culpa y a pena. Y tenemos por abominable y maldita y de verdadero Antichristo toda doctrina que contradiga en esta parte a la desta nuestra Confession, o enseñe otras maneras quales quiera de remedio contra el peccado fuera de la que se halla en solo Jesús el Christo crucificado por nuestros peccados y resuscitado para nuestra justificación, y se communica a los hombres por el medio de la verdadera penitencia, y biva fe, como está dicho.

> Ansimismo condemnamos la doctrina de los que enseñen que siempre el christiano ha de estar dubdoso de la remissión de sus peccados y de aver alcanzado justificación, por ser doctrina derechamente contra la doctrina del verdadero Evangelio, el qual nos pide fe verdadera y firme.[494]

En conclusión

La doctrina de la justificación por la fe, principio cardinal de Casiodoro y la Reforma, es también fundamento básico en la ideología reformista española.

Aunque esta fe no es una mera creencia. Creer, para Casiodoro encerraba una actitud de compromiso, de confianza y pertenencia a Cristo. En la misma forma que Casiodoro se manifestaba, lo define en la actualidad Emil Brunner, cuando afirma que: "Creer en su verdadero sentido, es confiar en alguien a quien se ha prometido o jurado fidelidad. Creer es pertenecer a Dios en cuerpo y alma, o como lo proclama el catecismo de Heidelberg, ser en la vida y en la muerte propiedad del Redentor, y estar dispuesto a someterse a Él en todo momento".[495]

Para Orlando Costas, como para Casiodoro: La fe no es una mera fides (doctrina recta), sino fiducia, confianza personal en la misericordia

---

[494] Cf. Messmer, "Declaración", 44–45 (X.2).

[495] Emil Brunner, *Nuestra Fe* (Sèvres: Éditions Pro Hispania, 1949) 79.

de Dios por Jesucristo [...]. Fiducia no es solo un instrumento de apropiación de la gracia de Dios, sino el medio de una nueva experiencia, el nuevo nacimiento, cuya evidencia más notable es el cambio de vida y los concomitantes frutos del Espíritu y las obras de misericordia que la deben acompañar.[496]

La conclusión de Casiodoro es que una fe viva produce fruto u obras. Las obras no son meritorias, pero sí son señal de la gracia y acompañan a la fe viva. Para Casiodoro lo mismo que para Lutero y Calvino, las buenas obras, son el fruto de la justificación.[497]

3. Sola gracia

La salvación eterna era provista, según Lutero, de parte de Dios a los seres humanos de una forma gratuita. En opinión de Lutero, no podría pagarse nada por ella para alcanzarla: ni buenas obras, ni ofrendas, etc. El proceso expiatorio se habría realizado una sola vez y para siempre con este hecho histórico. En función de ello, la única iniciativa que le quedaba al ser humano era la de creer y aceptar esta exclusiva vía de salvación, en la que el individuo no tendría más protagonismo que el de reconocer su necesidad de ayuda por parte de Dios.[498]

De la sola gracia, Lutero declaró que se trataba de la doctrina sobre la cual la Iglesia se mantiene o se derrumba y Calvino decía que la justificación era "la principal bisagra sobre la cual gira la religión".[499]

Esta expresión *sola gratia* se refiere a gracia solamente o, literalmente, solamente por gracia. Dicho simplemente, la actividad salvífica de Dios está fuera del ser humano. Se enfoca en la persona de Jesucristo, y el único fundamento de su obra salvífica es la gracia. La gracia y nada más que la gracia salva. La gracia que salva es dada solamente debido a la iniciativa

---

[496] O. Costas, "Respuesta de las Iglesias Libres", en *Concilium* 138 (1985): 88–91.

[497] Nieto, *El Renacimiento y la otra España*, 275.

[498] Sierra Bernardino, *Galicia insumisa*, 46.

[499] Ewald Plass (ed.), *What Luther Says: An Anthology*, 3 vols. (St. Louis, MO: Concordia, 1959), 2:704, n. 5. Aunque estas palabras no fueron acuñadas por el propio Lutero, es ampliamente reconocido que representan bien su pensamiento. Cf. Juan Calvino, *Instituciones*, 3.11.1; Richard Davidson, "La doctrina de la justificación por la fe – Parte I: ¿En las huellas de los Reformadores?", *Theologika* 32, n. 2 (2017): 133–134.

tomada por Dios, puesto que las personas no tienen nada que pudieran hacer para que Dios salve a rebeldes indignos.[500]

En este sentido, la salvación, la "sola gracia", es una obra que Dios realiza en nosotros y con nosotros "de pura gracia", pero en ningún caso Dios hará violencia a nuestra personalidad. Él de *motu proprio*, tomó la iniciativa de darse a conocer en Cristo y actúa por su Espíritu para crear en nosotros el arrepentimiento y la fe. Esta obra es personal, superando nuestra capacidad para ayudarnos a nosotros mismos.[501]

a. *Reina y la sola gracia*

Para Casiodoro la "sola gracia" es el corazón del Evangelio y el fin de todo intento de repetir la ofrenda expiatoria del Salvador. Él insistió en que la justificación, que consiste en que Dios emite un veredicto declarándonos justos (no en hacernos justos), es por gracia solamente, y por medio de la sola fe. La salvación, para Casiodoro, no era una conquista humana, sino el don de Dios. El hombre, por sí mismo, con sus fuerzas, por su propia justicia, en manera alguna podía merecerla. La salvación es gratuita; Dios la da en Cristo Jesús. Veamos cómo entendía que en la salvación no intervienen para nada los méritos humanos.

El "sola gratia", pone de relieve que la salvación del hombre proviene y acontece solo como regalo de Dios. Lo que Casiodoro afirma con este principio es el amor incondicional de Dios y la aceptación como sus hijos por la muerte vicaria de Cristo en la cruz, perdonándonos por misericordia y gracia pura, y así dice en su *Comentario al Evangelio de Juan*: "¿Qué aportó Cristo? Aquello que, a saber, más necesitaban los hombres, la Gracia, en primer lugar, esto es, la reconciliación con Dios y su amor frente a su ira hacia los hombres por el pecado".[502]

Esto es un regalo que, a menudo, cuesta aceptar precisamente por ser gratuito. No hemos hecho nada para conseguirlo. Dios, en su infinita bondad nos ha dado vida en la muerte de su Hijo. Dice en su *Comentario al Evangelio de Juan*: "la justa facultad de perdonar la deuda humana para con Dios, con la que, por una parte, se satisficiera a la justicia divina, por

---

[500] Armstrong, J. H., *Un escrutinio de Roma*. Editorial Portavoz, Grand Rapids, 1997, p. 126.

[501] Foster Stockwell, B.: *Qué es el protestantismo*, Editorial Columba, Buenos Aires, 1965, p. 35.

[502] Reina, *Comentario al Evangelio de Juan*, 111.

otra, se consolidara para ellos la gracia conseguida por mediación de él ante Dios, la reconciliación y el amor para siempre".[503]

La gratuidad de la gracia significa para Reina, que nosotros no tenemos nada que hacer para obtener la vida eterna. La gratuidad de la gracia significa que nuestra salvación es enteramente un Don de la pura gracia de Dios y que no tenemos ningún mérito que se pueda hacer válido, y así afirma en su "Declaración":

> Esta tan miserable, y por fuerças criadas del todo irreparable cayda de todo el linage humano entendemos auerla Dios tomado por occasion para mayor manifestacion de los abysmos de su poder, saber, y bondad y especialmente de su misericordia y charidad para con los hombres, haziendo que donde el peccado abundó, sobreabundasse su gracia y misericordia, ala qual sola tuuiesse recurso el hombre caydo, que ya por su propria iusticia era impossible saluarse.[504]

Reina, enseña que todos somos iguales de acuerdo a la gracia de Dios. Nosotros debemos creer únicamente en Dios y esperar nada más que su bondad, su misericordia y su gracia infinita. Aquel que cree eso y espera de esta manera es agradable a Dios. En su "Declaración" enseña: "Esta es (Hermanos en Christo) nuestra fe: la qual entendemos no alcançarse por humano enseñamiento ni diligencia: antes ser puro don de Dios communicado por su sola misericordia y liberalidad graciosamente ál mundo: y plantado por la virtud de su Espiritu en los coraçones delosque por Iesus el Christo han de ser saluos".[505]

b. *Reina y la elección y el libre albedrío*

La gracia es puesta en oposición a la naturaleza del hombre caído y en total depravación espiritual, quedando afectada en todas sus facultades (también en su libertad y su voluntad), y esclavizadas. En la Escritura donde el hombre es considerado como una unidad, los reformadores no encontraron que la inteligencia, la voluntad, o cualquier otra facultad, pudiera concebirse como un compartimento estanco y autónomo, con vida propia independiente del carácter moral y espiritual de la persona, o sujeto de la misma. Como escribe J. I. Packer, en el prólogo de la versión inglesa del "De Servo Arbitrio" de Lutero:

---

[503] Reina, *Comentario al Evangelio de Juan*, 118.
[504] Cf. Messmer, "Declaración", 68–69 (XXI.3).
[505] Cf. Messmer, "Declaración", 32 (V).

El libre albedrío que niega Lutero no tiene nada que ver con la psicología de la acción. La disputa entre Erasmo y Lutero sobre este punto no se refiere a la realidad de la psicología de la elección humana. No había desacuerdo en este aspecto. Que cuando el hombre escoge, movido por su voluntad, lo hace de manera espontánea y no forzada, es algo que Lutero afirmaba tanto como Erasmo. Lo que el reformador negaba era la definición de Erasmo del libre albedrío como del poder de la voluntad del hombre por el cual este puede volverse o apartarse del camino que conduce a la salvación eterna. Lutero contiende por la soberanía de la gracia divina en la salvación del pecador, toda vez que este se halla en una total incapacidad de salvarse a sí mismo. El "libre albedrío" que negaba el reformador era el "libre albedrío" en relación con Dios y las cosas de Dios. Pero nunca dijeron los reformadores que el hombre, como consecuencia del pecado, haya dejado de ser hombre (malentendido en el que Erasmo incurría persistentemente), sino que el hombre, como consecuencia del pecado, ha dejado de ser justo. No tiene poder para agradar a Dios. Su salvación, por consiguiente, debe ser totalmente una obra de la gracia divina, porque él no puede contribuir con nada a la misma.[506]

Casiodoro de Reina, en su "Declaración", confiesa que el libre albedrío en el ser humano fue una concesión de Dios para servirle; y que lo perdió con la caída:

> Confessamos, que auiendo el hombre recebido de la mano de Dios en su creacion fuerças de sabiduria, y entereza de volundad, conque poder conoçer, amar, y seruir à su criador permaneciendo en su obediencia (que es loque comunmente se llama Libre Arbitrio) recibió ansimismo ley, en la obediencia delaqual exercitasse estos admirables dones: la qual quebrantando de su libre volundad, iustamente fue despoiado de la imagen de Dios, y de todos los bienes que le hazian à el semeiante.[507]

Y sigue afirmando en el mismo texto, manteniendo su posición sobre este tema:

> Por esta confession renunciamos à toda doctrina de hombres que enseñen otros principios del mal que el que aqui auemos confessado: O que nieguen la corrupcion de la humana naturaleza por la razon dicha: o que alomenos enseñen, no ser tanta, que no le queden al hombre fuerças y facultad de libre arbitrio, conque poder de simismo o ser mejor, o disponerse para serlo delante de Dios: mayormente auiendonos el Señor enseñado que es necessario nacer de nueuo.[508]

---

[506] José Grau, *Una respuesta evangélica* (Barcelona: E. E. E., 1967), 161.

[507] Cf. Messmer, "Declaración", 30 (III).

[508] Cf. Messmer, "Declaración", 31 (V).

En conclusión

Este punto, fue uno en los que más insistencia pusieron tanto Casiodoro como los reformistas españoles en sus declaraciones. Nada les quitaba la convicción evangélica de que todo dependía de Dios, de su gracia.

> "De esa manera, la gracia de Dios libera tanto del legalismo y moralismo (heteronomía moralista) como del fideísmo y de la 'gracia barata' de una fe puramente formal y verbal. La gracia hace libres para hacer el bien, no para lograr una justificación propia ante Dios, sino para agradecer y glorificar a Aquel que nos justificó por fe".[509]

Aquí entra el elemento volitivo del hombre que armoniza mejor con el libre albedrío del hombre. Si existe libre albedrío hay que tomar en cuenta al ser humano íntegramente, incluyendo la mente. Él está despertado por la bondad de Dios.

Los reformistas españoles levantaron su voz profética, trabajaron sin descanso con el fin de emancipar las conciencias de la tiranía y explotación eclesial, para ponerla, con un nuevo sentimiento de humildad y de verdadera fe, en las palabras del Dios Santo y Padre, que por medio de Jesucristo redime a los hombres por su gracia.

Para ellos, la salvación es un acto de gracia. Se remarca, de manera absoluta, el concepto de la salvación como experiencia individual, personal y gratuita. Consecuentemente, los evangélicos en la actualidad, siguiendo a sus antecesores, creen que la religión es un asunto personal, que no hay intermediarios entre Dios y los hombres. Cada hombre y cada mujer es responsable delante de Dios de sus propios actos.

Con el mantenimiento de este criterio se da un cambio sustancial al concepto del sacerdocio, como atributo de alguien que actúa como intermediario. Por esta causa, los reformistas enfatizan el valor de la experiencia personal, y sostienen que ni el sacerdote, ni la Iglesia, ni los sacramentos, son depositarios de la salvación. Pueden ser, y están llamados a serlo, instrumentos de salvación, pero nada más. El hombre tiene opción a establecer una relación personal con Dios, puede aceptar, es decir, recibir voluntariamente a Cristo. Nadie puede forzarle a hacerlo.[510]

---

[509] Juan Stam, "Sobre la teología de los reformadores: Algunas reflexiones", *Espacio de Diálogo* 1 (2004): editado online: http://www.cenpromex.org.mx/revista_ftl/num_1/textos/juan_stam.htm (accedido el 12-9-2020).

[510] Edgar Mullins, *La religión cristiana en su expresión doctrinal* (El Paso, TX: Casa Bautista de Publicaciones, 1983), 345ss.

Conclusión

Estos son los pilares ideológicos por los que tanto Casiodoro de Reina como los reformistas españoles y la Reforma Protestante en general insistió por simple lealtad a la Palabra de Dios y que evidencian su protestantismo. Aun cuando los principios básicos expuestos no representen en modo alguno todo el mensaje evangélico, pues este está contenido en la Biblia.

Los principios, son síntesis y razón, acentuada de la ideología reformista que reflejan la comprensión protestante de la Palabra de Dios, a la vez que indican con claridad que el movimiento protestante no vive de negaciones, sino de profundas convicciones positivas, arraigadas en la experiencia religiosa y en la interpretación bíblica y el estudio de la historia cristiana.

Esta enseñanza debía basarse en las Escrituras y los fieles tenían que conocerlas, pues allí se hallaba revelada la voluntad de Dios. De ahí, todo su empeño por poner la Biblia en la lengua y las manos del pueblo.

Tal fue el movimiento reformista del siglo XVI, dentro y fuera de España. Sus adalides, comprendiendo las diferencias fundamentales entre la enseñanza del Evangelio y la doctrina y práctica que prevalecía en la Iglesia de aquel entonces, no solo se valieron de sus profundos conocimientos de la Biblia para luchar contra los abusos corrientes, sino que se esforzaron por poner en manos del pueblo los medios para juzgar por su propia cuenta sobre la verdad de sus afirmaciones.[511]

Hoy el movimiento reformista, enraizado en el del siglo XVI, mantiene el criterio de que la Reforma aún no ha terminado, que su labor no puede darse por cumplida porque no dejará de reformar todo aquello que impida y obstruya la obra de Jesús.

> Esta consigna de la Reforma, cuya importancia no puede ser exagerada, rezaba *ecclesia reformata Semper reformanda* ("iglesia reformada siempre reformándose"). Es impresionante que los reformadores hayan tenido la humildad y la flexibilidad de ver su movimiento como inconcluso, con necesidad de continua revisión. Sabían que su encuentro con la Palabra de Dios había introducido en la historia nuevas fuerzas de transformación, pero (a lo menos en sus mejores momentos) no tenían ilusiones de haber concluido la tarea. Su gran mérito histórico fue el de haber hecho un buen

---

[511] Stockwell, *Prefacios*, 7.

comienzo, muy dinámico, y precisamente de no pretender haber dicho la última palabra *per saecula saeculorum.*[512]

Reconocerán la imperfección de toda institución religiosa buscando formas adecuadas para expresar los principios del espíritu cristiano.

Respondiendo a la pregunta inicial, y a la vista de los textos reseñados de sus obras, podemos afirmar rotunda y claramente que sí, que Casiodoro de Reina fue realmente protestante.

---

[512] Stam, "Sobre la teología de los reformadores".

ÍNDICE DE NOMBRES Y LUGARES

A

Abraham de León de Nivelles, 18, 59
Adrián Haemstede, 19
Agustín Casiodoro, 64, 65
Alcalá de Henares, 94, 107
Alemania, 26, 47, 67, 75, 156, 189
Amberes, 3–4, 8, 19–20, 23, 27–28,
    32, 34, 42, 46–47, 49–50, 57, 60,
    63, 67, 71–72, 75, 77, 81, 88–89,
    93, 110, 147, 151, 161, 165, 196,
    209–214, 218
Ambrosio de Calepino, 151
Amonestación al lector, 93, 95–98,
    101–106, 110, 121, 123, 127,
    130, 135, 137, 139, 141, 143, 144,
    146, 150, 160, 163, 166, 168, 169,
    218–223
Ámsterdam, 16, 67, 136, 148, 157,
    164, 168–169
Anná Leon Le Feure, 59
Annotationes, 106–107, 109, 119–121
Antonio del Corro, 7, 9, 13, 21,
    35–37, 41, 52, 60, 75–77, 88,
    163, 208
Antonio Pellicer y Saforcada, 148,
    155–157
Apiarius, 132, 134, 152, 154
Apocalipsis, 83, 104, 112–113, 116,
    123–128
Apología de la Confesión de
    Augsburgo, 212
Arias Montano, 165
Artes de la Santa Inquisición
    Española, 21, 62
Artículos de Esmalcalda, 212

Augustín Legrand, 63–65, 71
Auto de fe, 9, 13, 15, 36

B

Balbano, 67
Basilea, 3, 8–9, 19, 22–24, 26, 34,
    41–43, 57, 62–63, 65–67, 69,
    76–79, 82, 86, 89, 93–94, 100,
    106, 108, 111, 127, 132, 150–152,
    156–157, 216
Benedicto XIV, 153
Bergerac, 3, 8, 41, 57, 60–61, 76, 93
Betford, 59
Biblia Complutense, 165
Biblia de Ferrara, 4, 93–95, 98–99,
    101, 154, 159
Biblia de Plantino, 71
Biblia de Vatablo, 92–93, 100
Biblia del Cántaro, 144, 158, 164, 169
Biblia del Oso, 4, 7, 9, 14, 19, 23, 33,
    47, 56, 58–61, 64, 79, 82, 85, 89,
    91, 93–94, 100, 103–104, 106,
    108–109, 112–113, 120, 129–
    130, 132–134, 136–137, 139,
    141–143, 146–150, 152–157,
    159–161, 163–164, 167–169,
    208, 217–219
Biblia Rabínica, 4, 93–95, 101
Bibliotheca Sancta, 4, 24, 66, 75,
    86–87
Bodio, 71

C

Carlos Borromeo, 150
Carlos IV, 149, 157

Caspar Olevian, 44, 196, 199–201, 203, 205, 206
Caspar Schwenckfeld, 208
Catalina de Médicis, 59
Catecismo, 9, 27, 47, 72, 75, 175, 178, 195, 211–212, 218, 225–226, 228
Catecismo de Heidelberg, 195, 228
Catecismo de Lutero, 212
Certaldus, 208
Cipriano de Valera, 7, 14, 36, 39, 90, 104, 119–122, 125, 136, 143–145, 148, 151, 157–159, 162–169, 216
Codex Bezae, 109
Colegio de la Doctrina Cristiana, 14
Colegio de la Doctrina de los Niños, 35
Colonia, 72–73
Coloquio de Montbéliar, 213
Coloquio de Poissy, 59, 78, 204
Comentario de Juan, 66, 199, 201, 208
Comentario de Mateo, 9, 25, 44, 47, 63, 66, 73, 75, 208, 218, 220
Concilio de Trento, 10, 24, 109, 134, 140, 149, 173, 177, 180, 187
Concordia de Martín Bucero, 212
Concordia de Wittenberg, 178, 187, 191, 199, 202–203, 208, 210–214
Confesio in articulo de Coena, 75, 209, 213
Confesión Belga, 183, 195
Confesión de Augsburgo, 72, 180, 191, 193, 210–214
Conrad Hubert, 43, 44, 64, 137
Consenso de Zurich, 192
Constantino de la Fuente, 11, 14, 85
Convento de Santa Isabel, 35
Convento de Santa Paula, 35, 36
Cracovia, 67
Cuarto Concilio de Letrán, 188, 189

D

David Chytraeus, 89, 210–211
Declaración o Confesión de fe (Reina), 8, 9, 17, 40, 45, 58, 75, 80, 171–176, 183–185, 196–197, 212, 214, 218–221, 223, 225–228, 231–232.
Diálogo sobre la carta a los romanos, 9, 75, 88
Diego López, 77, 111–112, 224
Diego Pérez, 77
Doña Juana, 148
Duque de Parma, 49–50

E

Edmund Grindal, 9, 27, 38, 40, 58
Eduardo VI, 192
Elias Hutter, 167
Enrique de Pedro, 66
Episcopio, 67
Erasmo de Rotterdam, 10, 11, 16, 17, 25, 37, 65, 104, 106–108, 110, 114–116, 119–123, 126–128, 136, 216, 217, 232
Estrasburgo, 3, 8, 19, 21, 34, 41–44, 47–48, 57, 61–62, 64, 69, 77–78, 93, 102, 127, 137, 162, 177, 199–203, 206–207, 211

F

Felipe II, 8–9, 11, 18, 20–21, 23, 28, 32, 42, 49, 53, 55, 59–60, 84, 146, 148–149, 152, 216
Felipe Melanchthon, 21, 25, 52, 59, 110, 178, 187, 188, 190–192, 195
Felipe Scío de San Miguel, 147–148, 153, 161
Félix Torres Amat, 121, 122, 148, 157, 158, 159, 160, 161
Fernando VII, 157
Ferrara, 4, 61, 93–96, 98–99, 101, 111, 146, 154, 157–159
Fórmula de la Concordia, 25, 28, 29, 195, 196, 211
Fragmarten, 59
Fráncfort, 3–4, 8–9, 17, 20, 22–26, 28–29, 32, 34, 37, 41–47, 49–52, 57–69, 72–73, 75–76, 86–88, 93,

132, 151, 162, 199, 206, 208, 210,
212, 214
Francia, 4, 15, 18, 20–21, 23, 25–26,
59, 70, 75–76, 78, 80, 106, 109,
111–112, 199–200, 206
Francisco de Abrego, 40
Francisco de Enzinas, 82–84, 103,
104, 110, 111, 114–121, 123–126,
128, 130, 146
Francisco de Farías, 91
Francisco de Vargas, 35, 85
Franciscus Mosellanus, 199–200

G

Gaspar Hedio, 102
Gaspar Ortiz, 35
Gaspar Zapata, 40–41
Genius bibliothecae Oporinianae, 86
Ginebra, 3, 8, 13, 15, 17–18, 21,
23–24, 34, 36–37, 57–58, 76, 93,
100–101, 103–104, 107–112,
130, 150, 157, 162–163, 167–168,
175, 178, 198–200, 216–217
Girolamo Zanchi, 21
Grineo, 67
Guillermo Cecil, 19
Guillermo de Orange, 20
Guillermo IV (Landgrave), 23, 24, 68,
69, 70, 72.

H

Heidelberg, 21, 23–24, 42, 48, 61–62,
66, 76–77, 93, 162, 195, 199–200,
203, 206, 228
Heinrich Bullinger, 192–194, 202
Helias von Offenbacs, 68
Henrico Lorençi, 164
Hernando de San Juan, 35
Heshusius, 195–196
Hubert Languet, 24, 26–27, 59, 69,
70, 73
Hugonotes, 23, 70, 109
Huldric Coct (Holdrich Coccius),
22, 62

I

Immanuel Tremellius, 103, 199
Índice de libros prohibidos, 93, 134,
149, 152, 157
Inglaterra, 17–19, 23, 25, 37–39, 41,
58, 60, 71–72, 81, 88, 137, 163,
188, 192–193
Inquisición, 8–11, 13–14, 21–23, 32,
36, 41, 53, 55, 57, 60, 62, 70,
74–77, 81, 85, 89, 91–92, 102,
133, 135–136, 148–153, 216–218
Interim de Augsburgo, 192
Interim de Leipzig, 192
Isabel de Baena, 35

J

Jacob Andreas, 213
Jacob Rasür, 73
Jacobo Cristobal Blarer de
Wartensee, 150
Jacopo Aconcio, 18–19
Jan Huss, 188
Jan Utenhove, 22
Jean Crespin, 104, 110, 112
Jean de Bayonne, 59
Jean François Salvard, 99, 205–207
Jerónimos, 8, 12, 14
Jiménez de Cisneros, 107, 108, 165
Joachim Westphal, 194
Johan Bode, 64
Johann Agricola, 192
Johann Marbach, 211
Johann Sturm (Johannes Sturm) 21,
23–25, 45, 61, 137, 199, 201
Johann Sylvan, 199–200
Johann Weidner, 87
Johannes Brenz, 190, 194, 202
Johannes Oecolampadius, 190
Juan Calvino, 15, 16, 36, 37, 82, 83,
100, 108, 112, 175, 177, 178, 181,
192, 195, 204, 229
Juan Casiodoro de Reina, 64, 65
Juan de Austria, 70
Juan Gil (Egidio), 11, 35, 36, 85.

Juan Oporino (Johannes Oporinus)
21, 22, 24, 26, 43, 62, 63, 65, 66,
77, 86, 87, 106, 147
Juan Pérez de Pineda, 15, 17, 21, 35,
41, 57, 61, 76–77, 79, 85, 103,
146, 160
Juan Ponce de León, 13, 35–36
Juan Wycliffe, 188
Julián Hernández, 36
Julianillo Hernández, 152

K

Kassel, 23–24, 66, 68–69
Konrad Huber, 21, 26

L

Leipzig, 73, 132, 190, 192
León de Judá, 157
Libro de la Concordia, 195–196, 212
Liebfrauenberg, 65
Londres, 3–4, 7–8, 13, 16–19, 22–24,
27–28, 32, 34, 37–38, 40–42,
44–46, 57–59, 67, 70–71, 78,
88–89, 93, 107, 160, 167, 169,
192, 197–199, 209–212, 214, 216
Lope de Olmedo, 12, 14
Lorenzo de Santa María Pedrosa, 169
Lorenzo Jacobi, 164
Luis de León, 155

M

Marcelino Menéndez Pelayo, 131,
137, 148, 156, 159, 160, 161,
163–165, 216
Marcos Casiodoro de Reina, 29,
62, 65.
Margarita de Reina, 64, 65, 72.
María de Bohórquez, 13, 35, 36
María de Cornejo, 35
María Tudor, 16, 27, 193
Martín Bucero, 21, 44, 45, 52, 102,
177, 178, 184, 190, 191, 201, 202,
204–206, 208, 210, 212
Martín Chemnitz, 211

Martín Lutero, 25, 130, 136, 141, 156,
178, 188–196, 210, 212, 213, 218,
219, 221, 224–227, 229, 231, 232
Martín Sarmiento, 153
Matías Ritter, 22, 44, 46–49, 71, 72,
212, 214
Matthias Apiarius, 132
Menno Simons, 52
Miguel de Servet, 15, 16, 22, 37, 39,
44, 52, 53, 92, 99, 101, 102, 106,
114.
Montargis, 3, 8, 57, 60–61, 76, 93, 111
Montemolín, 7, 9

N

Nestle-Aland, 105, 116
Nicolás Balbani, 162
Nicolás Des Gallars, 59, 60, 198
Nicolaus Bassée, 24, 69, 86, 88
Nikolas Selneker, 211
Nikolaus Greiff, 71
Novum Testamentum, 106, 108–109,
119, 122, 126, 167
Nurenberg, 48

O

Osterlandia, 48
Oxford, 108, 189, 192, 194, 198

P

Paciente, 71, 216
Países Bajos, 18, 20–21, 23, 28, 49–
50, 58, 69–70, 72, 192
París, 11, 22, 67, 77–78, 84, 91, 100,
104, 106–107, 111, 136, 160
Pedro Mártir Vermigli (Peter Martyr
Vermigli), 180, 192, 194, 202
Peshitta, 98, 141
Pierre Boquin, 199
Pío IV, 149
Poissy, 59, 78, 204, 207
Políglota Complutense, 91, 94–95,
104, 106–108, 110, 114, 127
Primera Guerra de Esmalcalda, 192

Q

Quadra, 59

R

Reginaldus Gonsalvius Montanus, 62, 80, 216, 218
Renata, 61, 98
Renée de Francia, 76, 80
Rerum Hispanicarum scriptores, 75, 87
Richard Simon, 157
Robert Beale, 24, 26–27, 69, 87
Robert Nowell, 69
Roberto Estienne (Robertus Stephanus) 92, 93, 100, 106, 107
Rodrigo de Valer, 11

S

Salamanca, 9, 56, 92–93, 104, 147, 217
Samuel Biener, 132
San Isidoro del Campo, 8–9, 12–14, 34–35, 51, 56
Santes Pagnini, 92, 93, 95, 96, 98–102, 104–106, 114, 115, 121, 126
Santiponce, 8, 12–13, 34, 56, 91
Sebastián Castellion, 16, 21, 37, 52, 63, 93, 106, 223
Segunda Confesión Helvética, 195, 209–210, 214
Septuaginta, 4, 93–98, 101, 140
Servas de Reina, 23, 64
Servas Marell, 64
Sevilla, 3, 7–15, 23, 29, 31–36, 41, 50–53, 56–57, 62, 76–77, 91–92, 99, 102, 111, 148, 150, 152, 155, 159, 165, 187, 208, 217
Simon Sulzer, 22, 62
Sixto de Siena (Sisto da Siena), 4, 24, 66, 75, 86, 87
Sociedades Bíblicas, 158, 160
Sorbona, 100, 111
Stephen Gardiner, 192

Suiza, 36, 192, 206
Suplicación a la reina de Francia, 75

T

Talmud, 4, 24, 66–67, 75, 89, 95
Teodoro de Beza, 15, 44, 104, 108, 109, 114–116, 118–123, 126–128, 178, 196, 199, 203–208, 213
Textus receptus, 94, 104, 107–108, 126
Theodor Zwinger, 22, 62, 64, 65, 67, 70, 86, 87, 89
Théophile de Banos, 206
Thomas Cranmer, 192
Thomas Guarin, 63, 78, 132, 147, 150–152
Tileman Heshusius, 195

U

Ulrico Zuinglio, 189
Universidad de Alcalá, 91, 137
Universidad de Santiago de Compostela, 158

V

Valladolid, 8, 148
Vatablo, 92–93, 100, 106, 114, 121, 126
Venecia, 67, 86, 94–95, 110
Vulgata, 4, 92–98, 100–101, 103–104, 106–110, 114–116, 119–123, 126–127, 140–141, 147, 153–154, 157–158, 160, 163, 166

W

William Helbrag, 200
Wittenberg, 62, 110, 178, 187, 191, 199, 202–203, 208, 210–214
Wolfgang Capito, 102, 178.

Z

Zacharius Ursinus, 199
Zúrich, 88, 193, 194